地理学重庆市重点学科资助项目
重庆师范大学空间整合社会科学跨学科研究中心课题

科普旅游资源格局与游客行为

刘 俊 编著

气象出版社
China Meteorological Press

内容简介

当代科学普及要求在科学文化传播中采取公众易于理解、接受、参与的方式。科普旅游将在现代科学知识的传播普及和旅游产业中发挥重要作用。本书研究了我国科普旅游资源(科普场馆、科普教育基地、科普讲座、科普展览和学术会议)的空间格局特征。此外,还分析了我国公众对科普旅游的态度变化、感兴趣的科普旅游内容的变化、影响我国公众科普旅游决策的主要因素及其变化,明确了我国科普旅游者的空间分布特点,对比分析了各省(区、市)活动类科普旅游资源的相对优势和参加各类科普活动的科普旅游者规模的相对优势格局,分析了资源和旅游者的空间耦合关系。

本书可供地理科学、资源科学、城市与区域可持续发展等领域的本科生和研究生阅读,也可供相关专业和领域的教师、研究和管理人员参考。

图书在版编目(CIP)数据

科普旅游资源格局与游客行为/刘俊编著.—北京:气象出版社,2013.9

ISBN 978-7-5029-5760-5

Ⅰ.①科… Ⅱ.①刘… Ⅲ.①科学普及-旅游业发展-研究-中国 Ⅳ.①F592.3

中国版本图书馆 CIP 数据核字(2013)第 204208 号

Kepu Lüyou Ziyuan Geju yu Youke Xingwei

科普旅游资源格局与游客行为

刘 俊 编著

出版发行:气象出版社
地　　址:北京市海淀区中关村南大街 46 号　　**邮政编码**:100081
总 编 室:010-68407112　　**发 行 部**:010-68409198
网　　址:http://www.cmp.cma.gov.cn　　**E-mail**:qxcbs@cma.gov.cn
责任编辑:蔺学东　　**终　　审**:汪勤模
封面设计:易普锐　　**责任技编**:吴庭芳
印　　刷:北京中新伟业印刷有限公司
开　　本:787 mm×1092 mm　1/16　　**印　　张**:11
字　　数:305 千字
版　　次:2013 年 9 月第 1 版　　**印　　次**:2013 年 9 月第 1 次印刷
定　　价:35.00 元

前 言

比起界线模糊的概念，国内外与科普旅游相关的研究内容却有着清晰的线索。国内外关注“非正式教育”的教育学家和关注休闲娱乐的旅游研究人员，看上去处于完全不同两个专业领域的研究者，他们所研究的对象，研究的主要内容，甚至是研究的最根本的目的却如此的一致。

因为，二者同样把科普场馆（科技馆、科学中心、博物馆等）、现代科技园区（包括农业科技园区、高技术产业园区等）、科技普及活动（科普讲座、科普展览、“科技周”等）作为主要研究对象，只不过教育学家视之为提高国民科学素养的教育资源，而旅游研究者视之为旅游资源体系中的重要组成部分。

同样研究到访上述科普场馆、现代科技园区参加科技普及活动的人群，只是教育学家更多地将他们视为“接受教育”的“求知者”（虽然这种观念已经有了某种改变）；旅游研究者更多地（但并不是完全地）戴上了经济的眼镜，看到了这个群体作为游客的市场前景。

说到两条研究主线的根本目的，更是惊人的一致：他们都在为如何使更多的公众（游客）更频繁地前往这些科技场所，参加这类科技活动而殚精竭虑。

总的来说，与现代科学技术相关的场所、活动等作为提高国民素质的“非正式教育”（informal science education）资源，一开始就受到了国家层面的关注（国内外定期的全国性的调查是最好的佐证）；但认识到这类活动本就是公众休闲和娱乐的重要选择，并从经济等角度去认识这类资源，了解参与者的活动规律却花费了更长的时间。这就不难明白，为什么关于科普旅游的研究，教育家们实际走在了前面。

本书研究了我国科普旅游资源的空间格局特征，分析了我国科普旅游者决策行为、微观行为和空间行为特征。对比分析了我国各省（区、市）科普资源和科普旅游者的空间耦合关系。本书可为我国科普旅游资源开发提供科学依据，但由于科普旅游统计资料的匮乏，加之作者个人水平所限，错误在所难免，望读者批评指正。

刘俊

2013 年 6 月 30 日

于重庆师范大学

目 录

第1章 科普旅游的发展背景

科普旅游是以传播科学文化为主要目的，利用现代科学研究场所、科技成果开展的旅游活动。科普旅游起源于欧美发达国家，在科技发达的国家和地区，科普旅游正成为一种重要的旅游形式。中国社会科学院旅游研究中心和社会科学文献出版社联合发布的2003年度《旅游绿皮书》认为，在国内游方面，科普旅游对旅游发展有着显著的推动作用，有望成为21世纪的新热点。

1.1 国家对科学普及的重视

1995年，联合国教科文组织发表的《世界科技报告》指出，发展中国家与发达国家的差距根本上说是知识的差距，是人才和劳动者素质的差距。为提高本国竞争力，世界各国越来越关注公民科学素质的提高。早在1985年美国就提出实施"2061"计划，明确提出要在2061年使全体美国公民具备科学素养。1999年，印度制定了"大众基础科学标准"。2001年，欧盟制定了"科学和社会行动计划"。

我国在2002年通过的《中华人民共和国科学技术普及法》明确提出要加强科学技术普及工作，提高公民的科学文化素质。随后我国在《国家中长期科学和技术发展规划纲要(2006—2020)》的基础上制定并实施了《全民科学素质行动计划纲要(2006—2010—2020)》(以下简称《纲要》)。从法律和政策层面将科学普及纳入国家长期发展计划。

我国《纲要》指出，要加强科普能力建设，合理布局并切实加强科普场馆建设，提高科普场馆运营质量；要求科学研究和技术开发机构、高等院校、自然科学和社会科学类社会团体，组织和支持科学技术工作者和教师开展科普活动，鼓励其结合本职工作进行科普宣传；有条件的，应当向公众开放实验室、陈列室和其他场地、设施，举办讲座和提供咨询；在科技计划项目实施中加强与公众沟通交流；在高校设立科技传播专业，加强对科普的基础性理论研究，培养专业化科普人才。

1.2 旅游成为科学普及的重要方式

2500年前的苏格拉底、2000多年前的孔子和他的弟子们就开始以课堂教学的方式传授知识。不过这一集中、被动式的教育模式在科学知识的普及上显得力不从心。而由学习者按照个人的意向、兴趣和需求来决定科学普及内容的“非正式教育”的形式已经被公认为符合现阶段的科学普及的新阶段——“公众理解科学”阶段的要求（中国科学技术学会，中国公众科学素养调查课题组，2004）。

旅游一直被视为提高个人文化素养的重要手段，在国外中世纪、我国唐宋时期的修学旅游被称为文化奇观。“读万卷书，行万里路”亦然成为个人素养的评价标尺（吴必虎，2001）。就目前而言，越来越多的公众通过在科技馆、博物馆、社区中心、图书馆，甚至在家里、户外等“非正式教育”资源中获取现代科学知识。《中华人民共和国科学技术普及法》中也明确指出开展科学技术普及，应当采取公众易于理解、接受、参与的方式。

1.3 国外科普旅游的发展

虽然国外并没有“科技旅游”的概念，但是围绕人工科技场馆和产业科技园区两条主线开展的科技旅游活动却受到了极大的重视并获得了飞速发展。

国外科技博物馆出现于19世纪初，1906年，世界上第一座新型科学技术博物馆——德意志博物馆在慕尼黑诞生。20世纪初期至20世纪中叶，美国兴建了一大批具有相当规模的科技博物馆，而且在项目开发上，游客强调游客参与。到20世纪60年代，一些发达国家出现了大型科学中心，现在，美国的科学中心总数量已经超过200个。在人口仅有2900万的加拿大，现在有10个城市建立了科学中心，它们每年接待游客的总人数累计超过350万人次（Haeseler，1989）。

1969年开放的加拿大安大略科学中心（张明生，1998）是最早开放的科技场馆之一；美国国家航空航天博物馆，陈列着包括赖特兄弟飞行器、阿波罗11号指挥舱在内的上千件飞机、宇宙飞船、导弹、火箭等实物展品；英国约克城铁路博物馆，保存了机车发明者斯蒂芬逊在1825年驾驶的“旅行号”蒸汽机车；美国底特律的亨利·福特博物馆，描绘了美国汽车工业发展的历史脉络；纽约海登天文馆，再现了宇宙与地球的运行；英国格林威治天文台，代表零经度的本初子午线成为了“世界时间与空间的中心”；巴西圣保罗布丹研究中心的微生物博物馆，展示了可以通过显微镜观察的各种微生物和传染病细菌（李廷勇，2003）。

作为科技旅游重要内容之一的产业科技园区旅游，20世纪30年代出现于法国。法国雷诺、标志、雪铁龙三个汽车制造厂商通过安排游客观看录像带、参观汽车装配线、工艺流程、全自动检测和产品陈列室，每年吸引超过20万人次的游客。法国电力公司下属的核电站向公众开放后，年接待参观游客达30万人次。世界著名的空中客车公司和欧洲航天局也向游人开放，使科技园区旅游的层次和范围不断深化和拓宽。西方发达国家正充分利用先进的科学技术和现代化的科技园区，不断推陈出新，推出各种形式的科技旅游产品，以满足公众的需求（符江波，2000）。

1.4 我国科普旅游的兴起

1998年，北京在我国率先提出要发展科普旅游。2000年，北京中关村推出了“中关村科技旅游”，以“让世界了解中关村，让中关村走向世界”为主题，推出首批20个科技旅游景点和10

条科技旅游专线，当年接待游客 250 万人次，综合收益约 1.2 亿元（丁健，2004）。2001 年国务院批准，每年 5 月份的第三周在全国开展群众性的“科技活动周”；2003 年底在“广东科技与旅游研讨会”上“科技旅游”概念第一次在政府行为中出现。至此，科技旅游在我国形成并得到快速的发展。此后，旅行社等服务商介入，打出科技旅游的旗帜，为科技旅游市场开发及迅速发展提供了更好的平台（胡蓉蓉，2006）。2003 年，上海科技旅游专线正式开通，游客沿浦东、浦西和松江三条线路体验“科技上海”。此后，2005 年长沙推出两条涵盖高校、工厂和科技园区的旅游线路，正式启动科技旅游项目（张西林，2006）。武汉推出的“光谷科普游”，60 km^2 的“中国光谷”——东湖高新技术开发区向游人开放，让公众体验“光谷”高新技术产业的魅力。中国科学院水生生物研究所、中国大地博物馆、武汉大学生物馆等也向游人开放。武汉市有关部门提出，今后还将陆续推出 10 条以上科普旅游线路，让科普旅游成为武汉市旅游新“亮点”。

在四川，被誉为“科学电子城”和“西部硅谷”的绵阳，拥有“两弹”研制基地中国工程物理研究院、亚洲最大的空气动力研究中心、国家级的高新技术产业开发区等科技旅游资源。自 1999 年对游人开放后，已接待了几十万游客。多家旅行社开辟的“中国最大的彩电生产基地——长虹电子集团之旅”，使游客感受到现代科技给人们生活带来的巨大变化。西昌、酒泉卫星发射中心，现在也已对外开放，通过卫星发射技术设备展示吸引游客，向人们展示我国高科技空间技术（李绍刚，2004）。台湾“中广新闻网”报道，一项针对大陆游客的调查表明，大陆游客最想去的景点中，新竹科学园区排在第三位，仅次于阿里山和日月潭。作为旅游产品形式，科普旅游已经被我国公众认可。同时，科普旅游资源已经成为旅游资源体系中的重要组成部分。

第 2 章
科普旅游的理论框架

科普旅游研究的前提是从其他形式的旅游活动区别出科普旅游活动；从众多的旅游者中识别出科普旅游者；从丰富的旅游资源中辨别出科普旅游资源。因此，科普旅游的研究从研究对象的界定入手。

以现代科技为主要内容的旅游活动在国内有两种称谓——科普旅游和科技旅游。时至今日，仍然没能在研究者中达成一个被普遍接受的观点。因为这两种称谓的界线并不那么容易区分。以至于国内有些研究者主张科技旅游和科普旅游只是称谓不同，并无本质区别（刘少和，2004）。

就在这样的基本概念的不明确中，国内研究者继续着概念的争论与探索，国外的研究者似乎从来不关注这类争论（国外甚至没有"科技旅游"的提法，诸如 Science and Technology Tourism，Scientific Tourism，Science Tourism 等的表达方式，中国化的特征似乎更明显）。

随着科普旅游作为旅游产品在旅游产业中的作用不断显现，以及作为"非正式教育"的一种途径在提高公众科学素养中发挥越来越大的社会作用，科普旅游逐渐被旅游和教育两个领域关注。文献显示，国内外对科普旅游研究的侧重点不一致，国内关注于概念探讨和科普旅游资源的开发评价；国外则把科普旅游者的行为作为重点，总的来说，国内外研究有以下特点。

(1)对于科普旅游的相关概念理解，目前还远没有统一。关于什么是科普旅游（科技旅游），什么是科普旅游资源等最基本的界定虽然已经有了很多尝试，但仍然缺少一个简洁、严格的定义。一些适应范围较广的简单、泛化的定义使得概念失去了最基本的区别作用（几乎所有的旅行活动都可以被看作是有着某种知识背景的与科学相关的旅游）。

(2)科普旅游资源的研究更多地关注于资源的绝对优势评价。各研究出于对科普旅游资源开发利用的目的，采用因子综合评价法对案例地科普旅游资源进行等级排序，以此作为区域科普旅游资源利用优先级的依据。这样的绝对优势评价能够解释为什么科普旅游资源丰富的地区能够开展科普旅游，却不能合理地指出在几乎所有资源类别均处于劣势的地区依然可以看到科普旅游不断发展的现象。

(3)科普旅游资源的空间分布开始受到关注。目前，为数不多的我国研究者开始探讨自然保护区、地质公园、科技馆等在我国的空间分布态势。但自然保护区、地质公园是否能被广泛接受为"科普旅游地"仍存疑问，因为目前还不能认定我国自然保护区和地质公园中的游憩活动是否以科普旅游活动为主。

(4)科普旅游者的决策行为研究已有一定基础。国内外以了解公众科学素养为目的的全国层面的调查研究,获取了大量关于公众对待现代科学知识、对科学设施的兴趣、参加科普活动的频率的信息。这些信息本可以成为科普旅游者决策行为实证研究的有力证据,但旅游研究者极少关注并利用这些基础数据和信息。

(5)国外小尺度、封闭空间的科普旅游者空间行为研究成果丰富。为了方便观测和控制,国外科普旅游者空间行为研究基本都选择科技场馆为代表性的封闭、小尺度、微观的科普旅游者空间行为研究。这些实证性较强的研究从时间和空间的角度揭示了在场馆中的科普旅游者行为的规律。

从文献分析中看出,无论是以休闲娱乐为导向的旅游研究还是以教育为导向的科普研究(最新的称谓是"科学文化传播"),无疑都关注资源及利用这些资源的群体(科普旅游者)。因此,科普旅游的研究围绕科普旅游资源和科普旅游者研究展开。

国内资源科学和旅游研究中虽然有着研究旅游资源的时、空、质、量属性的传统(封志明,2004),但是科普旅游资源的研究(包括旅游资源的研究)受概念不清所累,始终无法从复杂而富于变化的自然、人文环境中自信地区分出被广泛认可的"纯粹"的科普旅游资源。因此,研究科普旅游资源面临的首要问题就是找出主要的,被基本认可的科普旅游资源类型和科普旅游者群体。

其次,由于缺乏全国尺度的科普旅游资源数量特征和空间分布特点的研究,这使得我国科普旅游资源禀赋在整个旅游资源体系中的地位无法确立。因此,我国的科普旅游资源研究应当首先关注典型科普旅游资源在全国的分布规律。

第三,旅游"资源非优区"旅游产业的发展(张宪玉,2007)表明,科普旅游资源的评价中除了坚持对区域科普旅游资源的禀赋等绝对比较优势的研究外,应当从相对比较优势的观点出发,通过区域相对比较优势的研究,为不具备科普旅游资源绝对优势的地区指出具有相对资源优势的科普旅游发展方向。

第四,由于事实上涉及科普旅游者决策行为的国内研究主要存在于教育领域。因此有必要根据旅游研究的视角,从教育导向的调查研究中整理出关于我国科普旅游者决策行为的资料、信息和数据。通过进一步的调查,展开多年对比分析,掌握我国科普旅游者决策行为的变化。

第五,旅游者的行为研究具有不同的尺度,与关注旅游者个体行为不同,旅游流的研究更多地强调旅游者群体的时空特点和结构。完整的科普旅游者行为研究应当包括科普旅游者在大尺度地域范围上的分布特点等内容。

第六,与国外长期关注旅游者微观行为不同,国内关于旅游者微观的小尺度行为研究不多,以科普旅游者为主题,分析科普旅游者选择科普设施、参加科普活动、游憩特点的微观小尺度行为研究更不多见。

2.1 概念框架

2.1.1 科普旅游

科普旅游和科技旅游是使用频率最高的两个概念。明晰这两种提法之间的区别和联系，恐怕不能直接拆文解字。如果不理会这两种称谓的来源，在字面意思理解上则很难找到答案。

如果从“科普”定义的发展和演变，似乎能够给出一些启示。“科普”一词大约出现在19世纪中叶。“科普”的英文提法主要有：popular science，science popularization，popularized science 等，中文的“科普”一词最可能从“popular science”转化而来(Gregory，1998)。英文科普“popular science”一词的出现不会晚于1872年。其最初的意思是“以通俗的形式表现科学技术”(石顺科，2007)。中文“科学”一词来于日本，1898年梁启超首次在《变法通议》中使用。

随着科学普及理念的不断发展，目前所处的“公众理解科学”阶段，科学科普的内容早已不局限于科学技术，而是涵盖了科学方法和科学精神。因此，科学技术普及其实一直是科学普及的核心内容之一。也就是说，科技旅游这种称谓，事实上就来源于科普的一个重要方面——科学技术普及。

因此，从概念称谓上，应当把这种以传播、普及科学技术知识、科学精神和科学方法为主要目的的旅游形式统称为科普旅游。

中国科普网上的“科普旅游”专栏称，科普旅游“将带您到国内外具有复杂而神奇地质现象的地方去，领略大自然的鬼斧神工，了解地形地貌的成因”。这是关于科普旅游内容(特别是与自然相关的科学普及旅游)的生动描述，有研究者指出这种表述并不能成为科普旅游的概念(杨桄，2002)。

可能是为了避免丰富的科普旅游形式和内容对概念提炼的某种干扰，明确科普与旅游的关系，即在科普旅游活动中是以科普为主、以旅游为辅，还是科普与旅游并重，还是以旅游为主、以科普为辅，就成为科普旅游定义要解决的首要问题。这种破题的思路引出了对科普旅游的两种理解——科普旅游既是一种特殊的旅游产品，同时也是一种发展理念。从产品角度看，科普旅游指的是集科普教育和旅游为一体的旅游产品，其目的在于使游客在旅游的过程中受到教育，寓教于游，寓教于乐，是以旅游活动为载体，在旅游产品中增加科普教育含量，使游人在旅游过程中身心受到陶冶与熏陶，提高游人素质的一种新的旅游形式(邓伟，2002)。从发展理念上看，科普旅游是指旅游地发展过程中始终把科普教育作为一条重要的发展准则，用以指导旅游地整体发展方向(邓伟，2002)。

考虑到现阶段我国的科普旅游研究主要是为了解决在科普旅游产品开发中面临的技术型问题，科普旅游的概念在更多的时候被定义为：科普旅游是通过旅游地深层次开发，突出其科学文化内涵，以满足人们探索大自然奥秘的好奇心，提高自然科学知识普及的生态旅游精品项目(竺国强，1999；李裕红，2002)。这是对科普旅游产品的一种理解，即立足于自然生态环境进行的融“科普”与“旅游”为一体的新型旅游产品。

科普旅游是科技和旅游有机结合的高层次文化旅游，是以旅游资源中的科技成分和要素为基础，利用各种自然和人文景观，形成新的旅游活动或产品的旅游形式(刘丹，2004)。

旅游科普即借助旅游的企业化经营机制整合科普事业，以增加科普设施投资，提高科普产品质量，提升科普人员素质，激活科普运作机制，最大限度地利用和创建科普资源，发挥科普效益，实现旅游产业和科普事业的双赢目的。旅游科普的出现将有力地解决目前困扰我国科普事业发展的诸多瓶颈问题，为我国科普事业的发展营造良好的环境(刘霁堂，2003)。

科普旅游就是在充分利用科学技术的基础上，通过以旅游内涵为主题的规划、设计，把科技建设、科学实验、科普知识讲座与旅游者的广泛参与融为一体，使旅游者充分领略现代科技的神奇魅力，并从中提高自身科学知识和文化素养的一种新型旅游形式（于洪贤，2004）。

科普旅游是以宣传科学知识、传播科学精神为目的，利用科技展馆、科技游乐园等场所，以及科技含量较高的产业和科考价值较大的自然环境展开的，集知识性、教育性、趣味性和娱乐性于一体的旅游形式（李廷勇，2004；张西林，2006）。

2.1.2　科技旅游

科技旅游和科普旅游都借助于旅游方式，以普及科技知识，提高大众科学素养为目的。对科技旅游概念的理解，是从探寻科技旅游与科普旅游旅游间的关系开始的。

有的研究认为，科普旅游根本就是一个更宽泛的定义，宽泛到可以将科技旅游和科考旅游都作为它的某个组成部分（李绍刚，2004）。

而另一些研究则正好相反，强调虽然二者的旅游客体都是旅游资源的科技内涵，且都有广义和狭义之分，但科技旅游在进行科技普及的基础上，突出了旅游主体的主动性，强调了休闲的目的。所以，科技旅游是科普旅游的完善和深化，科技旅游包含科普旅游（朱竑，2004）。

于是关于什么是科技旅游，国内研究者给出了各自的观点。

狭义的科技旅游就是与科技有关联，以科技过程或科技含量作为旅游吸引点的旅游产品和开发形式（朱竑，2004）。广义的科技旅游是以科学发展观为原则，以人与自然的和谐为前提，以旅游资源的科学技术要素和内涵为依托，利用各种自然和人文景观，使游客在休闲之中开阔眼界，增长知识，增强科学精神、掌握科学方法而开展的旅游活动（刘艳，2005）。

也有研究者主张从旅游理念和旅游产品类型两方面认识科技旅游的内涵。科技旅游作为一种旅游理念，其含义是，用科学方法揭示旅游资源的科学内涵，提高旅游活动和产品的科技含量，使游客通过旅游活动开阔眼界，增长知识，增强科学精神。科技旅游作为一种旅游产品类型是利用科学研究、宣传教育等场所和活动，以及一些科技含量比较高的产业和具有较大科学考察价值的自然环境开展的，集知识性、教育性、趣味性和娱乐性为一体的旅游形式（井玮薇，2004）。

科技旅游是科技与旅游结合的一种高层次文化旅游类型，其基本形式是以旅游资源中的科学技术要素和成分为基础，利用各种自然和人文景观而形成的集科普、生产、加工、销售、观光、尝试、体验、娱乐为一体的旅游活动或产品（杨玲，2005；王慧，2006；杨建华，2007）。

科技旅游是一种具有现代化、科学化的旅游内容、旅游形式和管理方式的旅游产品，是利用科技研究、科技教育、科技展览、科技娱乐等场所和活动，以及一些科技含量比较高的产业和具有较大科学考察价值的自然环境开展的以科普教育为主导的集知识性、教育性、趣味性和娱乐性于一体的旅游活动形式（金利霞，2005）。

科技旅游就是在利用现有科技资源的基础上，通过以旅游内涵为主题的规划、设计，把科技建设、科学实验、科普知识讲座与旅游者的广泛参与融为一体，使旅游者充分领略现代科技的神奇魅力，并从中提高自身科学知识和文化素养的一种新型旅游形式（于洪贤，2004；李成芳，2006）。

科技旅游以学习为目的、旅游为手段。科技旅游是将科技和旅游有机地结合为一体的一种高层次的文化旅游类型，是将科技和旅游有机地结合为一体的一种高层次的旅游类型，其基本形式是以科技旅游资源为基础，形成集科普、生产、加工、销售、观光、尝试、体验、娱乐为一体的旅游活动或产品(李廷勇,2004;杨玲,2005;金艳春等,2007)。

2.1.3 科考旅游

另外,还有学者对科考旅游进行了一定的探讨。一些研究者(王跃华,2000)提出:“科考旅游是一种高品位的生态旅游活动,是通过对旅游地深层次开发,突出其科学文化内涵,以满足人们探索大自然奥妙的好奇心,提高科学知识水平的旅游项目。”

另有研究者(杨红英,2001)对科考旅游的内涵及特点进行了研究并指出:“科考旅游作为特种旅游的一个类型,是一种高品位旅游活动。它不应是个狭义概念,而是一个广义概念。即科考旅游不仅包括自然生态景观、生物多样性等自然科学考察旅游,也应包括历史文化、民族文化等人文社会科学考察旅游;不仅是相关专业人士的探究性科学考察旅游,也应包括普及自然科学知识和人文社会科学知识的,集知识性、趣味性、参与性、探奇性为一体的科普性考察旅游。”

2.1.4 科普旅游资源

具有泛化倾向的科技旅游资源概念认为,凡是具有知识性和教育性的旅游资源就是科技旅游资源(李绍刚,2004)。认为科技旅游资源包括两个方面的内容:第一是科技资源,第二是旅游资源,科技旅游资源是两个方面的结合,具有两方面的性质。胡蓉蓉将科技旅游资源定义为:客观存在于一定地域空间,并主要因其所具有的科学价值而对旅游者产生吸引力,能为旅游业利用的产生社会和经济效益的各种自然或社会因素。这个定义中包含以下一些内容:科技旅游资源客观存在于旅游目的地,具有不可移动性和不可完全复制性;科技旅游资源形态既有自然的,又有人文的,既包括现实性的又包括潜在性的,既有物质的也有非物质类的;大多数的旅游资源都包含有科学性,而科技旅游资源区别于其他旅游资源的一个最为明显的特征就是其显著而具有吸引力的科学价值,其奇特的科学价值是吸引旅游者前往的最主要原因,从而满足旅游者求知的需求;并非所有的科技资源都能成为旅游资源,只有能对旅游者产生吸引力,为旅游业所利用的才是科技旅游资源。而一些在比较恶劣的环境中的科技资源,即使有很高的科学价值也不是科技旅游资源。还有一些关系国家机密的科技资源也不是科技旅游资源(胡蓉蓉,2006)。

尽管已经比较明确科普旅游事实上是以科普的内容即科学知识、科学技术、科学方法和科学精神作为区别于其他旅游形式的核心吸引力,但若要研究科普旅游这些核心内容却要以其载体作为对象。这些承载当代科学知识、科学方法和科学精神的能够吸引旅游者并能被旅游业利用的事物就是科普旅游资源。

2.1.4.1 场馆类科普旅游资源

2003年发布的《中华人民共和国旅游资源分类、调查与评价国家标准》(GB/T 18972—2003)中明确规定,展示演示场馆、动植物展示地、文化活动场所、教学科研试验场所等为建筑与设施类旅游资源(表2-1)。在我国,以科技馆、科学中心、自然博物馆等为代表的建筑设施是我国科学普及活动开展的主要场所,因此,科普场馆长久以来被广泛认可为典型的科普旅游资源。

表 2-1 场馆类科普旅游资源与旅游资源分类国家标准比较

主类	亚类	基本类型
F 建筑与设施	FA 综合人文旅游地	FAA 教学科研实验场所;FAE 文化活动场所;FAH 动物与植物展示地
	FB 单体活动场馆	FBC 展示演示场馆

(资料来源:中华人民共和国旅游局,2003)

《中华人民共和国科学技术普及法》中明确指出,中国科学技术协会是开展我国科普工作的主要社会力量。中国科学技术协会是组织开展群众性、社会性、经常性的科普活动,支持有关社会组织和企事业单位开展科普活动,协助政府制定科普工作规划,为政府科普工作决策提供建议的主要组织机构。根据中国科学技术协会统计年鉴统计指标解释,"科普场馆"和"科普教育基地"均是主要用于开展科普活动的场所。因此,选择科普场馆和科普教育基地作为典型场馆类科普旅游资源。

2.1.4.2 活动类科普旅游资源

2003 年发布的《中华人民共和国旅游资源分类、调查与评价国家标准》(GB/T 18972—2003)规定,各种旅游节、文化节等现代节事是人文活动类旅游资源(表 2-2)。我国在"科技周"、"科学日"等开展的大型的科普活动是被广泛认可的科普旅游节事活动。

进一步的研究发现,日常科普活动和大型科普节事活动主要由科普展览、科普讲座和学术会议等基本类型构成。中国科学技术协会指标解释中也指出科普展览、科普讲座和学术会议活动举办的主要目的是传播科学知识、科学文化和科学精神。因此,选择《中国科协统计年鉴》中科普展览、科普讲座和学术会议作为典型的活动类科普旅游资源。需要指出的是,通常认为科普展览和科普讲座主要面对的是普通公众,而学术会议被视为专业层次的科学传播和交流。

表 2-2 活动类科普旅游资源与旅游资源分类国家标准比较

主类	亚类	基本类型
H 人文活动	HD 现代节庆	HDA 旅游节;HDB 文化节

(资料来源:中华人民共和国旅游局,2003)

2.1.5 科普旅游者

既然各类科普场馆、科普展览、科普讲座及学术会议活动被视为科普旅游资源。那么,参观以上科普场馆及参加上述科普活动的人群可以被视为科普旅游者。本书将参加中国各级科学技术协会(中国科协、省级科协、地级科协和县级科协)以及各类学会所组织的以科普为目的的科普展览、科普讲座和学术会议的群体视为科普旅游者。

2.2 科普旅游的内涵与形式

2.2.1 主要内涵

由于科普旅游具有明显的文化内涵,因此被认为是文化旅游的一种形式(刘丹等,2004;李廷勇,2004;杨玲,2005;金艳春等,2007)。正因为如此,科普旅游在其核心内涵和外延范围上与文化旅游纠缠不清。在这样的背景下，几乎无法从多样的旅游形式中确定何为科普旅游。因为几乎所有的旅游活动都发生在某种文化背景下，都具有某种程度的知识和文化的内容，但很明显并不是所有的旅游都能称得上科普旅游（如宗教旅游、祭祖旅游等）。

关于科普旅游的内涵，很多研究提到了“科学性”（刘艳，2005；刘欣，2007）。这表明，与科普旅游相联系的文化背景，应当是具有科学性的特点，这就排除了“伪科学”和迷信等具有神秘性的文化素材成为科普旅游的内容。

仅有科学性的限定显然不够，因为各类遗迹和遗产，特别是文化遗存无一例外地都具有丰富的科学知识内涵。因此，还必须提到科普的另一个特点——时代性。也就是说，科学普及所要推广和传播的科学知识应该是具有前瞻性的，当代人的科学知识、科学技术、科学方法与科学精神。国内外关于“科学普及”的阐述就对科学普及的内容进行了规定：需要普及的科学知识往往代表的是现代科学知识的前沿，具有时代性的特点。

所以说，科学性将科普和神话传说等非科学成分区别开；而时代性则将遗产、遗存、民俗等传统文化旅游形式和科普旅游相区别。

识别和区分科普旅游的主要形式，首先应明确科普旅游的内涵和主要特征。科技消费是科普旅游的主要驱动因素，在科普旅游过程中，游客对现代科技的需求是促成科普旅游行为最主要的原因（王素萍，2005）。

科普旅游作为旅游产品，具备旅游产品所具有的无形性、综合性、不可储存性、生产与消费同步性等特点。科普旅游作为旅游形式的一种，具有一般旅游活动的审美性、异地性、流动性等特点（李光坚，1995）。

不过，科普旅游产品不同于一般的普通观光旅游产品和度假休闲产品，其专业性很强。以科学技术为灵魂、休闲为目的，科技哲学为研究视角，科普旅游有着自己的特性，具体体现为科学性与休闲性相结合、广博性与专门性相结合、自然性与社会性相结合、功利性与公益性相结合等特点（刘艳，2005）。

与传统旅游产品所具有的趣味性和参与性等特点不同的是，科普旅游其最主要的特征是具有科学性（刘欣，2007），科普旅游者一般具有较高的文化层次，主要针对青少年学生及一些相关专业人士。因而，科普旅游与滑雪旅游、游船旅游、沙漠旅游、生态旅游、农业旅游等一样同属为专项旅游产品（蒋玲俐，2006）。因为科普旅游的首要功能——普及科学知识使得科普旅游成为了一种专门层次和类别的旅游形式和产品，因此，专门性也成为科普旅游的重要特征之一（李绍刚，2004）。

2.2.2 主要形式

科普旅游是在充分利用现有科技资源的基础上，通过以旅游内涵为主题的规划、设计，把科技建设、科学实验、科普知识讲座与旅游者的广泛参与融为一体，从旅游过程中提高自身科学知识和文化素养的一种新型旅游形式。是以普及科学知识、宣传科学精神为目的，利用科技展馆等场所以及科技含量较高的产业和科考价值较大的自然环境开展的集知识性、教育性、趣味性和娱乐性于一体的旅游形式。科技旅游将科学知识的普及融入到旅游活动的吃、住、行、游、购、娱各要素中，使游客在旅游过程中得到更多科学体验。

现有文献中被提及频率最高的科普旅游的主要形式包括：现代科技园区旅游、自然景观科考游和生态游、人工科技场馆旅游、科学研究场所游、科技夏令营、科技会展。更具体的科普旅游形式包括参观科技馆、博物馆、航空馆、科技活动中心、科普长廊、科普画廊、科研院所和学校中的陈列馆、科研基地等,或者到自然保护区、地质公园、森林公园、动物园、植物园等地(王常芸等,2004;杨玲,2004;刘少和等,2004;李廷勇,2004;刘艳,2005;王慧等,2006;李应军,2006;梅惠等,2007;韩旭等,2007;殷艳红等,2007;曹慧玲等,2007;朱丽君,2007;杨建华,2007)

2.2.2.1 科技场馆游

科技场馆的功能是向公众普及科学和技术知识、弘扬科学精神,传播科学思想和科学方法、宣传科学技术的成就。通过科普旅游的形式,培养公众对科学技术的兴趣,满足公众学习科学技术的需要(张明生,2001)。科技场馆(science centre, science and technology centre, science and technology museum, technology museum)一直以来被视为科普旅游的主要场所和最具代表性的形式,普通公众(包括一些主张狭义科普旅游解释的研究者)对于科普旅游的理解中,也常常把科普旅游活动局限于参观科技馆的活动。不过,并不是所有的研究者都对科技中心等场馆的发展前景持乐观态度:一项关于科学中心的诊断研究指出,科学中心的发展前景暗淡。博物馆和科学中心被形象地比喻成恐龙和白象,他认为博物馆灭绝就像恐龙的灭绝一样有三个原因:一是快速变化的气候及食物的缺乏,以及来自于小个、灵活物种的竞争(James,1991)。另有研究认为,公众对科学中心兴趣下降和参与互动式展教活动减弱的原因之一是大众痴迷电子游戏和家庭电脑快速发展。有关设施和游戏在家庭中出现,以一种非正式的传播方式代替了在科技场馆里的活动。于是,科学中心就开始显得不方便、花费大、缺乏吸引力并且过时落后了。这样,科学中心等科普旅游场馆面临着以参观人次下降为信号的危机似乎就不可避免了。因此,为了化解危机的途径是,采用临时展览的方式以创造更繁荣的变化(伯纳德·希尔,2006)。

其实,属于场馆游范畴的,应当包括博物馆,特别是自然博物馆的游憩活动。随着国外"生态博物馆"理念逐渐被接受,有统计和研究把自然保护区也视为一类自然博物馆,因此,在自然保护区等场所开展的科技旅游活动也被视为科技场馆游的一种形式(余青等,2001;张晋平,2005)。

科技场馆是由自然博物馆、科技博物馆发展而来的,在功能和性质上有不少重叠,无法给予严格的界定。1906 年,世界上第一座新型科学技术博物馆——德意志博物馆在慕尼黑诞生。从此,西方发达国家的科技场馆旅游获得了大发展,相应地,对于科技场馆项目开发研究也出现了,其研究目的主要是为了解决科技场馆建设、运营中遇到的实际问题,因此,从一开始国外关于科技场馆的研究就着眼于从旅游者在科技馆中活动的研究来探讨如何迎合旅游者的喜好。最早的科技场馆研究包括指出了场馆展示方面存在的主要问题并进行了探讨(Gilman,1916),以及对科技博物馆游客心理的研究(Robinson,1930)。对人工科技场馆深入、定量的研究始于 20 世纪 80 年代,其内容主要涉及对家庭组合来科技博物馆的游客行为和时间的定量分析(Diamond,1986;Bitgood,1987),对公众对待科技场馆的态度、个性差异对参观者在科技场馆的游览中获得知识、感受不同所造成的影响,以及科技馆资金来源的问题(Knerr,2000)。

2.2.2.2 现代科技园区旅游

以现代高科技工农业等产业景观和生产过程为游览对象的现代科技园区旅游是科普旅游的主要形式之一。现代科技园区旅游可细分为工业科技园区旅游(吴相利,2003;高玲,2006)、高科技农业园区旅游(芮晔,2003;刘敌,2003;张晓玲,2004;)、专业镇产业园区旅游等(陈开茂等,2001)。作为科技园区旅游重要内容的工业旅游早在 20 世纪 30 年代的法国就出现了。尽管现代科技园区的旅游活动开展得较早，但国外对于科技园区旅游的理论性研究却不多，如关于科技园区概况时涉及部分与科技旅游资源的表述。在一些关于美国现代产业旅游，如产业旅游的发展对于城市形象的作用的研究中，现代科技园区旅游曾被提及（Mulrine *et al.*，2000；Russell *et al.*，2003；Yang *et al.*，2005）。

2.2.2.3 自然科考游

自然科考旅游是通过旅游地深层次开发，突出其科学文化内涵，以满足人们探索大自然，提高科学知识水平的旅游形式（竺国强，1999）。科考旅游通常选在具有一定代表性的地质地貌、丰富的动植物等资源，同时又具备市场基础的区域。在我国，自然保护区、国家地质公园等常被视为开展自然科考旅游的场所（王跃华等，2000；陶玉国等，2006；蒋玲俐等，2006；梅惠等，2007；金利霞等，2007）。

2.2.2.4 科学研究场所游

2006 年，国务院在《国家中长期科学与技术发展规划纲要》中明确提出要建立科研院所、大学定期向社会公众开放制度。这使得我国公众迅速通过科普旅游的形式了解以科研院所、实验基地和大学等为代表的科学研究场所（吴雁华等，2001；王伟伟等，2001；冯昆思，2003；曹晨，2004；朱竑等，2005；龚伟等，2006）。

2.2.2.5 科技事件游

21 世纪头 10 年的中国，进入了一个各类大型事件活动竞相举办的时代，这股热潮也使得国内旅游学术界对大型事件活动及其产生的事件旅游开始了研究和思考，科技事件旅游也不例外（胡燕雯，2004；杨强，2005，2006；马聪玲，2005；Donald Getz，2008）。独特的事件往往会因为其较大的社会影响力给人独特的体验。每年 5 月份的第三周在全国开展的群众性的“科技活动周”及“中国科学院公众科学日”等大型科技事件也已经成为我国最有影响力的科技旅游节事。此外，多种类型的科技夏令营、各类科技竞赛包括学位授予日等科技事件也已经被广泛认同为具有较大旅游价值的事件。尽管类似学位的授予仪式等科学事件没有成为我国科普旅游产品开发的关注点（朱竑等，2005）。

2.2.2.6 科技会展游

科技会展游是会展旅游的组成部分之一。会展是会议、展览等集体性活动的简称，它是指在一定的地域空间上，人们聚集在一起形成的，定期或不定期的，制度的或非制度的集体性活动，包括各种展览会、博览会、体育运动会、节日庆祝纪念日的庆典活动、大型论坛、研讨会等（梁留科等，2004）。国际上对会展旅游的定义是 MICE（Meeting，Incentives，Conventions，Exhibitions），指的是包括各类专业会议、展览会与博览会、奖励旅游、大型文化体育赛事等在内的综合性旅游活动（李华敏等，2007；刘耿大，2007）。

2.3 研究方法

2.3.1 科普旅游资源分类

科普旅游作为旅游活动的一部分，其资源分类也应该以传统旅游资源的分类为基础。同时，科普旅游又是一种新兴的旅游形式，科普旅游资源的分类又应该与传统旅游资源的分类有所区别。目前科普旅游的内涵还没有准确的界定，关于科普旅游资源分类的研究还不多见。

有的研究者从时间尺度和活动场所及其内容的角度提出科普旅游资源主要由5类构成：一是原始旅游资源，即现有的自然生态景观；二是历史典故旅游资源，即以历代知名人物、传记、旧址为中心的人文景观；三是民间趣闻旅游资源，即历代名人、神话、传说；四是现代科技园区旅游资源，即农业、工业、航空等先进园区和研究所的现代科技成果展示；五是现有科技场馆旅游资源（黄丹斌，2001）。

更多的科技旅游资源的分类方法参考了旅游资源分类、调查与评价的国家标准——《中华人民共和国旅游资源分类、调查与评价》(GB/T18972—2003)。

邓伟等(2002)对东北地区的科普旅游资源进行研究时，从中选取了火山熔岩地质地貌、冰雪、森林草原、沼泽湿地、滨海与海洋知识、关东文化和革命历史纪念地、老工业基地及国企改革成果等7个基本类别，作为东北地区科普旅游资源的典型代表，并分专题进行了研究。

李绍刚(2004)对吉林省科普旅游资源的分类系统，把科普旅游资源具体分为天文景观、地文景观、水文景观、生物景观、气候景观、历史遗产景观、现代人文景观等7个大类，其下又分为21个亚类，69种基本类型（李绍刚，2004）。

此外，有研究者将科普旅游资源分为两个层次：景系(serial)、景类(type)。景系为第一层次，有自然景系、人文景系两大系；景类为第二层次，包括地质/地貌、水文、气候、生物、科技场馆、科技园区及其他（胡蓉蓉，2006）。

值得注意的是，以特定类型科普旅游资源的开发利用为目的，通过分析科普旅游资源的市场基础和资源条件，并由此提出同类科普旅游产品开发谱系和发展战略的相关研究，虽然没有提出"分类体系"，但从这些研究的内容中可以看出按照学科领域对科普旅游资源的类型进行区分的思路。例如，天文科普旅游资源（郭丽妮，2002），喀斯特地质科普旅游资源（陶玉国等，2006），植物园作为科普旅游资源（李忠超等，2006），自然、人工场馆等作为科普旅游资源（金利霞等，2007）。

2.3.2　科普旅游资源禀赋的评价

目前科普旅游资源禀赋的空间差异的研究，就其实质来说属于区域绝对比较优势评价。因为这类研究的最终目的就是按照拥有某种科普旅游资源的质和量，对区域进行排序。用位序衡量某地区是否在全国范围或区域范围内拥有某种科普旅游资源禀赋优势。和亚当斯密的绝对优势理论一样，这样的排序能够解释为什么资源丰富的地区能够发展，却不能合理地指出几乎所有资源类别均处于劣势的地区依然可以发展的现象（陈刚，2006）。我国的实际情况也是如此，虽然全国各区域科普旅游资源禀赋多寡不等、优劣不同，但总的来说，几乎所有区域均有科普旅游活动的开展，尽管有些地区在几乎所有的资源禀赋的绝对比较优势评价中都处于劣势。

王凯(1999)对我国主要旅游资源的省域差异分析中，采用丰度、旅游资源组合状况、旅游资源整体优势度为主要指标对中国主要旅游资源赋存的省际差异进行分析（包括各地区各类资源拥有量在全国的比重，人均拥有量和地均拥有量）后认为：我国自然保护区（科普旅游资源的重要类型）的集中分布地区为四川、云南、陕西、湖南、广东及黑龙江和辽宁省。通过与其他类型旅游资源的对比可以看出，我国不同类型的旅游资源在空间上分布并不相同。

此后，黄成林(2001)在更新国家级自然保护区数据的基础上，采用绝对数量、地均密度和人均密度评价，以我国自然保护区绝对数量位序、人均密度位序、地均密度位序的得分作为衡量标准对我国自然保护区禀赋的区域差异进行了描述。

场馆类科普旅游资源禀赋的研究中，研究者用科技场馆建筑面积、展品数量、投入经费及改建扩建面积等作为标准，对全国省级科技馆进行了排序。就建筑面积而言，辽宁、天津、河北、山西、山东、江苏等省(市)具有优势(建筑面积在 10000 m^2 以上)；而展品方面具有优势的则为天津、河北、山西、江苏、安徽等省(市)(张明生，2001)。

张蓬涛等(2002)对我国西部地区旅游资源(主要旅游资源类型)的丰度、分布密度(面积相对密度和人口相对密度)、类型和质量进行了较为系统的分析后指出：西部地区的旅游资源在总量上并不逊于其他地区；西部地区主要旅游资源面积相对密度远小于全国平均水平，为全国平均水平的40%～60%，森林公园类别仅为全国平均水平的 31%；除国家级森林公园外，西部地区主要旅游资源(包括科普旅游资源)的人口相对密度均大于全国平均水平，其中除全国重点文物保护单位高出全国平均水平 16 个百分点外，其余各项均为全国平均水平的 1.3～1.5 倍。

2.3.2.1 综合密度评价

综合密度指数 D，综合考虑了各省域面积和人口数量，评价区域科普旅游资源的禀赋(王凯，1999；黄成林，2001)。

$$D = \frac{Q}{\sqrt{SP}} \tag{2-1}$$

式中：D 为综合密度指数，Q 为各省域科普旅游资源数量，S 为各省域面积，P 为各省域人口数。

2.3.2.2 集中程度评价

为了衡量我国科普旅游资源在省域分布的集中程度，引入变异系数 $C \cdot V$。变异系数可以消除单位(或)平均数不同对两个或多个资料变异程度比较的影响。变异系数大于 1 表示分布不均衡。此外，变异系数值越小，说明我国科普旅游资源的分布越均衡；变异系数越大，表示区域发展越不平衡。变异系数的计算公式为：

$$C \cdot V = \frac{S}{\bar{x}} \times 100\% \tag{2-2}$$

统计学上把样本方差的平方根叫做样本标准差，记为 S，即：

$$S = \sqrt{\frac{\sum (x - \bar{x})^2}{n - 1}} \tag{2-3}$$

式中：x 为某区域拥有科普旅游资源数量，$\bar{x}$为全国科普旅游资源数量的平均值，n 为研究区域个数。

2.3.2.3 规模分布规律评价

为了进一步衡量我国科普旅游资源规模分布规律，引入首位度(primacy)，即首位区域科普旅游资源总量和第二位区域的科普旅游资源总量比值。首位区域指全国拥有科普旅游资源数量最多的省、直辖市或自治区(王馨，2003)。首位度的计算公式如下：

$$S = \frac{P_1}{P_2} \tag{2-4}$$

式中：S 为首位度，P_1 为科普旅游资源数量最多的地区科普旅游资源个数，P_2 为科普旅游资源数量第二多的地区科普旅游资源个数。

2.3.2.4 相对比较优势评价

相对比较优势系数(RCA)所显示的比较优势原理,强调了"两优取最优、两劣取次劣"的思想(陈刚,2006)。因此,引入RCA可以解释科普旅游资源绝对优势评价劣势区域仍能发展科普旅游的现象,既能为科普旅游资源"非优区"指出本区域相对优势的资源利用方向,同时也可以为科普旅游资源整体优势较高的地区选出最具优势的资源开发利用方向。

$$RCA_{ij} = \frac{\dfrac{X_{ij}}{\sum_j X_{ij}}}{\dfrac{\sum_i X_{ij}}{\sum_i \sum_j X_{ij}}} \tag{2-5}$$

式中:RCA_{ij}表示i地区第j类科普旅游资源的相对比较优势系数,X_{ij}为i地区第j类科普旅游资源拥有量,$\sum_j X_{ij}$表示全国j类科普旅游资源的总量,$\sum_i X_{ij}$为i地区拥有全部科普旅游资源的总量,$\sum_i \sum_j X_{ij}$为全国科普旅游资源拥有总量。计算结果以1为分界,当$RCA_{ij}>1$,则说明i地区第j类科普旅游资源具有显示比较优势;如果$RCA_{ij}<1$,则说明i地区第j类科普旅游资源不具有显示比较优势。

2.3.3 科普旅游资源综合评价

旅游资源的评价分为景观视觉评价、因子综合评价和经济价值评价。因子综合评价是选择某些旅游资源某些特定因子对旅游资源进行评价的过程,这也是在国内应用最广的旅游资源评价方法。其中,最为常见的是旅游资源和旅游目的地评价的共有属性为判断标准,在评价指标选择上,侧重于依据"旅游资源共有因子综合评价系统"赋分,通过设置"评价项目"和"评价因子"来对旅游资源进行评价。在评价方法上包括层次分析法、模糊综合评判法等。这种评价方法是目前国内研究和应用最广的方法,在旅游资源评价体系中处于主导地位(席建超,2004)。

在我国各地科普旅游资源开发的案例研究中,主要采用了因子综合评价,这些评价结论通常是不同类别科普旅游资源的综合得分。通过得分高低用以决定科普旅游开发的位序,进而制定相应的旅游产品开发战略。需要指出的是,大多数科普旅游资源的评价中,评价因子、因子权重及等级序列等设定均不同程度地参考了旅游资源分类、调查与评价的国家标准——《中华人民共和国旅游资源分类、调查与评价》(GB/T18972—2003)。

在吉林省科普旅游资源开发过程中,选用的因子包括科普旅游资源的科学知识含量、观赏游憩使用价值、教育性程度、珍稀奇特程度、规模丰度、完整性、知名度和影响力、适游期。最终根据科普旅游资源单体得分排序后分为优劣程度不同的5个等级。在最终开发次序和重点产品开发时序的确定都以此等级体系作为重要的参考(李绍刚,2004)。

南京市科普旅游资源的开发评价中,在科普旅游资源质量的评定外新设了差异度、协调性用以反映资源的组合情况;集中程度和容量因子则用以衡量资源的规模属性;此外,自然条件和社会经济条件、区位条件和市场基础也纳入南京科普旅游资源的评价。最终的评价结果依旧采用了资源等级序列的表达方式,所不同的是等级体系为三级(胡蓉蓉,2006)。

此外，以“地区科普旅游资源条件—当地科普旅游发展存在的主要问题—解决问题的对策和建议”为研究体例，以省级行政区域和市级行政区域为主要研究尺度的科普旅游资源开发利用研究中大多涉及了科普旅游资源的因子综合评价：山西省（王素萍，2005）、广东省（刘少和等，2004；金利霞等，2005）、湖北省（梅惠等，2007）、辽宁省（王慧等，2006；金艳春等，2007）、吉林省（王丽丽等，2004；李绍刚，2004）、山东省（唐顺英，2007）；长沙市（张西林，2006）、沈阳市（刘丹等，2004）、温州市（陈开茂等，2001）和南京市（刘欣，2007；殷艳红等，2007）。

2.3.4 科普旅游者行为研究

事实上，广义的旅游者（当然包括了科普旅游者）行为是指与目的地有关的旅游者决策、选择行为，空间行为和感知行为。狭义的行为往往仅指空间行为（林岚等，2007）。

国内外旅游者行为研究主要集中于决策行为、空间行为。科普旅游动机的产生当然与公众对现代科学知识感兴趣的程度密切相关（尽管没有明确的研究能够在态度与最终行为之间建立某种数量的联系），因为很难相信一个对现代科学知识完全不感兴趣的人会主动参加科普旅游活动。因此，科普旅游者的行为研究应当以公众对科学知识的基本态度（感兴趣与否、感兴趣的程度、对何种领域感兴趣）为起点。

国外研究者把更多的注意力放在科普旅游者的行为研究中。尽管科普旅游行为绝不局限于室内，但由于针对游客的户外行为的实验研究难以观测和控制，因此，约束性较强的室内空间成为国外研究者的偏爱。具有代表性的研究往往以科技场馆，特别是小体量的场馆作为游客行为的观测和研究场所。

国外科普旅游者行为研究大致经历了三个阶段：针对科技场馆参观者的相关研究于 20 世纪 80 年代起步（Feher，1990）。从那时候起，这个研究领域经历了显著的发展，尽管其成长期还仅仅是近 20 年的事。在过去的几十年里，由于对于博物馆的积极体验是未来博物馆发展参观者的重要因素，因此以参观者学习和行为的多视角的研究和调查日渐增多。20 世纪 80 年代末和 90 年代的研究主要集中于参观者在科技场馆及类似机构的场馆体验的情感和社会角度（Roberts，1992；Raphling *et al.*，1993；Rennie，1994；Rennie *et al.*，1996）。这个时期的研究者特别关注于家庭和家庭组在科技场馆参观的行为研究（Diamond，1986；Dierking，1987；McManus，1987b）。进入 20 世纪 90 年代，更深入的研究证实：中小学学生非常喜欢参观科技场馆，并且增强参观者的对科学内涵的活动的兴趣，极大地增进了游客群体对科技场馆的整体感知效果（Wolins *et al.*，1992；Rennie，1994；Ayres *et al.*，1998；Ramey-Gassert *et al.*，1994；Anderson *et al.*，1999，2000，2001；Pat Sterry *et al.*，2006）

2.3.4.1 科技旅游者决策行为研究

关注旅游者决策过程和模型的研究在探讨多个变量如何对旅游者决策选择行为过程产生影响的过程中，基本明确了所谓内部变量（旅游者态度、选择动机等）、外部变量（旅行组织形式、社会阶层等）是对旅游者决策行为产生较大影响的因素（张朝枝等，2002；邱扶东等，2004，2005；沈涵，2005）。很显然，这类研究有利于理解科技旅游者的决策行为。针对旅游相关的决策行为研究中个人决策行为的影响因子研究（国内外），目前比较明确地提出了旅游者态度、社会人口学特征等因素对旅游者决策行为的影响（林岚等，2007）。

不过，科技旅游者的决策行为研究的直接来源，应当是关于科技场馆参观者的行为研究理论。基于科技场馆参观者的行为研究表明，人们能轻松地识别其生活所处的复杂的城市和自然环境是因为人们习惯性地沿着相同的路径活动(Lynch，1960)。

当面临相对较小的环境或空间如各类科技场馆时，人们同样也是利用了环境的自然特征。这些自然特征有两个作用：首先这些自然特征会成为地标，由此而形成心理地图；第二，这些自然特征形成的地标会增强人们对环境的兴趣。特别是对于科技场馆来说，场馆的布局等属性特征能通过以上作用机理增强游客的兴趣(Evans *et al.*，1981)。

以掌握公众科学素养而展开的全国范围的调查研究从“非正式教育”研究视角，研究公众对现代科技的基本态度、不同群体对不同领域的现代科学知识感兴趣的程度等内容和结论，可用以判断影响公众科技旅游决策的主要因素。可以说，国内外广泛实施的国家级的公众科学素养调查研究无疑是最令人瞩目的科技旅游者决策行为实证研究(虽然调查内容并不完全与科技旅游完全拟合)。国内外的类似调查研究都立足于反映本国公众对待现代科学知识的态度，这被普遍视为反映公众对待科技旅游的基本态度调查。此外，就公众接触科学文化设施的频率和影响因素的研究结论已经被广泛采用作为判断某类科技旅游资源吸引力程度的重要指标。

英国虽然是开展科学普及活动和研究最早的国家，但从20世纪30年代后美国的研究就占据了主导地位，其研究主要集中在大学研究机构。最终形成的研究结果除了各种研究报告外，《科学和工程学指标》的第七章是主要的研究成果。而欧洲的研究则主要由当时的欧洲测评委员会(Eurobarometer)进行的。

美国早在1957年就由美国国家科普作家协会进行了第一次调查研究，当时正值苏联第一颗人造卫星上天，调查的内容涉及公众对太空竞赛、放射性等的态度。1972年美国重新开始调查和研究后，至今类似的调查从未中断(中国科学技术协会，中国公众科学素养调查课题组，2002)。2001年国外的主要调查是美国国家科学基金会资助的“公众理解科学技术态度调查”，这项全国性的计算机辅助随机抽样式访谈调查，主要关注了美国公众对待新科学发现和新技术、新发明的态度和感兴趣程度。2002年弗吉尼亚联邦大学公共政策中心的调查也主要是对美国公众对待科学发现感兴趣的程度。此外，该调查还特别地提及了公众对医学方面的科学进展感兴趣的程度。

亚洲地区，日本科学技术政策研究所2003年对科技场馆的参观者做了问卷调查，内容包括日本公众对科技普及活动的喜好程度、满意程度、存在的问题等。此外，该调查还就日本公众对于现代科学知识的学科偏好作了进一步调查(日本科学技术政策研究所，2003)。

致力于提高我国公众科学素养的教育家们(最新的专业称谓应为科学文化传播者)早在1992年就进行了全国性的公众科学素养调查(此后在1994年、1996年、2001年和2003年进行了4次全国性的调查)。这些调查中包含了我国公众对待现代科学知识及科普旅游的基本信息，早期的调查中显示了不同年份我国公众对于知识的了解程度和感兴趣程度及对不同学科领域的科学知识感兴趣的程度。这些最基本的信息，已经成为日后科普旅游研究者调研中经常涉及的内容。

我国2001年的公众科学素养调查反映了更为丰富的内容：我国公众参观科技文化基础设施的频率，如动物园、植物园、科技馆、自然历史博物馆、公共图书馆、图书阅览室等场所；对科学知识感兴趣的程度(分为感兴趣、一般和不感兴趣三种情况)；对不同科学研究领域的科技知识感兴趣的程度(中国科学技术协会，中国公众科学素养调查课题组，2002)。

上海科技馆工作人员2002年调查研究了开馆初期观众对上海科技馆的印象，调查表明，游客印象最深的依次是建筑、环境，而服务排名最后。对游客的基本信息调查则反映了上海科技馆的游客的地区分布、年龄分布、职业构成、收入构成等基本内容。这些调查项目也是科普旅游者调查研究必不可少的部分(倪杰，2003)。

2003年的公众科学素养调查，继续对我国公众接触科普设施的频率、对现代科技知识感兴趣的程度等进行了分析，并对不同群体参观科技场所的频率和原因进行了调查研究。与前4次调查相比，2003年增加了我国公众参加"科技周"、"科技日"等大型科技旅游活动的频率统计(中国科学技术协会，中国公众科学素养调查课题组，2004)。

此外，进一步的调查研究中还包含了企业(特别是大型工业企业)对开展科普旅游活动的态度，我国企业开展科普旅游的基本情况，以及不同行业、不同规模企业对待科技旅游的基本态度(中国科普研究所，2003)。

2004年，中国科普研究所(2006)在云南等地的调查中，新增了我国公众参观工农业等企业场所(如车间、农业生产基地)及高校实验室或其他科研院所、天文台站等科技设施的频率的调查。这些设施和场所目前被视为产业科普旅游和园区科普旅游的重要资源。

2005年，中国科普研究所的调查延续了对我国公众对现代科技的新知识、新技术、最新科技进展感兴趣程度的研究，增设了我国公众参加科普讲座、科技展览等科技旅游活动的情况(中国科普研究所，2007)。

2006年在教育领域的研究方面增设了关于我国数字科普资源的调查分析。这一调查结果揭示了我国数字科普资源的学科分布特点，为科普旅游资源的研究开辟了新的领域(中国科普研究所，2008)。

2.3.4.2 科普旅游者的基本态度

科普场馆及类似机构是社会教育基础设施的一部分。特别指出的是，从教育、社会和文化资源如博物馆等机构的学习，是一种自由选择，是无序、自组织和脆弱的。可以说，在科普场馆中的学习是学习者是在自己控制下进行的(Falk，2001)。关于公众为前往科学中心、科技馆参加科普旅游的根本目的存在两种争论：教育目的和娱乐目的。对以科技场馆为代表的科技场馆的历史考证表明，科技场馆过去确实也是为提高公众科学素养的公众科技传播功能而存在(Suzanne Macleod，2001)，不过越来越明显的证据表明，科技场馆与教育渐行渐远而向娱乐靠拢。因为对于大多数人来说，接受教育并非是参观科技场馆的主要原因。对于他们来说，曾经参观过场馆要比从场馆的体验中学到知识或被这一体验所改变更为重要，参与本身就是一种目的(Patrick Hughes，2001)。这点是和 Davies(1994)就英国场馆观众展开的调查所得出的结论相一致的，其结论是：观众，不管是偶尔参观的观众(新观众)抑或是经常参观的观众(传统观众)，他们参观科技场馆是为了休闲，为了寻找愉悦的体验，而不是为了寻找自我教育的机会。

科普旅游者对待科普旅游的感兴趣程度和感兴趣的主要方面随时间变化较快。因此，对科普旅游的基本态度、参加科普旅游活动的目的等调查研究成为科普旅游者行为研究的根本基础(Lucas，1983；Gayle，2006)。具有更强实际运用意义的包括一些针对特定人群(如青少年)就某种科普旅游(如空间探索)内容的调查研究(Ottavianelli *et al.*，2002；Harriet *et al.*，2007)。

2.3.4.3 科技旅游者空间行为的群体差异

典型的科技旅游者的空间行为研究几乎都是与科技场馆联系在一起的。研究发现，科学中心的观众要么是作为有组织的团体(如学校班级、旅游团)预约参观(来自科技馆的数据告诉我们:观众当中大约有一半是与学校团体和其他组织有密切联系的),要么是各个年龄段的人单独或者与家人亲朋选择在休闲时间前来参观。后一类的观众通常所占比例更大,他们的构成既有本地区作一日游的居民,也有离家远游的人群(伯纳德·希尔等,2006)。根据 Davies(1994)的估算,英国的成年人当中有 20%极少去科技场馆参观,有 40%经常参观科技场馆。有研究者曾经对不参观科技场馆的人群进行过若干调查(Hood,1983;Prince,1990)后指出,参观科技场馆的观众在教育、社会阶层和职业方面并非是整体人口中的典型人群(Kelly,1987)。

通常认为,参观科普场馆是一种社会活动,但对于许多观众来说,它也是一种群体活动,因为其常常为家庭之间的互动、理解展品和共同学习提供焦点(Hilke,1989)。早期值得关注的是在国家自然历史博物馆(华盛顿哥伦比亚特区)及在自然历史博物馆(伦敦)(展览面积 14,000 m^2)进行的调查研究(Lakota,1975;McManus,1987)。这两项研究专门对观众行为与参观团体的构成之间的关联进行了研究。McManus 对观众在一系列展品前面的表现悄悄地进行了观察,但她选择这些展品并不是随机的,而是因为它们能够激发观众之间的对话,并且环境条件允许她把观众所说的话记录下来。她的研究成果非常具有统计学的意义。Lakota(1975)也悄悄进行了观察,他的观察使他得出了这样一个结论:含有 12 岁以下的儿童的参观团体和全部由清一色成年人(包括单独的观众)组成的参观团体的行为是有所区别的,前者虽然参观展品的数量比较少,但是正如 McManus 也发现的那样,他们却对展览的反应表现得更为积极(表 2-3)。最新的研究也表明,参观者的个人态度和行为在参观过程中会受组织和团队的影响而发生变化(Yang,2008)。

表 2-3　参观团体的构成和与参观行为

	单独的观众	成双成对的观众	没有儿童的成年人参观团体	含有儿童的成年人参观团体
参观时间	非常短	长	短	长(通常比其他团体长)
是否阅读说明文	是	是	不太可能	不太可能
是否进行对话		不太可能	不太可能	是
是否动手参与	女性是; 男性不太可能	不太可能	只有在有女性 在场的时候才会参与	是(非常有可能)

这两个调查研究尽管都是在大型自然历史博物馆里进行的,但都证明可以把一般的参观概念详细分解为若干种对应于不同的"商店橱窗浏览者"的模式。在博物馆的家庭行为模式,与上述一般性参观是一致的,只是有两点补充:一是虽然由家长选择在博物馆参观的区域,但是却由子女去引导参观哪些展品(Lakota,1975);二是虽然团体中所有的成员都传播来自展品的信息,但是家长却比孩子更有可能对团体的探索发现进行评价和解释。研究人员还就与母亲之间、父亲之间、儿子之间、女儿之间的关系有关的家庭行为进行了调查,因为这些关系牵涉到将女孩排除在科学教育之外(Cone,1978;Diamond,1986;Blud,1990)。但是,对这些研究得出结论是,"在决定整体参观的家庭行为中,性别看起来并不构成一个因素"。需要注意的另一个问题是场馆的规模。但令人遗憾的是,许多作者在对有关美术馆和博物馆进行调查研究的时候并没有注意到这些场馆的大小。一般性参观的质量是否因博物馆的大小而异,这点尚有待我们去研究发现(伯纳德·希尔等,2006)。

有关儿童参观者的研究文献表明:针对儿童科技场馆体验的调查和研究还很匮乏,这也就决定了目前以青少年在科技场馆的体验为主题的研究总体来说还是特别有限,因此,以青少年为视角的博物馆等场所的理解目前还很不够。这看起来很让人吃惊,因为青少年是这类科技场馆参观者的最重要的组成部分(McClafferty *et al.*,1997;Piscitelli *et al.*,1999)。此外,尽管在20世纪80—90年代关于参观博物馆的家庭研究和兴趣开始兴起,但是家庭成员中孩子对其体验的表达的声音却被忽视了(Kindler,1997)。

儿童观众往往都愿意重返展览并重复里面的实验活动,特别是非常年幼的孩子(3~6岁)更是这样。这个年龄段的孩子对于重复参观展览的需要并乐此不疲是人尽皆知的。曾有一次高质量的调查表明了孩子重复参观展览的高比率。孩子们带着一个朋友或成人第二次来参观的时候,往往先从那些他们在第一次参观的时候就已经最充分探索过的展品开始参观。这一点在孩子们与他们的老师在一些展项中进行互动的时候尤其明显(伯纳德·希尔等,2006)。

针对14~19岁人群关于青少年童年时期对科技场馆的记忆的洞察和态度调研指出,520名参与者中的大多数反映他们孩童时期对科技场馆的记忆往往是与无聊、仓促、缺乏自我探索机会及管理人员高高在上相联系(Andrews *et al.*,1979)。另一项对120名4~5岁儿童的调研在针对儿童群体的博物馆参观者的行为研究方面是具有代表性的。为了克服儿童参观者研究的主要困难(第一,收集儿童在博物馆参观体验和习得的相关数据是困难的,因为儿童交流能力有限,自我反映过往体验困难,以及由陌生的成年人对儿童收集数据的可靠性方面也受到影响。因此,未来的研究应当采用一些创新的方法来克服这些困难。第二,用以直接反映儿童的观点和看法的音像手段在博物馆研究中鲜有应用),采用了半结构型访谈、引导型问卷和自选择绘画相结合的方式进行研究。QUT设计了一个专门针对儿童视角的博物馆展览和环境的调研,其内容包括儿童过去的体验、关于博物馆体验的个人价值和过去的参观习惯。这个调研由三部分组成:一是儿童自主的绘画活动,在活动中,孩子们被要求从任一方面画出他们所希望的博物馆的形象;第二是一个半结构型的访谈,在访谈中研究者们了解儿童过去在博物馆的体验;最后采用一系列"四点Likert量表"①来研究儿童眼中博物馆的性质和属性。结果表明,孩子们经常提到的是大型的展览或是大型展览的大体量的组成部分,如恐龙、大房间、长长的廊道等(Kindler *et al.*,1997)。

一些科技场馆对9~28岁学生的记忆作了一个为期2年的研究。此研究试图揭示经历一段时间后,孩子们能在多大程度上记住参观中的新奇事或者是参观中感觉熟悉的事件。研究发现了3个高度影响参观记忆的因素(实际概括起来只有2个):首先是参观者个人的投入程度;第二是参观次数(Wolins *et al.*,1992)。

2.3.4.4 科普旅游者空间行为的时间特征

早期的研究从科普旅游者停留时间的长短,将科普旅游者分为不同的类型。通过旅游者停留时间长短认为(费城)富兰克林研究院科技馆暨天文馆有两种类型的"典型观众",一种是持续2 h的短暂参观,另一种是长达3~3.5 h的长时间参观。Borun发觉这两类观众所参观

---

① Likert量表是属评分加总式量表最常用的一种,是由美国社会心理学家利克特于1932年在原有的总加量表基础上改进而成的。

的展品的数量分别为 9～11 件和 14 件，但她并没有对比进行下一步讨论(Borun，1978)。

从一些在比较大的科技馆里进行的观众抽样调查中发现，观众平均参观的时间为 2～2.5 h。虽然对观众如何分配这些时间有所了解，但了解得很不透彻。Falk 等(1992)认为他们大约有 25%的时间是用于参观的社交方面，比如说家庭之间的互动；劳伦斯科学厅和探索馆研究则表明观众分别将其总参观时间的 20%和 8%左右消耗在非展品的地方，但是这些数据部分地由博物馆面积的大小、展品数量的多寡和活动内容的丰富与否来决定(Diamond,1986)。

这类研究初步得出这样一个结论：对于那些拥有若干商品部和餐厅的大型博物馆(如展览面积超过 10000 m^2)来说，其观众仅仅将一半的时间真正用于参观展览。观众往往在大约半数的展品面前停留不到一分钟，在 18%的展品面前停留 3 分多钟。随着参观的进行，长时间的停留会变得越来越少见(Diamond,1986)。

有的研究精确到了对游客在每件展品上投入的平均时间，亦即在整个展览中度过的总时间除以展品的数量。从若干来源中收集到的平均数为 10～40 s，而被场馆工作人员通常采用的则是 30 s 作为第一近似值(Beer,1987)。

Falk(1985)对佛罗里达州立自然历史博物馆的观众进行了观察，特别是对观众随着参观的进行逐渐对展品失去兴趣这一点进行了仔细的研究发现，一般的参观都以几分钟的热身阶段开始，在这个阶段观众所做的事情是审度环境找出自己的位置，然后他们会用大约半个小时的时间认真参观展览，接下来他们对余下来的展品走马观花地浏览一下，只是偶尔在个别展品面前驻足仔细观看。

一些具有实验性特征的研究涉及诸如绘画作品挂在美术馆墙上的数量和位置的变化。在一个规模较大的美术馆(40 个展厅，1000 幅绘画作品)里，每幅绘画作品平均被 20%的观众驻足欣赏，而在一个规模较小的美术馆(6 个展厅，150 幅绘画作品)里，这个数字则是三分之一。此外，即便在一个小型的美术馆里，随着参观的进行，观众驻足欣赏绘画作品的频率也会降低，并且越往后面停留的时间就越短，这便是理解博物馆参观中的一个关键概念——博物馆疲劳现象。随后对博物馆疲劳进行详细的研究发现，其实博物馆疲劳是心理而非生理所致，是因为观众对信息感到饱和了(Robinson,1928;Melton,1935)。

2.3.4.5　科普旅游者空间行为的空间表现

科普场馆内旅游者的空间行为研究发现，观众通常被展厅的出口所吸引。因此，处于入口和出口之间最短路线的绘画作品往往得到最多关注，并且随着观众向出口方向移动，他们的任务时间就会逐步减少。当在展厅增加第二排作品的时候，观众驻足欣赏的绘画作品的平均数量和在展厅停留的平均时间并不受影响，也就是说，观众用于在展厅观赏每幅作品的平均时间比以前减少了。从这些及另一些涉及绘画作品和家具陈列的调查中得出了一个结论：场馆里的东西彼此竞争观众的关注，并且这种竞争既在同类别展品(如绘画与绘画)中间产生，也在不同类别展品(绘画与家具)之间产生。在纽约的科学工业博物馆进行的实验研究中，专门研究了在展厅中引入了一件具有强大吸引力的东西，比方说一件著名的动态展品，研究结果表明，整个展厅观众的注意力都进行了重新分布，大家的注意力都以这件具有强大吸引力的东西及其周围的展品为中心(Melton,1935)。

这些空间行为的研究给我们描述了一幅令人信服的科普旅游者空间行为的画面：观众积极活跃地探索博物馆的各个展厅，只有在那些有直接兴趣的展品前面驻足，从不在一个地方长时间停留，惟恐在参观时间结束和自己筋疲力尽（心理的或者身体的）之前错过一些更有兴趣的展品。他们的调查结果得到皮博迪自然历史博物馆的 Porter（1938）、明尼苏达科技馆人类学展厅（占地 350 m^2）的 Cone 和 Kendall（1978）以及前面已经提到的 Beer（1987）的支持。Weiss 和 Boutourline（1963）在一个关于波士顿美术馆的科技展览的研究报告中这样记录："观众似乎希望对整个展厅而不是每个单体展品形成一种感觉。如果在展厅里有一些特别吸引人或特别突出的东西，观众似乎会希望对之进行仔细观察。经过歇息之后或者一旦碰到特别具有震撼力和有意识的展品（Beer，1987；Stevenson，1991；Klein，1993），观众也可能会暂时改变随着参观的进行而逐渐对展览失去兴趣的倾向。但是并没有证据去挑战一般参观的总体方式。另一方面，当展品展示的东西与观众已经看过的东西相似时，观众往往倾向于跳过这些东西，除非这些展品恰好横陈在他们所要经过的路线上。"

Hilke 等（1989）在一个大型自然历史博物馆里对以家庭为单位参观的观众进行的调查发现，与一个动手参与型的展览相比，在一个传统的展览中，观众更有可能一鼓作气不停留地进行参观。不过这一研究结论受到了挑战，Falk（1985）认为：根据他在佛罗里达州立自然历史博物馆的观察研究，观众的行为没有被展品的形式所影响，他们对待静态展品与对待动态展品的行为没有区别。尽管观众更有可能浏览首先遇到的展品（如那些摆在展厅入口处的展品），Diamond（1986）注意到，在某一件展品前驻足只是一种"相对个别的选择"，且这些个别选择是会受到其他观众行为影响的，如果某些观众对某件展品发生兴趣，其他观众也有可能被吸引过来。

场馆内的实证研究似乎印证了游客确实存在一种习惯的参观路径选择的倾向。据观察，参观者在场馆内的活动倾向于随着一条设定的线路（图 2-1），这个结论为主张对场馆及展品进行某种线路安排的理念提供了有力支撑。虽然参观人群的流动方向，左边或是右边则与场馆的建筑性质等相关。但总的来说，参观者倾向于沿着展厅的墙壁呈相对线型的路径（图 2-2），此外，场馆参观过程中参观者很少回头（Laurent *et al.*，2001）。

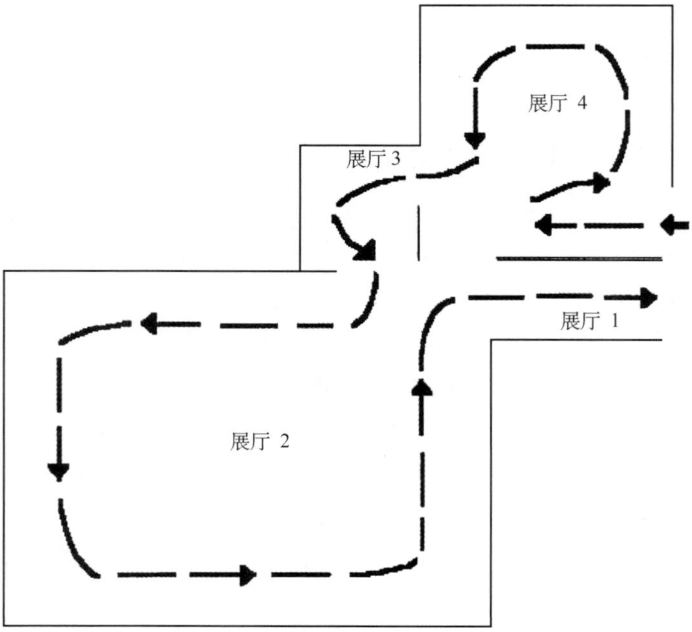

图 2-1　管理者预设参观路径

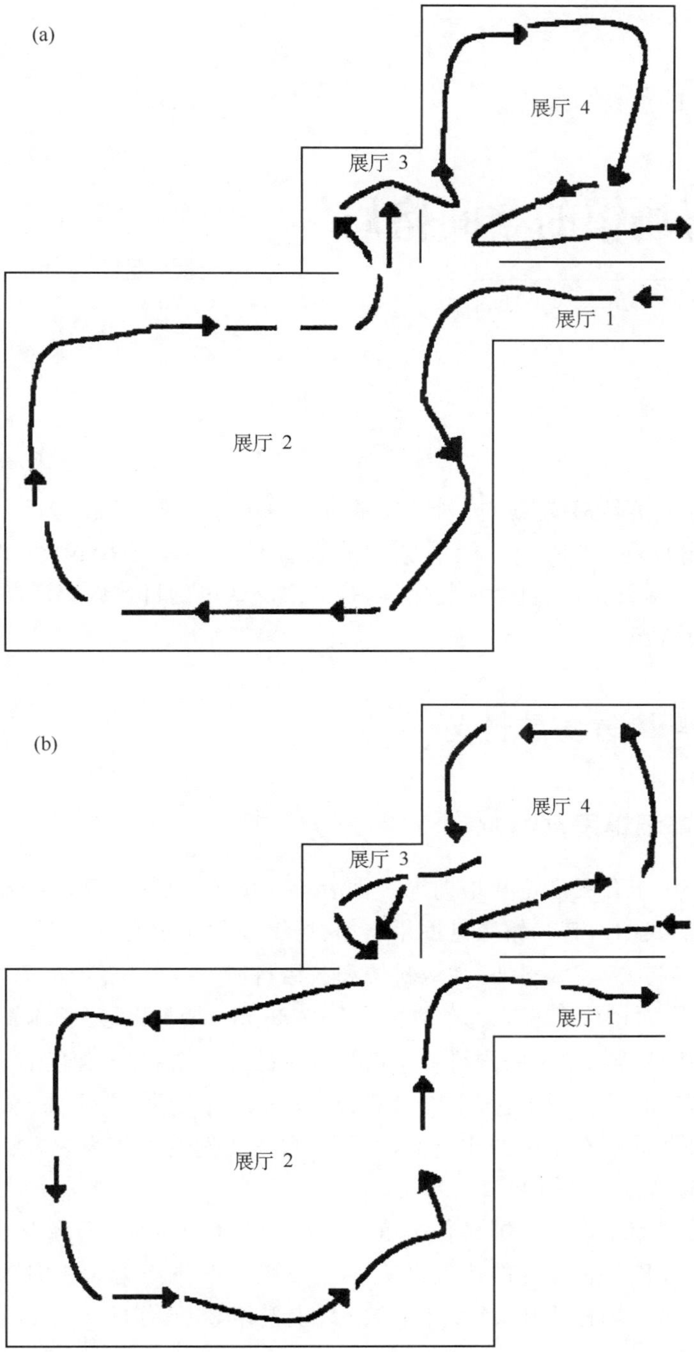

图 2-2　两条游客实际参观路径

第3章 我国科普场馆的空间格局

本书所指科普场馆是指按照中国科学技术协会的统计要求，截至2007年12月31日本单位拥有产权或使用权，主要用于开展展览和培训等科普活动的场馆（中国科学技术协会，2007）。科普场馆包括科技馆、自然博物馆等，是被广泛认可的科普旅游活动开展的场所，被视为重要的科普旅游资源。

3.1 我国科普场馆发展情况

3.1.1 我国科普场馆发展概况

科普场馆是指用于开展展览和培训等科普活动的场馆，是场馆类科技旅游资源的重要组成部分。总的来说，我国科普场馆数量逐年增加，场馆展厅面积所占比例不断提高。2006年，我国四级科协（中国科协、省级科协、地级科协和县级科协）共有科普场馆735个，比上年（2005年）增长6.8%；展厅面积从588775 m^2 增长为732236 m^2，增长率达到24.4%。

目前，地县两级科普场馆是我国科普场馆类资源的最主要部分，但随着省级科普场馆的发展，地县两级科普场馆的重要性呈现下降趋势：从场馆数量上看，省级、副省级、省会城市科协科普场馆数量和展厅面积在全国的比重变化不大（数量比例近两年为5.8%，展厅面积比例分别为2005年的26.4%，2006年的27.3%）。

地县两级科普场馆个数占全国科普场馆比例从94%（2005年）下降至93%（2006年），地县两级科普场馆展厅面积占全国的比重也从70%（2005年）下降为68%（2006年）。中国科协科普场馆展厅面积占全国比重从2005年的3.6%上升至2006年的4.6%（表3-1）。

表3-1 2005—2006年我国各级科普场馆数与展厅面积统计

	合计		中国科协		省级科协		副省级、省会城市科协		地级科协		县级科协	
	2005年	2006年	2005年	2006年	2005年	2006年	2005年	2006年	2005年	2006年	2005年	2006年
科普场馆（个）	688	735	1	9	26	28	14	15	143	148	504	535
展厅面积（m^2）	588775	732236	21000	33508	89441	127461	66101	72680	173507	178630	238726	319957

（数据来源：中国科学技术协会，2007）

3.1.2 我国主要科技馆内部功能结构

科技馆内部功能区通常被划分为：常设展览区、临时展览区、综合服务区和培训试验区等。评价科技馆开展科普旅游能力的主要指标通常为常设展厅面积（包括常设展厅绝对面积大小及其所占总建筑面积的比例）。

我国各地科技馆规模差别较大，总建筑面积 40000 m^2 以上的科技馆数量不多。中国科技馆总建筑面积 43000 m^2，远远高于郑州、佛山和嘉兴科技馆。常设展览面积是衡量科技馆最重要的指标之一，在这项指标上，我国各地科技馆差别更为明显，各大城市的科技馆常设展厅面积远远大于中小城市科技馆，中国科技馆是我国常设展览面积最大的科技馆，其总面积达 21000 m^2。不过，就常设展览展厅面积占总建筑面积的比例而言，中国科技馆由于其综合性较强，其常设展厅面积占总建筑面积的比例仅为 48.8%，远远低于郑州科技馆的 71.8%；郑州科技馆和佛山科技馆的常设展览面积占总建筑面积的比例均在 50%以上，而沈阳科技馆最低，仅为 20%（表 3-2）。

表 3-2 科技馆常设展览面积与总建筑面积的比重(%)

	中国科技馆	沈阳科技馆	郑州科技馆	佛山科技馆	嘉兴科技馆
常设展览面积与总建筑面积的比重	48.8	20.0	71.8	66.7	32.4

（数据来源：中国科普研究所，中国科学技术馆，2006）

除了常设展览外，各馆都有一定面积的临时展厅，其中，沈阳科技馆的临时展厅面积达 21000 m^2，占总建筑面积的一半以上，其培训实验教室及服务设施的比例也比较大。从服务设施面积调查数据看，我国科技馆服务设施面积均不大，这表明我国科技馆提供接待科普旅游者的旅游服务方面尚显不足（表 3-3）。

表 3-3 主要科技馆功能结构概况(m^2)

	总建筑面积	临时展厅面积	培训实验教室	服务设施面积	常设展览面积
中国科技馆	43000	1000	235	300	21000
沈阳科技馆	40000	21000	2000	800	8000
郑州科技馆	8426	778	132	153	6048
佛山科技馆	6000	200	400	100	4000
嘉兴科技馆	7600	350	1000	15	2500

（数据来源：中国科普研究所，中国科学技术馆，2006）

3.2 我国科普场馆的省域格局

从我国各地区各级科普场馆总拥有量统计看，我国各地区科普场馆无论是个数，还是展厅面积都呈现出区域分布的不同。

2006 年我国各级科普场馆拥有数量最多的是山东省和湖北省（省、地、县三级科普场馆数均为 74 个）。海南省 2006 年没有科普场馆，为全国最低。与科普场馆个数拥有量不同，全国科普场馆展厅面积最大的为山东省，其科普场馆展厅面积共计 99023 m^2，广东省位居第二，其展厅面积为 52949 m^2。

综合考虑各省域 2006 年人口数和行政区域面积计算得到的科普场馆数量①和面积综合密度指数②,反映了我国 2006 年全国科普场馆数量和展厅面积在我国各省域的分布密度。2006 年,全国科普场馆数量综合密度指数最高的是天津市,其综合密度指数为 10.9,排在第二位的为湖北省,其科普场馆数量综合密度指数为 7.2。与场馆数量综合密度不同,展厅面积综合密度指数最高的为天津市,其展厅面积综合密度指数高达 14418.2;位居第二的是山东省(8321.3)。海南省因科普场馆数为零,故各项评价均位于全国最后(表 3-4)。

表 3-4 2006 年我国各省(区、市)科普场馆数量、展厅面积与综合密度指数

	全国科普场馆个数合计(个)	全国科普场馆个数综合密度指数	全国科普场馆展厅面积合计(m^2)	全国科普场馆展厅面积综合密度指数
北 京	11	2.2	3110	622.0
天 津	12	10.9	15860	14418.2
河 北	22	1.9	29226	2586.4
山 西	20	2.7	9832	1346.8
内蒙古	37	2.2	38505	2319.6
辽 宁	16	2.1	19668	2521.5
吉 林	34	4.7	12829	1781.8
黑龙江	28	2.1	18301	1397.0
上 海	20	6.5	14840	4787.1
江 苏	9	1.0	10020	1151.7
浙 江	18	2.6	34531	4933.0
安 徽	25	2.7	22419	2436.8
福 建	23	3.5	25723	3957.4
江 西	7	0.8	2792	321.1
山 东	74	6.2	99023	8321.3
河 南	14	1.1	5480	438.4
湖 北	74	7.2	44922	4361.4
湖 南	59	5.1	20447	1762.7
广 东	50	3.9	52949	4169.2
广 西	20	1.9	11992	1142.1
海 南	0	0.0	0.0	0.0
重 庆	9	1.9	9559	1991.5
四 川	24	1.2	33988	1707.9
贵 州	19	2.4	22144	2768
云 南	15	1.1	17209	1303.7
西 藏	1	0.2	300	50.0
陕 西	21	2.4	15788	1814.7

① 全国科普场馆数量综合密度指数计算由公式(2-1)获得,其中 Q 为 2006 年我国省(区、市)科普场馆个数。

② 面积综合密度指数计算公式为公式(2-1),其中 Q 为 2006 年我国省(区、市)科普场馆展厅面积。

续表

	全国科普场馆个数合计(个)	全国科普场馆个数综合密度指数	全国科普场馆展厅面积合计(m^2)	全国科普场馆展厅面积综合密度指数
甘　肃	16	1.6	9450	926.5
青　海	5	0.8	2517	419.5
宁　夏	3	1.7	1836	1020.0
新　疆	25	1.4	20788	1148.5

(数据来源:中国科学技术协会,2007;中华人民共和国统计局)

3.2.1　科普场馆数量的省域分布

从各省科普场馆数量看,科普场馆在我国31个省(区、市)的发展并不一致。最显著的特征之一是我国4个直辖市科普场馆数量偏低。山东省是全国省、地、县三级科协科普场馆拥有数量最多的省份,海南省全省没有一座科普场馆(2006年)。山东省拥有各级科普场馆74个(全国平均为23个),占全国总数的10%;比第二位的湖南多出19%(11个)。

2006年,全国科普场馆数量变异系数$C \cdot V=81.74\%$①;其首位度$S=1.25$②。全国科普场馆数量变异系数接近100%,说明我国各省科普场馆个数空间分布的总体差异比较显著。

我国31个省(区、市)按其拥有科普场馆总个数分为五类,第一类为科普场馆数量最少的地区,第五类则为科普场馆数量最多的地区,略低于全国平均值的为第二类,略高于全国平均值的为第四类,第三类则为与全国平均值接近的省份。

第一类其科普场馆数为0～10.00个,分别为:西藏、青海、重庆、宁夏、江苏、江西和海南。这7个省(区、市)2006年共拥有科普场馆仅34个,占全国科普场馆总数的5%,是我国科普场馆最少的地区。

第二类其科普场馆数为10.01～20.00个,分别为:北京、上海、天津、辽宁、山西、甘肃、河南、浙江、云南、贵州和广西。这11个省(区、市)仅有181座科普场馆,仅占全国总数的25.5%。

第三类其科普场馆数为20.01～25.00个,分别为:新疆、四川、陕西、河北、安徽和福建。6个省(区、市)其科普场馆数大致与全国平均数接近,2006年共拥有科普场馆140个,占全国科普场馆总数的19.7%。

第四类其科普场馆数为25.01～50.00个,分别为:内蒙古、黑龙江、吉林和广东,其科普场馆数量均高于全国平均值。这4个省(区、市)2006年共拥有科普场馆149座,占全国科普场馆总数的21%。

第五类其科普场馆数为50.01～74.00个,分别为:山东、湖北、湖南。这3个省是全国科普场馆数量最集中的省份,共拥有207座科普场馆,占全国科普场馆总数的29%(图3-1)。

---

①　科普场馆数量变异系数$C \cdot V$计算公式为公式(2-2),其中x为2006年各省科普场馆个数,$\bar{x}$为各省科普场馆均值。

②　首位度计算公式为公式(2-4),其中P_1为2006年山东省科普场馆个数;P_2为湖南省科普场馆个数。

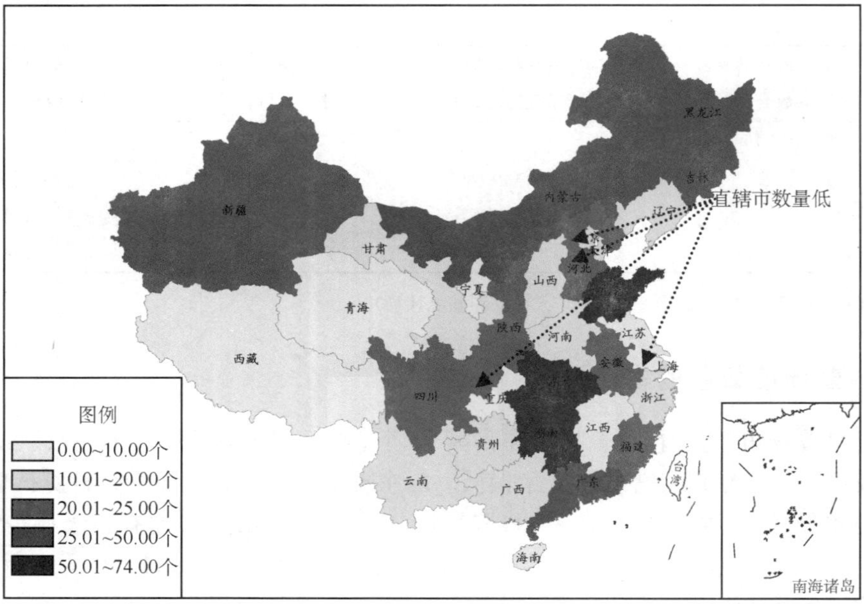

图 3-1 2006 年全国科普场馆数量分布图

3.2.2 科普场馆展厅面积的省域分布

评价科普场馆除了关注其数量指标外，更重要的是研究其展厅面积。我国科普场馆展厅总面积为 732236 m^2(2006 年)，山东省是我国科普场馆展厅面积最大的省份，达 99023 m^2(全国平均为 20195.1 m^2)，占全国科普场馆展厅总面积的 13.5%，比第二位的湖北省(44922 m^2)多出 120%。

2006 年，全国科普场馆展厅面积变异系数 $C \cdot V$=97.60%①，科普场馆展厅面积首位度 S=2.20②，全国科普场馆展厅面积变异系数接近 100%，说明我国科普场馆展厅面积空间分布的总体差异显著。

第一类其科普场馆展厅面积小于 5000.00 m^2，分别为：北京、西藏、青海、宁夏、江西和海南。6 个省(区、市)科普场馆展厅总面积仅 10555 m^2，仅占全国科普场馆展厅总面积的 1.8%。

第二类其科普场馆展厅面积为 5000.01～15000.00 m^2 分别为：上海、吉林、甘肃、山西、河南、江苏、重庆和广西，这 8 个省(区、市)科普场馆展厅面积也低于全国平均值，2006 年共拥有科普场馆展厅面积合计 84002 m^2，占全国科普场馆展厅面积的 13.4%。

第三类其科普场展厅面积为 15000.01～25000.00 m^2，分别为：天津、黑龙江、辽宁、新疆、陕西、安徽、湖南、云南和贵州。9 个省(区、市)其科普场馆数大致与全国平均数接近，2006 年共计 172624 m^2，占全国科普场馆展厅总面积的 27.6%。

第四类其科普场馆展厅面积为 25000.01～35000.00 m^2，分别为：河北、四川、浙江和福

---

① 科普场馆展厅面积变异系数 $C \cdot V$ 计算公式为公式(2-2)，其中 x 为 2006 年各省科普场馆展厅面积(m^2)，$\bar{x}$ 为各省科普场馆展厅面积均值(m^2)。

② 首位度计算公式为公式(2-4)，其中 P_1 为 2006 年山东省科普场馆展厅面积(m^2)；P_2 为湖北省科普场馆展厅面积(m^2)。

建，其科普场馆数量均高于全国平均值。4 个省(区、市)展厅面积为 123468 m^2，占全国科普场馆展厅面积的 19.7%。

第五类其科普场馆展厅面积为 35000.00～99023.00 m^2，分别为：山东、内蒙古、湖北和广东。4 个省(区、市)科普场馆展厅面积达 235399 m^2，占全国科普场馆展厅面积的 37.5%(图 3-2)。

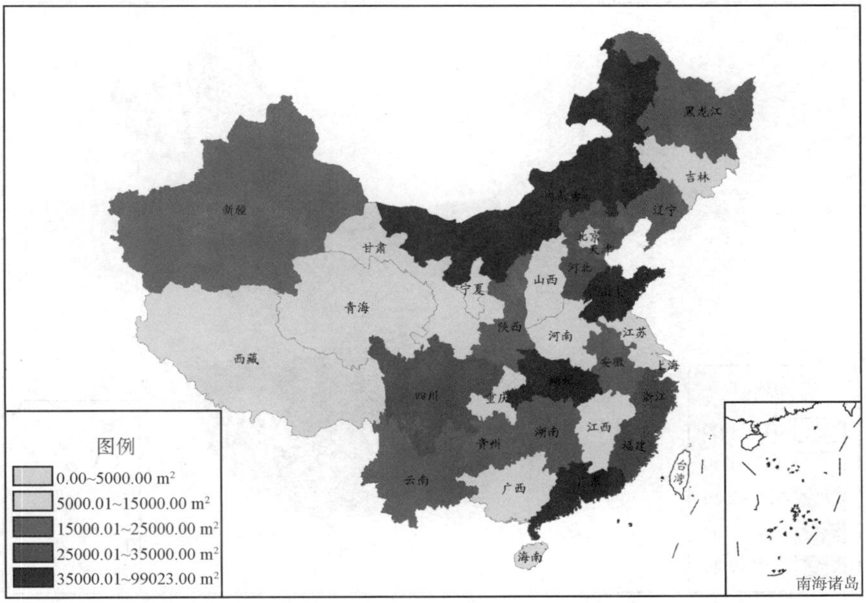

图 3-2　2006 年全国科普场馆展厅面积分布图

3.2.3　科普场馆数量综合密度分布

综合考虑地区人口和面积因素的科普场馆数量综合密度指数，用以衡量区域间科普场馆类科技旅游资源的丰度①。

我国 31 个省(区、市)在考虑其当年人口数和行政区域面积的情况下，按其拥有科普场馆数量分为五类，第一类为科普场馆数量低密度的地区，第五类则为科普场馆数量密度最高的地区，略低于全国平均值的为第二类，略高于全国平均值的为第四类，第三类则为与全国平均值接近的省份。

第一类其科普场馆数量综合密度指数小于 1.0，分别为：西藏、青海、江西、江苏和海南。这些省份是全国科普场馆数量密度最低的区域。

第二类其科普场馆数量综合密度指数为 1.01～1.50，分别为：天津、新疆、四川、云南和河南，这些地区科普场馆数量综合密度也低于全国平均值。

第三类其科普场馆数量综合密度指数为 1.51～2.46，分别为：北京、黑龙江、内蒙古、河北、辽宁、甘肃、宁夏、陕西、重庆、贵州和广西。9 个省(区、市)其科普场馆数量综合密度大致

① 全国科普场馆数量综合密度指数计算由公式(2-1)获得，其中 Q 为 2006 年我国省(区、市)科普场馆个数。

与全国平均数接近。

第四类其科普场馆数量综合密度指数为 2.47～5.00，分别为：吉林、山西、安徽、浙江、福建和广东，其科普场馆数量均高于全国平均值。

第五类其科普场馆数量综合密度指数为 5.01～7.20，分别为：上海、山东、湖北和湖南。4 个省（区、市）科普场馆数量综合密度是全国最高的地区（图 3-3）。

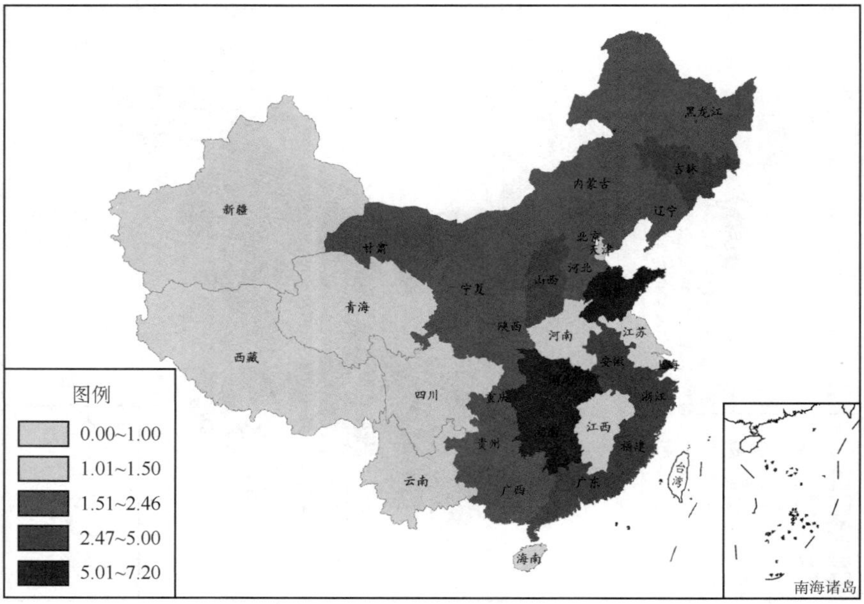

图 3-3　2006 年全国科普场馆数量综合密度指数分布图

3.2.4　科普场馆展厅面积综合密度分布

我国 31 个省（区、市）在考虑其当年人口数和行政区域面积的情况下，按其科普场馆展厅面积综合密度指数[①]的大小分为五类，第一类为科普场馆展厅面积低密度的地区，第五类则为科普场馆展厅面积综合密度最高的地区，略低于全国平均值的为第二类，略高于全国平均值的为第四类，第三类则为与全国平均值接近的省份。

第一类其科普场馆展厅面积综合密度指数小于 500.00，分别为：天津、西藏、青海、河南江西和海南。这些地区是全国科普场馆展厅面积密度最低的区域。

第二类其科普场馆展厅面积密度综合指数为 500.01～1200.00，分别为：北京、新疆、甘肃、宁夏、江苏和广西，这些地区科普场馆展厅面积综合密度也低于全国平均值。

第三类其科普场馆展厅面积密度综合指数为 1200.01～2048.68，分别为：黑龙江、吉林、山西、陕西、四川、重庆、云南和湖南。8 个省（区、市）其科普场馆展厅面积综合密度大致与全国平均数接近。

第四类其科普场馆展厅面积密度综合指数为 2048.69～5000.00，分别为：上海、内蒙古、

---

① 全国科普场馆展厅面积综合密度指数计算由公式（2-1）获得，其中 Q 为 2006 年我国省（区、市）科普场馆展厅面积（m^2）。

辽宁、河北、湖北、安徽、贵州、浙江、福建和广东，其科普场馆展厅面积综合密度均高于全国平均值。

第五类其科普场馆展厅面积密度综合指数为 5000.01～8321.30，符合这一条件的仅有山东省。因此，就科普场馆展厅面积综合密度来说，山东省是全国密度最高的地区(图 3-4)。

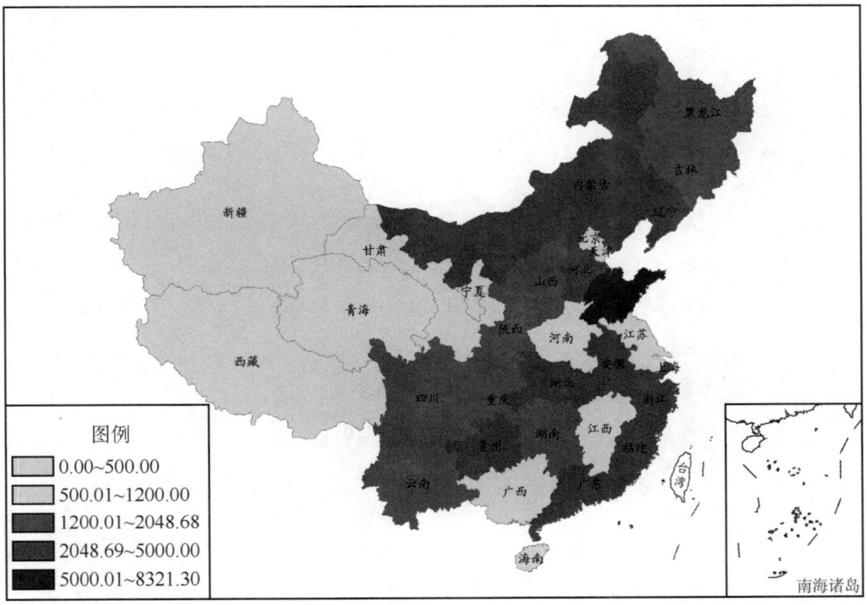

图 3-4 2006 年全国科普场馆展厅面积综合密度指数图

3.3 我国各级科普场馆(省级、地级、县级)的省域分布

我国科普场馆分为省级、地级和县级三级，不同等级的科普场馆在我国各地区的分布与总量分布相比，有很大的区别。全国省级科普场馆总数为 28 个，仅占全国科普场馆总数的 3.8%；展厅总面积为 1274,61 m^2，占全国科普场馆展厅总面积的 17.4%。因此，省级科普场馆具有数量不多、单个场馆的体量较大、展厅面积占场馆面积比例高的特点。

由于省级科普场馆个数太少，使得采用数量综合密度指数的区分度受到影响，因此，对我国各级科普场馆的省域分布格局的研究以各级科普场馆展厅面积(m^2)综合密度指数来衡量(表 3-5)。

表 3-5 2006 年我国省、地、县级科普场馆展厅面积综合密度指数

	省级科普场馆展厅面积综合密度指数	地级科普场馆展厅面积综合密度指数	县级科普场馆展厅面积综合密度指数
北 京	0.0	622.0	0.0
天 津	0.0	14418.2	0.0
河 北	831.9	716.8	1037.7
山 西	602.7	178.4	565.8

续表

	省级科普场馆展厅面积综合密度指数	地级科普场馆展厅面积综合密度指数	县级科普场馆展厅面积综合密度指数
内蒙古	142.8	118.7	2058.1
辽　宁	256.4	1602.3	662.8
吉　林	208.3	558.3	1015.1
黑龙江	1030.5	32.1	334.4
上　海	0.0	3496.8	1290.3
江　苏	0.0	632.2	519.5
浙　江	142.9	3614.3	1175.9
安　徽	760.9	958.3	717.7
福　建	461.5	989.2	2506.6
江　西	0.0	230.4	98.1
山　东	1050.4	1425.2	5845.6
河　南	96.0	24.0	318.4
湖　北	58.3	758.3	3544.9
湖　南	10.07	204.5	1451.2
广　东	78.7	1367.7	2722.8
广　西	266.7	367.7	507.7
海　南	0.0	0.0	0.0
重　庆	0.0	872.9	1118.5
四　川	1256.3	36.7	415.0
贵　州	600.0	500.0	1668.0
云　南	799.2	36.1	468.4
西　藏	0.0	50.0	0.0
陕　西	1126.4	411.5	276.8
甘　肃	0.0	326.5	600.0
青　海	366.7	22.8	30.0
宁　夏	888.9	0.0	131.1
新　疆	552.5	391.7	204.3

（数据来源：中国科学技术协会，2007）

3.3.1 省级科普场馆的省域分布

以省级科普场馆展厅面积的综合密度指数①为衡量标准，我国省级科普场馆省域分布最显著的特征是我国4个直辖市其省级场馆综合密度低。

① 省级科普场馆展厅面积综合密度指数计算由公式(2-1)获得，其中 Q 为2006年我国省级科普场馆展厅面积(m^2)。

2006 年，全国省级科普场馆展厅面积变异系数 $C \cdot V=138.15\%$①，首位度 $S=1.85$②，全国省级科普场馆展厅面积变异系数大于 100%，说明我国省级科普场馆展厅面积空间分布不均衡。

我国 31 个省(区、市)在考虑其当年人口数和行政区域面积的情况下，按其省级科普场馆展厅面积综合密度指数分为五类，第一类为省级科普场馆展厅面积低密度的地区，第五类则为省级科普场馆展厅面积综合密度最高的地区，略低于全国平均值的为第二类，略高于全国平均值的为第四类，第三类则为与全国平均值接近的省份。

第一类其省级科普场馆展厅面积综合密度指数小于 50.00，分别为：北京、上海、天津、重庆、西藏、甘肃、江苏、江西和海南。这些省(区、市)是全国省级科普场馆展厅面积密度最低的区域。

第二类其省级科普场馆展厅面积综合密度指数，50.01～200.00，分别为：内蒙古、河南、湖北、湖南、浙江和广东，这些省(区)省级科普场馆展厅面积综合密度也低于全国平均值。

第三类其省级科普场馆展厅面积综合密度指数为 200.01～376.94，分别为：吉林、辽宁、青海和广西。4 个省(区)其省级科普场馆展厅面积综合密度大致与全国平均数接近。

第四类其省级科普场馆展厅面积综合密度指数为 376.95～1000.00，分别为：河北、山西、宁夏、新疆、安徽、云南、贵州和福建，其省级科普场馆展厅面积综合密度均高于全国平均值。

第五类其省级科普场馆展厅面积综合密度指数为 1000.01～1256.30，分别是：山东、黑龙江、陕西和四川，这 4 个省份是全国省级科普场馆展厅面积密度最高的地区(图 3-5)。

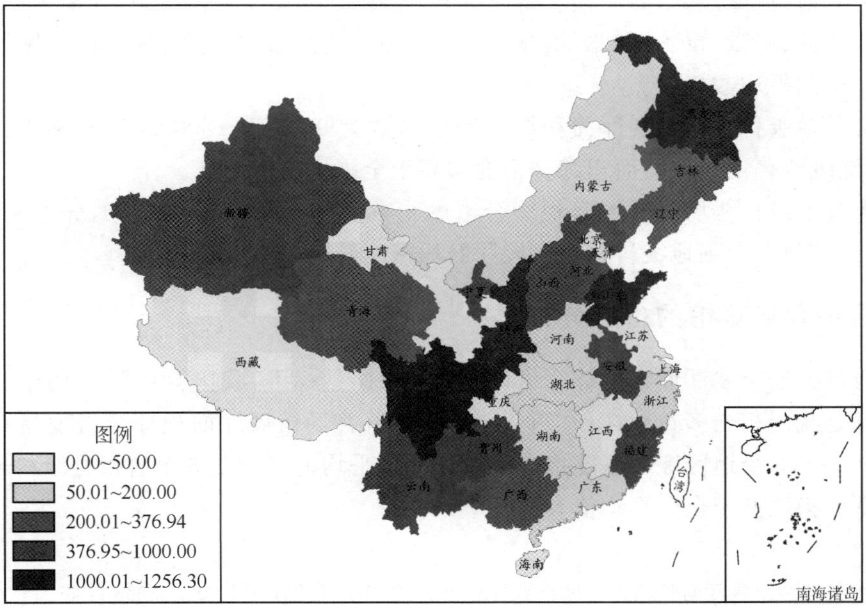

图 3-5　2006 年我国省级科普场馆展厅面积综合密度指数分布图

---

①　科普场馆展厅面积变异系数 $C \cdot V$ 计算公式为公式(2-2)，其中 x 为 2006 年各省省级科普场馆展厅面积(m^2)，$\bar{x}$ 为各省省级科普场馆展厅面积均值(m^2)。

②　首位度计算公式为公式(2-4)，其中 P_1 为 2006 年四川省省级科普场馆展厅面积(m^2)；P_2 为黑龙江省省级科普场馆展厅面积(m^2)。

3.3.2 地级科普场馆的省域分布

以地级科普场馆展厅面积的综合密度指数①为衡量标准，我国地级科普场馆省域分布最显著的特征是我国大多数地区地级科普场馆展厅面积综合密度指数低于全国平均值 989.20，仅有 5 个省(市)的地级科普场馆展厅面积综合密度指数高于全国平均值。这表明我国地级科普场所发展省域差异显著。

2006 年，全国地级科普场馆展厅面积变异系数 $C \cdot V=108.19\%$②，首位度 $S=1.46$③。全国地级科普场馆展厅面积变异系数大于 100%，说明我国地级科普场馆展厅面积空间分布不均衡。

我国 31 个省(区、市)在考虑其当年人口数和行政区域面积的情况下，按其地级科普场馆展厅面积综合密度指数分为五类，第一类为地级科普场馆展厅面积低密度的地区，第五类则为地级科普场馆展厅面积综合密度最高的地区，略低于全国平均值的为第二类，略高于全国平均值的为第四类，第三类则为与全国平均值接近的省份。

第一类其地级科普场馆展厅面积综合密度指数小于 100.00，分别为：天津、黑龙江、河南、宁夏、西藏、青海、四川、云南和海南。这些省(区、市)是全国地级科普场馆展厅面积密度最低的区域。

第二类其地级科普场馆展厅面积综合密度指数为 100.01～400.00，分别为：内蒙古、新疆、甘肃、陕西、湖南、江西和广西，这些省(区)的地级科普场馆展厅面积综合密度也低于全国平均值。

第三类其地级科普场馆展厅面积综合密度指数为 400.01～989.20，分别为：北京、河北、吉林、陕西、江苏、安徽、重庆、湖北、贵州和福建。10 个省(市)的地级科普场馆展厅面积综合密度大致与全国平均数接近。

第四类其地级科普场馆展厅面积综合密度指数为 989.21～2000.00，分别为：辽宁、山东和广东，其地级科普场馆展厅面积综合密度均高于全国平均值。

第五类其地级科普场馆展厅面积综合密度指数为 2000.01～3614.30，分别是：上海和浙江，这 2 个省(市)是全国地级科普场馆展厅面积密度最高的地区(图 3-6)。

3.3.3 县级科普场馆的省域分布

以县级科普场馆展厅面积的综合密度指数④为衡量标准，我国县级科普场馆省域分布最显著的特征是我国相当多数地区(12 个省市)县级科普场馆展厅面积综合密度指数高于全国平均值 1009.18，6 个地区综合密度指数值接近全国平均值，仅有 13 个省市县级科普场馆展厅面积综合密度指数低于全国平均值。

---

① 地级科普场馆展厅面积综合密度指数计算由公式(2-1)获得，其中 Q 为 2006 年我国省(区、市)地级科普场馆展厅面积(m^2)。

② 科普场馆展厅面积变异系数 $C \cdot V$ 计算公式为公式(2-2)，其中 x 为 2006 年各省地级科普场馆展厅面积(m^2)，$\bar{x}$ 为各省地级科普场馆展厅面积均值(m^2)。

③ 首位度计算公式为公式(2-4)，其中 P_1 为 2006 年浙江省地级科普场馆展厅面积(m^2)；P_2 为广东省地级科普场馆展厅面积(m^2)。

④ 县级科普场馆展厅面积综合密度指数计算由公式(2-1)获得，其中 Q 为 2006 年我国省(区、市)县级科普场馆展厅面积(m^2)。

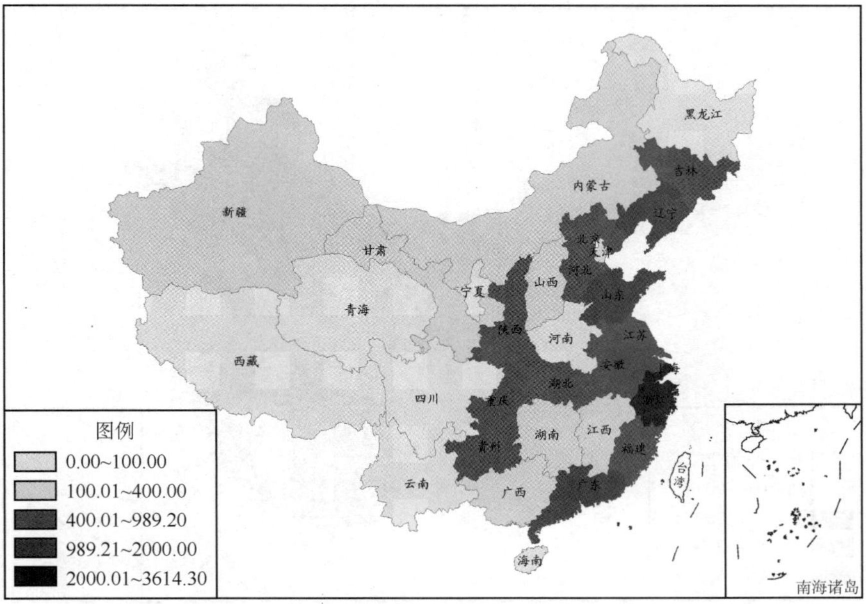

图 3-6　2006 年我国地级科普场馆展厅面积综合密度指数分布图

2006 年，全国县级科普场馆展厅面积变异系数 $C \cdot V=143.69\%$①，首位度 $S=1.91$②。全国县级科普场馆展厅面积变异系数大于 100%，说明我国县级科普场馆展厅面积空间分布不均衡。

我国 31 个省(区、市)在考虑其当年人口数和行政区域面积的情况下，按其县级科普场馆展厅面积综合密度指数分为五类，第一类为县级科普场馆展厅面积低密度的地区，第五类则为县级科普场馆展厅面积综合密度最高的地区，略低于全国平均值的为第二类，略高于全国平均值的为第四类，第三类则为与全国平均值接近的省份。

第一类其县级科普场馆展厅面积综合密度指数小于 200.00，分别为：北京、天津、西藏、青海、宁夏、江西和海南。这 7 个省(区、市)是全国县级科普场馆展厅面积密度最低的区域。

第二类其县级科普场馆展厅面积综合密度指数为 100.01～500.00，分别为：黑龙江、新疆、陕西、河南、四川和云南，这 6 个省(区)科普场馆展厅面积综合密度也低于全国平均值。

第三类其县级科普场馆展厅面积综合密度指数为 500.01～1009.18，分别为：辽宁、甘肃、山西、江苏、安徽和广西。6 个省(区)的地区其县级科普场馆展厅面积综合密度大致与全国平均数接近。

第四类其县级科普场馆展厅面积综合密度指数为 1009.19～2500.00，分别为：吉林、内蒙古、河北、上海、浙江、贵州、重庆和湖南，其县级科普场馆展厅面积综合密度均高于全国平均值。

第五类其县级科普场馆展厅面积综合密度指数为 2500.01～5845.60，分别是：山东、湖北、福建和广东，这 4 个省是全国县级科普场馆展厅面积密度最高的地区(图 3-7)。

---

① 科普场馆展厅面积变异系数 $C \cdot V$ 计算公式为公式(2-2)，其中 x 为 2006 年各省县级科普场馆展厅面积(m^2)，$\bar{x}$ 为各省县级科普场馆展厅面积均值(m^2)。

② 首位度计算公式为公式(2-4)，其中 P_1 为 2006 年山东省县级科普场馆展厅面积(m^2)；P_2 为湖北省县级科普场馆展厅面积(m^2)。

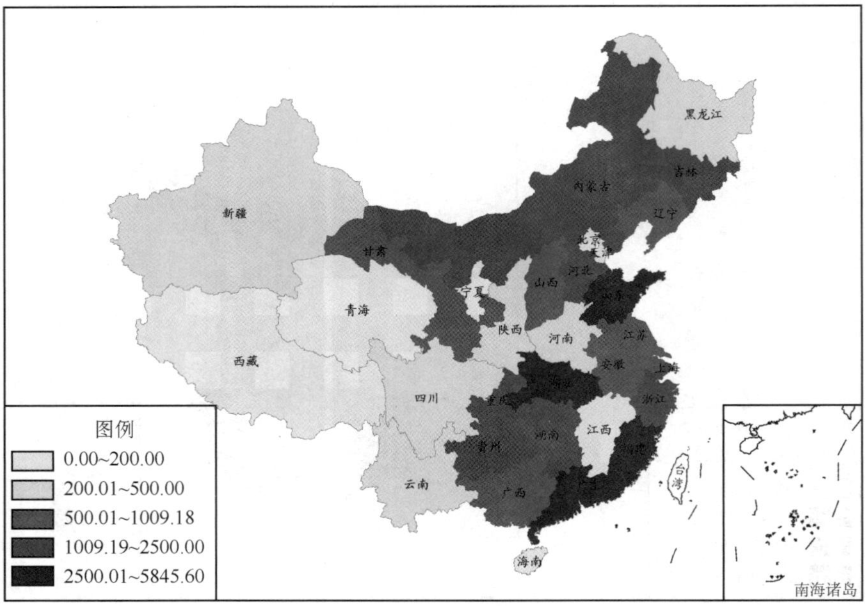

图 3-7　2006 年我国县级科普场馆展厅面积综合密度指数分布图

3.4　科普场馆的相对比较优势

通过 RCA 法计算 2006 年我国各省(区、市)科普场馆类科普旅游资源的相对比较优势①。各省(区、市)计算结果以 1 为分界,当 $RCA_{ij}>1$,则说明 i 地区第 j 类科普场馆具有显示比较优势;如果 $RCA_{ij}<1$ 则说明 i 地区第 j 类科普场馆不具有显示比较优势。如果某地 RCA_{ij} 不只一项大于 1,则选择 RCA_{ij} 为最大值的科普场馆作为最具有比较优势的科普场馆类别。由于海南省 2006 年科普场馆数为零,因此其 RCA_{ij} 为零(表 3-6)。

表 3-6　2006 年我国各级科普场馆(省级、地级、县级)相对比较优势

	省级科普场馆相对比较优势	地级科普场馆相对比较优势	县级科普场馆相对比较优势
北　京	0.00	3.50	0.00
天　津	0.00	3.50	0.00
河　北	1.58	0.97	0.79
山　西	2.20	0.46	0.82
内蒙古	0.30	0.18	1.74
辽　宁	0.50	2.23	0.51
吉　林	0.57	1.10	1.11

① 各省科普场馆相对比较优势系数(RCA)由公式(2-5)计算得出,其中,X_{ij} 为 2006 年 i 地区第 j 类科普场馆拥有量;$\sum_{j} X_{ij}$ 表示全国 j 类科普场馆的总量;$\sum_{i} X_{ij}$ 为 i 地区拥有全部科普场馆的总量;$\sum_{i}\sum_{j} X_{ij}$ 为全国科普场馆拥有总量。

续表

	省级科普场馆相对比较优势	地级科普场馆相对比较优势	县级科普场馆相对比较优势
黑龙江	3.60	0.08	0.47
上　海	0.00	2.56	0.52
江　苏	0.00	1.92	0.88
浙　江	0.14	2.57	0.47
安　徽	1.53	1.38	0.58
福　建	0.57	0.88	1.24
江　西	0.00	2.46	0.58
山　东	0.62	0.60	1.37
河　南	1.08	0.19	1.42
湖　北	0.07	0.61	1.59
湖　南	0.30	0.41	1.61
广　东	0.09	1.15	1.28
广　西	1.15	1.13	0.87
海　南	0.00	0.00	0.00
重　庆	0.00	1.54	1.10
四　川	3.61	0.08	0.48
贵　州	1.06	0.63	1.18
云　南	3.01	0.10	0.70
西　藏	0.00	3.50	0.00
陕　西	3.05	0.79	0.30
甘　肃	0.00	1.24	1.27
青　海	4.29	0.19	0.14
宁　夏	4.28	0.00	0.25
新　疆	2.36	1.20	0.35

（数据来源：中国科学技术协会，2007）

以 RCA_{ij} 值为衡量标准，将我国各省（区、市）分为 3 类：一类为省级科普场馆具有相对比较优势的地区；第二类为地级科普场馆具有相对比较优势的地区；第三类为县级科普场馆具有相对比较优势的地区。

仅考虑各省拥有科普场馆的资源条件，我国各省（区、市）最适合开展的科普场馆旅游的内容有所不同：

①发展省（区）级科普场馆旅游更具有优势的为：黑龙江、河北、山西、陕西、宁夏、新疆、青海、四川、云南、广西和安徽；

②发展地级科普场馆旅游更具有优势的为：北京、天津、上海、重庆、辽宁、江苏、浙江、江西和西藏；

③发展县级科普场馆旅游更具优势的为：吉林、内蒙古、甘肃、山东、河南、湖北、贵州、湖南、福建和广东（图 3-8）。

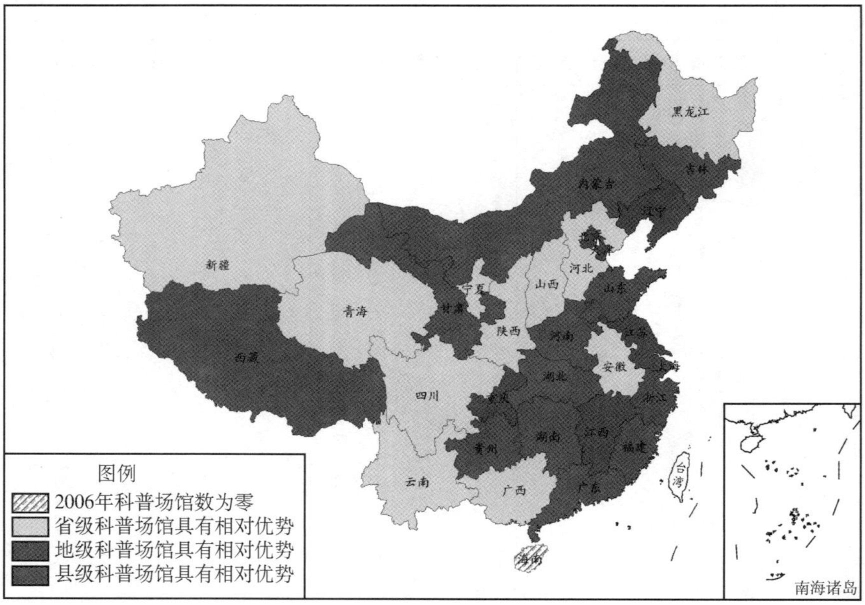

图 3-8　2006 年我国各级科普场馆相对比较优势图

3.5　小结

（1）作为重要的科普旅游资源，我国科普场馆的绝对数量并不大，但增长速度较快，2006 年，我国四级科协（中国科协、省级科协、地级科协和县级科协）共有科普场馆 735 个，比上一年（2005 年）增长 6.8%；展厅面积从 588775 m^2 增长为 732236 m^2，增长率达到 24.4%。另外，场馆展厅面积所占比例呈现出不断提高的趋势。

（2）地、县两级科普场馆是我国科普场馆类资源最主要的组成部分，但随着省级科普场馆的发展；地县两级科普场馆的重要性呈现下降趋势：地县两级科普场馆个数占全国科普场馆比例从 94%（2005 年）下降至 93%（2006 年）；地县两级科普场馆展厅面积占全国的比重也从 70%（2005 年）下降为 68%（2006 年）。

（3）我国各省科普场馆个数和展厅面积的空间分布的总体差异比较显著。空间上最显著的特征是 4 个直辖市科普场馆数量偏低。全国科普场馆个数变异系数 $C \cdot V=81.74\%$；其首位度 $S=1.25$；全国科普场馆展厅面积变异系数 $C \cdot V=97.60\%$，科普场馆展厅面积首位度 $S=2.20$。

（4）我国省级科普场馆省域分布最显著的特征是我国省级科普场馆展厅面积空间分布不均衡，4 个直辖市其省级场馆综合密度低。此外，全国省级科普场馆展厅面积变异系数 $C \cdot V=138.15\%$，首位度 $S=1.85$。

（5）我国地级科普场馆发展省域差异显著。我国地级科普场馆展厅面积空间分布不均衡。我国大多数地区地级科普场馆展厅面积综合密度指数低于全国平均值，仅有 5 个省（市）的地级科普场馆展厅面积综合密度指数高于全国平均值。2006 年，全国地级科普场馆展厅面积变异系数 $C \cdot V=108.19\%$，首位度 $S=1.46$，全国地级科普场馆展厅面积变异系数大于 100%。

（6）我国县级科普场馆展厅面积空间分布不均衡。我国 12 个省（市）的县级科普场馆展厅面积综合密度高于全国平均值，6个地区县级科普场馆展厅面积综合密度值接近全国平均值，仅有13个省(区、市)县级科普场馆展厅面积综合密度指数低于全国平均值。但是，2006年，全国县级科普场馆展厅面积变异系数 $C \cdot V = 143.69\%$，首位度 $S = 1.91$，全国县级科普场馆展厅面积变异系数大于100%。

(7)我国各省(区、市)最适合发展的科普场馆类型各不相同。发展省级科普场馆旅游更具有优势的为：黑龙江、河北、山西、陕西、宁夏、新疆、青海、四川、云南、广西和安徽；发展地级科普场馆旅游更具有优势的为：北京、天津、上海、重庆、辽宁、江苏、浙江、江西和西藏；发展县级科普场馆旅游更具优势的为：吉林、内蒙古、甘肃、山东、河南、湖北、贵州、湖南、福建和广东。

第4章 我国科普教育基地的空间格局

科普教育基地是指单独或联合有关单位共同命名(挂牌)的用于开展科普教育活动的场馆、设施、园区,包括博物馆、动植物园和实验室等(中国科学技术协会,2007)。科普教育基地是主要用于开展科普活动的场所,因此也被视为我国科普旅游资源的重要组成部分。

4.1 我国科普教育基地发展概况

4.1.1 科普教育基地的类型

我国将科学技术分为自然科学、农业科学、医学科学、工程与技术科学4大类,38个一级学科。目前,全国科普教育基地所涉及的学科仅占1/4。其中,相对缺乏或尚未涉及的学科有:自然科学中的数学、信息科学与系统科学、力学、物理学、化学等;农业科学中的林学等;医药科学类的基础医学、临床医学等;工程与技术科学类中的材料科学、计算机科学与技术等。

抽样调查的188个全国科普教育基地涉及近10个学科领域。其中,涉及生物学的有60个基地,涉及地球科学的有27个基地,涉及天文学的有10个基地,涉及农学的有10个基地,涉及航空航天科学技术的有8个基地,涉及环境科学技术的有13个基地。

从全国科普教育基地的类别上看,自然科学博物馆类所占比重最大。抽样调查的188个全国科普教育基地中,自然科学博物馆类(包括自然博物馆、各类专业科技博物馆、科技馆、天文馆、动物园、植物园、水族馆和青少年活动中心等)有78个,占总数的41%;国家重点实验室类(包括科研院所、高等院校等单位的实验室或实验基地)有65个,占35%;高技术企业和生产基地类(包括科技部门的技术基地和工业、农业等部门的生产或实验基地)有28个,占15%;国家级自然保护区类有17个,占9%(中国科普研究所,2006)。

4.1.2 科普教育基地的占地面积

各类全国科普教育基地的体量大小差别较大,其中,自然科学博物馆类全国科普教育基地占地面积在10000~50000 m^2 的最多,占34%;国家重点实验室类全国科普教育基地占地面积在各个区域内分布较均匀;高技术企业和生产基地类全国科普教育基地占地面积在10000~

50000 m^2 的最多，占 35%；自然保护区类全国科普教育基地占地面积在500000 m^2 以上的最多，占 46%(表 4-1)。

表 4-1 2006 年全国科普教育基地占地面积的分布情况(%)

占地面积	1000 m^2 以下	1000～5000 m^2	5000～10000 m^2	10000～50000 m^2	50000～100000 m^2	100000～500000 m^2	500000 m^2 以上
总体	6	20	15	25	4	12	18
自然科学博物馆类	3	25	16	34	4	6	10
国家重点实验室类	12	17	17	15	10	15	13
高技术企业和生产基地类	0	13	4	35	4	26	17
自然保护区类	8	23	8	15	0	0	46

(数据来源：中国科普研究所，2006)

全国科普教育基地总建筑面积 285 万 m^2，平均建筑面积 1.9 万 m^2。其中，自然科学博物馆类全国科普教育基地总建筑面积 170 万 m^2，平均建筑面积 2.7 万 m^2；国家重点实验室类全国科普教育基地总建筑面积 30 万 m^2，平均建筑面积 5807 m^2；高技术企业和生产基地类全国科普教育基地总建筑面积 82 万 m^2，平均建筑面积 3.9 万 m^2；自然保护区类全国科普教育基地总建筑面积 3 万 m^2，平均建筑面积 2339 m^2。

建筑面积在 5000 m^2 以下的全国科普教育基地占总数的 1/2。其中，自然科学博物馆类全国科普教育基地建筑面积在 1 万～5 万 m^2 的数量最多，占总量的 36%；国家重点实验室类全国科普教育基地建筑面积在 1000～5000 m^2 的最多，占总量的 59%；高技术企业和生产基地类全国科普教育基地建筑面积在 1 万～5 万 m^2 的最多，占 38%；自然保护区类全国科普教育基地建筑面积平均在 1 万 m^2 以下，在 1000～5000 m^2 的最多，占 62%(表 4-2)。

表 4-2 2006 年全国科普教育基地建筑面积的分布情况(%)

建筑面积	1000 m^2 以下	1000～5000 m^2	5000～10000 m^2	10000～50000 m^2	50000～100000 m^2	100000～500000 m^2	500000 m^2 以上
总体	10	41	16	24	4	1	1
自然科学博物馆类	5	31	23	36	3	0	2
国家重点实验室类	16	59	12	12	2	0	0
高技术企业和生产基地类	10	19	10	38	14	10	0
自然保护区类	23	62	15	0	0	0	0

(数据来源：中国科普研究所，2006)

4.1.3 科普教育基地展厅面积

全国科普教育基地展厅面积总计 1555 万 m^2，平均为 19844 m^2。其中，自然科学博物馆类全国科普教育基地展厅面积总计 93 万 m^2，平均为 1.4 万 m^2；国家重点实验室类全国科普教育基地展厅面积总计 10 万 m^2，平均为 1707 m^2；高技术企业和生产基地类全国科普教育基地展厅面积总计 51 万 m^2，平均为 2.5 万 m^2；自然保护区类全国科普教育基地展厅面积总计 1.4 万 m^2，平均为 1013 m^2。

展厅面积在 5000 m^2 以下的全国科普教育基地占总数的 79%。其中，自然科学博物馆类全国科普教育基地展厅面积在1000～5000 m^2 的最多，占55%；国家重点实验室类全国科普教育基地展厅面积均在1万 m^2 以下，1000～5000 m^2 的最多，占47%；高技术企业和生产基地类全国科普教育基地展厅面积在1万～5万 m^2 的最多，占25%；自然保护区类全国科普教育基地展厅面积均在5000 m^2 以下，在1000～5000 m^2 的最多，占57%(表4-3)。

表4-3 全国科普教育基地展厅面积的分布情况(%)

展厅面积	1000 m^2 以下	1000～5000 m^2	5000～10000 m^2	10000～50000 m^2	50000～100000 m^2	100000～500000 m^2	500000 m^2 以上
总体	30	49	9	11	1	1	1
自然科学博物馆类	20	55	9	15	0	0	2
国家重点实验室类	45	47	9	0	0	0	0
高技术企业和生产基地类	15	30	20	25	5	5	0
自然保护区类	43	57	0	0	0	0	0

(数据来源：中国科普研究所，2006)

4.1.4 科普教育基地对游客开放的情况

188个全国科普教育基地年开放天数总计48242天，每个基地平均年开放天数305天。其中，自然科学博物馆类全国科普教育基地年开放天数总计20543天，平均为307天；国家重点实验室类全国科普教育基地年开放天数总计15044天，平均为279天；高技术企业和生产基地类全国科普教育基地年开放天数总计8225天，平均为343天；自然保护区类全国科普教育基地年开放天数总计4430天，平均为305天。

全国科普教育基地中，68%的基地年开放天数超过300天(可视为全年开放)。其中，自然科学博物馆类全国科普教育基地年开放天数超过300天的占68%；国家重点实验室类全国科普教育基地年开放天数超过300天的占60%；高技术企业和生产基地类全国科普教育基地年开放天数超过300天的占91%；自然保护区类全国科普教育基地年开放天数超过300天的占64%(表4-4)。

表4-4 全国科普教育基地年开放天数的分布情况(%)

年开放天数	1～50天	50～100天	100～150天	150～200天	200～250天	250～300天	300天以上
总体	3	1	4	1	8	15	68
自然科学博物馆类	0	0	4	3	6	18	68
国家重点实验室类	6	4	6	0	13	13	60
高技术企业和生产基地类	4	0	0	0	0	4	91
自然保护区类	0	0	0	0	7	29	64

(数据来源：中国科普研究所，2006)

4.1.5 科普教育基地展示形式

展示形式的多样性往往决定旅游者对科普教育基地的整体旅游印象，据调查，89%的全国科普教育基地采用了展示形式；18%的全国科普教育基地采用了声像形式；53%的全国科普教育基地采用了室外展览的形式;31%的单位只采取展示形式(表 4-5)。其中,采用综合展示形式的自然保护区类科普教育基地所占比重最大;而自然科学博物馆类科普教育基地则是采用综合展出方式比例最低的。值得关注的是,仅有不到 2%的科普教育基地采用了声像展示形式。由此可见,目前大部分科普教育基地形式较为传统和单一,不能满足目前科普旅游者的需求。

表 4-5 我国科普教育基地展览形式(%)

形式	ABC	AB	AC	BC	A	B	C
总体	18	15	25	2	31	1	8
自然科学博物馆类	13	21	24	3	33	1	4
国家重点实验室类	18	11	18	0	44	0	11
高技术企业和生产基地类	25	17	29	0	13	0	17
自然保护区类	36	0	50	14	0	0	0

(注:A 代表展示;B 代表声像;C 代表室外展览;数据来源:中国科普研究所,2006)

4.2 全国科普教育基地的省域格局

2006 年,我国科普教育基地总数达 9984 个,其中,省级科普教育基地 1045 个,占全国总数的 10.5%;地级科普教育基地 2273 个,占全国总数的 22.8%;县级科普教育基地 6666 个,占全国总数的 66.7%。仅从基地数量上看,县级科普教育基地是我国科普教育基地最重要的组成部分。

此外,我国各地区科普教育基地分布并不均衡,江苏省拥有全国数量最多的科普教育基地(2006 年拥有各级科普教育基地 1306 个),比排在第二位的山东省多出 656 个;全国科普教育基地总数最少的为西藏,2006 年仅拥有 10 个科普教育基地。

综合考虑我国各省(区、市)当年人口和行政区域面积影响,以全国科普教育基地数量综合密度指数①衡量我国各省域科普教育基地分布密度,其显示的规律有所不同:与科普教育基地数量分布不同,全国科普教育基地数量综合密度指数最高的省份为浙江,其综合密度指数为 150.1,排在第二位的为上海市,其综合密度指数为 106.1;西藏是全国科普教育基地数量综合密度最低的地区,其综合密度仅为 1.7(表 4-6)。

表 4-6 我国各级科普教育基地数量综合密度指数

	省级科普教育基地数量综合密度指数	地级科普教育基地数量综合密度指数	县级科普教育基地数量综合密度指数	全国科普教育基地数量综合密度指数
北 京	20.8	45	0.8	66.6
天 津	11.8	48.2	3.6	63.6
河 北	0.2	2.2	15.9	18.3

① 全国科普教育基地数量综合密度指数计算由公式(2-1)获得,其中 Q 为 2006 年我国省(区、市)科普教育基地个数。

续表

	省级科普教育基地数量综合密度指数	地级科普教育基地数量综合密度指数	县级科普教育基地数量综合密度指数	全国科普教育基地数量综合密度指数
山　西	3.8	8.9	34.5	47.3
内蒙古	0.4	0.8	12.4	13.6
辽　宁	0.1	9.1	50.6	63.8
吉　林	2.9	8.9	15.3	27.1
黑龙江	1.8	8.4	9.8	20.0
上　海	35.5	69.4	1.3	106.1
江　苏	20.8	26.0	103.3	150.1
浙　江	6.0	15.9	59.9	81.7
安　徽	2.3	2.8	20.7	27.8
福　建	19.4	17.5	46.2	83.1
江　西	2.0	2.7	18.2	22.9
山　东	0.1	8.2	46.4	54.6
河　南	2.3	4.6	16.6	23.5
湖　北	3.2	5.1	31.2	39.5
湖　南	2.4	5.2	40.9	48.5
广　东	4.4	10.7	29.9	45.0
广　西	0.7	7.0	19.1	26.8
海　南	6.3	0.0	16.9	23.1
重　庆	2.5	21.9	14.6	39.0
四　川	0.0	2.8	19.6	22.4
贵　州	2.1	2.5	18.3	22.9
云　南	5.2	1.1	10.8	17.0
西　藏	0.7	1.0	0.0	1.7
陕　西	4.3	14.0	28.2	46.4
甘　肃	0.6	6.2	12.4	19.1
青　海	2.0	0.5	1.5	4.0
宁　夏	8.9	8.3	17.8	35.0
新　疆	0.7	2.8	3.5	7.1

（数据来源：中国科学技术协会，2007）

4.2.1 科普教育基地数量的省域分布

我国科普教育基地数量的省域分布最显著的特征是呈现出北起山东、南至广东的我国沿海省份与城市的科普教育基地密集地带。全国科普教育基地个数最多的6个省份中有5个集中在这一地带。

2006 年，全国科普教育基地数量变异系数 $C \cdot V=78.84\%$①；其首位度 $S=2.00$②。全国地级科普场馆展厅面积变异系数小于 100%，说明我国科普教育基地数量在全国范围内总体发展差异相对较小。

我国 31 个省(区、市)按其科普教育基地个数分为五类，第一类为科普教育基地密集的地区，第五类则为科普教育基地相对较少的地区，略低于全国平均值的为第二类，略高于全国平均值的为第四类，第三类则为与全国平均值接近的省份。

第一类其科普教育基地个数小于 100.00，分别为：天津、西藏、青海、宁夏和海南。这 5 个省(区、市)共有 204 个各级科普教育基地，仅占全国总数的 2%，是全国科普教育基地保有量最少的区域。

第二类其科普教育基地个数为 100.01～200.00，分别为：吉林、新疆、甘肃、重庆、贵州和江西，这 6 个省(区、市)各级科普教育基地数量为 1083 个，仅占全国总数的 11%，低于全国平均值。

第三类其科普教育基地个数为 200.01～300.00，分别为：河北、黑龙江、内蒙古、河南、安徽、云南和广西。这 7 省(区)其科普教育基地数大致与全国平均数(322.07 个)接近。

第四类其科普教育基地个数为 300.01～500.00，分别为：北京、上海、辽宁、山西、陕西、四川和湖北。这 7 省(市)拥有科普教育基地 2762 个，占全国总数的 27.7%，其科普教育基地个数均高于全国平均值。

第五类其科普教育基地数量为 500.01～1300.06，分别是：山东、江苏、浙江、福建、广东和湖南。这 6 个省拥有 2897 个科普教育基地，占全国总数的 29%，是全国科普教育基地最集中的地区(图 4-1)。

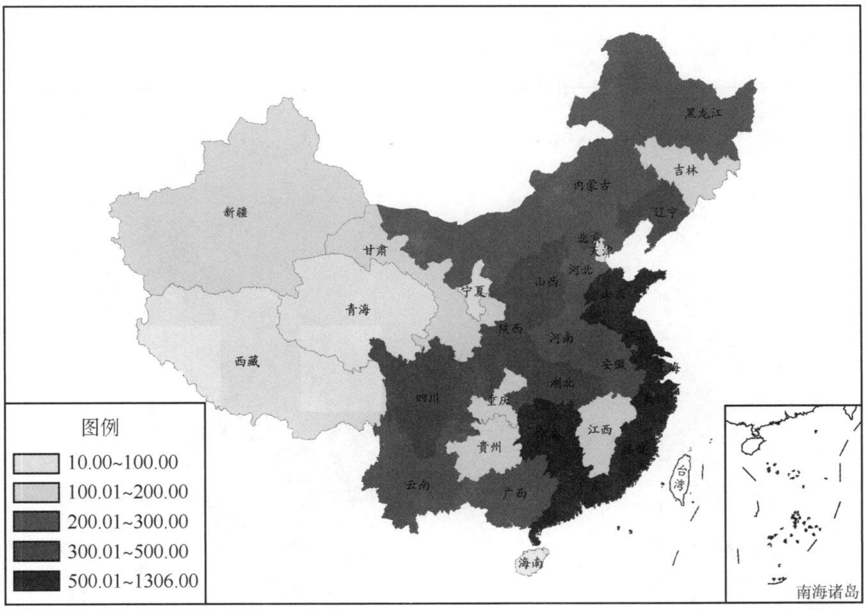

图 4-1　2006 年全国科普教育基地数量分布图

① 科普教育基地数量变异系数 $C \cdot V$ 计算公式为公式(2-2)，其中，x 为 2006 年各省科普教育基地总个数，$\bar{x}$ 为各省科普教育基地数均值。

② 首位度计算公式为公式(2-4)，其中，P_1 为 2006 年江苏省科普教育基地个数；P_2 为山东省科普教育基地个数。

4.2.2 科普教育基地数量综合密度分布

以科普教育基地数量综合密度指数①为衡量标准，全国科普教育基地有两个显著特征：一是从辽宁到福建的沿海地区为高密度带；二是综合密度最高的地区更集中，只有上海、江苏的综合密度明显高于全国其他地区。这表明我国科普教育基地在我国的发展的区域差异很大。

我国31个省(区、市)在考虑其当年人口数和行政区域面积的情况下，按其科普教育基地数量综合密度指数分为五类，第一类为科普教育基地低密度的地区，第五类则为科普教育基地综合密度最高的地区，略低于全国平均值的为第二类，略高于全国平均值的为第四类，第三类则为与全国平均值接近的省份。

第一类其科普教育基地数量综合密度指数小于15.00，分别为：内蒙古、新疆、西藏、青海。这4个省(区)是全国科普教育基地数量综合密度最低的区域。

第二类其科普教育基地数量密度综合指数为15.01～25.00，分别为：河北、黑龙江、甘肃、河南、四川、云南、江西和海南。这8个省的全国科普教育基地数量密度也低于全国平均值。

第三类其科普教育基地数量密度综合指数为25.01～40.89，分别为：吉林、宁夏、安徽、湖北、重庆和广西。这6省(区、市)的全国科普教育基地数量综合密度大致与全国平均数接近。

第四类其科普教育基地数量密度综合指数为40.90～100.00，分别为：北京、天津、辽宁、山西、陕西、山东、浙江、福建、湖南和广东。这10省(市)的全国科普教育基地数量综合密度均高于全国平均值。

第五类其科普教育基地数量密度综合指数为100.01～150.01，分别是：上海和江苏。这两个省(市)是全国科普教育基地数量综合密度最高的地区(图4-2)。

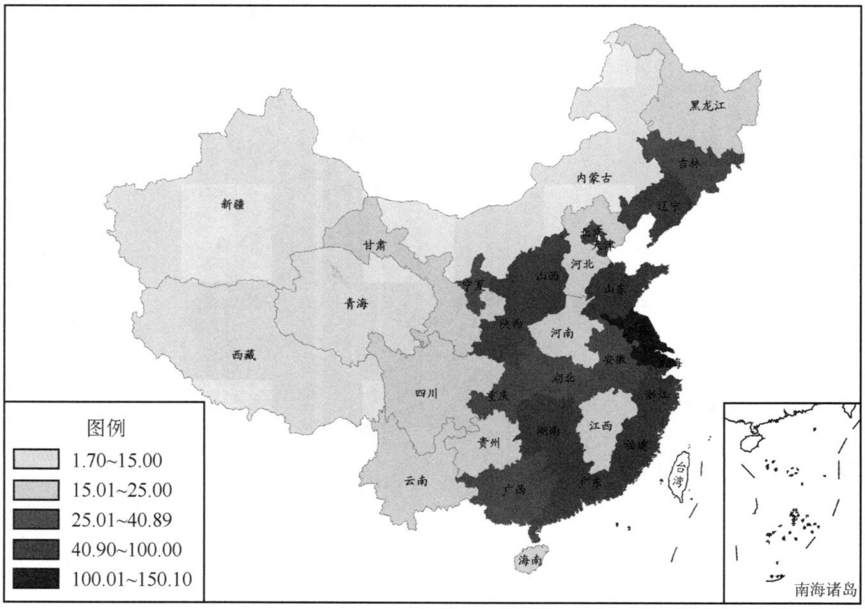

图4-2 2006年全国科普教育基地数量综合密度指数分布图

① 全国科普教育基地数量综合密度指数计算由公式(2-1)获得，其中Q为2006年我国省(区、市)科普教育基地个数。

4.3　各级科普教育基地(省级、地级、县级)的省域分布

4.3.1　省级科普教育基地数量综合密度分布

以我国省级科普教育基地数量综合密度指数①为衡量标准,我国各省(区、市)省级科普教育基地数量综合密度指数平均值为5.62,上海是全国省级科普教育基地数量综合密度最高的地区(35.5);四川省则因为没有省级科普教育基地其综合密度指数为0。

2006年,全国省级科普教育基地数量变异系数 $C \cdot V=125.68\%$②;其首位度 $S=1.44$③。全国省级科普教育基地数量变异系数大于100%,说明我国省级科普教育基地在全国范围内总体发展差异相对较大。

全国省级科普教育基地分布有三个显著特征:一是直辖市密度高,我国4个直辖市除重庆密度稍低外,北京、上海和天津的省级科普教育基地是全国密度最高的地区;二是东部沿海省份是我国省级科普教育基地分布的高密度带,其综合密度指数均高于全国平均值;三是综合密度最高的地区集中,北京、上海和江苏的综合密度指数明显高于全国其他地区。这表明我国科普教育基地在我国的发展的区域差异很大。

我国31个省(区、市)在考虑其当年人口数和行政区域面积的情况下,按其省级科普教育基地数量综合密度指数分为五类:第一类为省级科普教育基地低密度的地区,第五类则为省级科普教育基地综合密度最高的地区,略低于全国平均值的为第二类,略高于全国平均值的为第四类,第三类则为与全国平均值接近的省份。

第一类其省级科普教育基地数量综合密度指数小于0.50,分别为:内蒙古、辽宁、山东、河北和四川。这5个省(区)的综合密度指数小于0.50,是全国省级科普教育基地数量密度最低的区域。

第二类其省级科普教育基地数量综合密度指数为0.51～3.00,分别为:黑龙江、吉林、新疆、西藏、青海、甘肃、河南、安徽、重庆、贵州、湖南、江西和广西。这13个省(区)的省级科普教育基地数量密度也低于全国平均值。

第三类其省级科普教育基地数量综合密度指数为3.01～5.62,分别为:山西、陕西、湖北、云南和广东。这5省的省级科普教育基地数量综合密度大致与全国平均数接近。

第四类其省级科普教育基地数量综合密度指数为5.63～20.00,分别为:天津、宁夏、浙江、福建和海南。这5省(区、市)的省级科普教育基地数量综合密度均高于全国平均值。

第五类其省级科普教育基地数量综合密度指数为20.01～35.50,分别是:北京、上海和江苏。这3个省(市)是省级科普教育基地数量综合密度最高的地区(图4-3)。

---

①　省级科普教育基地数量综合密度指数由公式(2-1)获得,其中 Q 为2006年各省省级科普教育基地个数。

②　省级科普教育基地数量变异系数 $C \cdot V$ 计算公式为公式(2-2),其中 x 为2006年各省省级科普教育基地总个数,$\bar{x}$ 为各省省级科普教育基地数均值。

③　首位度计算公式为公式(2-4),其中 P_1 为2006年江苏省省级科普教育基地个数;P_2 为福建省省级科普教育基地个数。

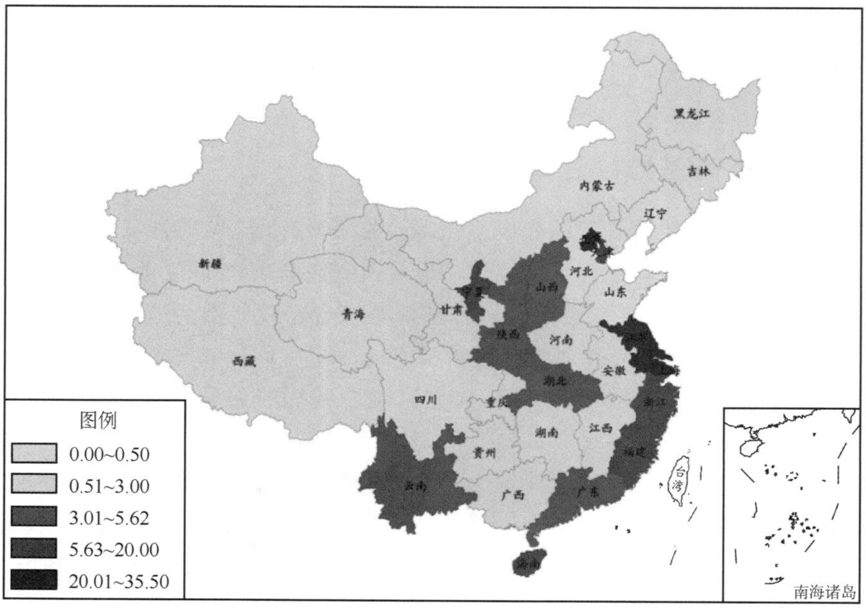

图 4-3　2006 年我国省级科普教育基地数量综合密度指数分布图

4.3.2　地级科普教育基地数量综合密度分布

我国各省(区、市)的地级科普教育基地数量综合密度指数①平均值为 11.86,上海是全国地级科普教育基地数量综合密度最高的地区(综合密度指数为 69.4);海南省则因为没有地级科普教育基地,其综合密度指数为 0。

以综合密度指数为衡量标准,全国地级科普教育基地分布有三个显著特征:一是直辖市密度高,北京、上海、天津和重庆的地级科普教育基地是全国密度最高的地区;二是东部沿海省份是我国地级科普教育基地分布的高密度带,其综合密度均高于全国平均值;三是综合密度最高的地区集中,北京、上海和天津的综合密度指数明显高于全国其他地区。

2006 年,全国地级科普教育基地数量变异系数 $C \cdot V = 84.90\%$②;其首位度 $S = 1.00$③。全国地级科普教育基地数量变异系数接近 100%,这表明地级科普教育基地在我国的发展存在比较显著的区域差异。

我国 31 个省(区、市)在考虑其当年人口数和行政区域面积的情况下,按其地级科普教育基地数量综合密度指数分为五类:第一类为地级科普教育基地低密度的地区,第五类则为地级科普教育基地综合密度最高的地区,略低于全国平均值的为第二类,略高于全国平均值的为第四类,第三类则为与全国平均值接近的省份。

---

① 地级科普教育基地数量综合密度指数由公式(2-1)获得,其中 Q 为 2006 年各省地级科普教育基地个数。

② 科普场馆数量变异系数 $C \cdot V$ 计算公式为公式(2-2),其中 x 为 2006 年各省地级科普教育基地总个数,$\bar{x}$ 为各省地级科普教育基地数均值。

③ 首位度计算公式为公式(2-4),其中 P_1 为 2006 年江苏省地级科普教育基地个数;P_2 为北京市地级科普教育基地个数。

第一类其地级科普教育基地数量综合密度指数小于2.00，分别为：内蒙古、西藏、青海、云南和海南。这5个省(区)的综合密度指数小于2，是全国地级科普教育基地数量密度最低的区域。

第二类其地级科普教育基地数量综合密度指数为2.01～5.00，分别为：河北、新疆、河南、安徽、四川、江西和贵州。这7个省(区)的地级科普教育基地数量密度也低于全国平均值。

第三类其地级科普教育基地数量综合密度指数为5.01～11.86，分别为：黑龙江、吉林、辽宁、山东、山西、宁夏、甘肃、湖北、湖南、广西和广东。这11个省(区)的地级科普教育基地数量综合密度大致与全国平均数接近。

第四类其地级科普教育基地数量综合密度指数为11.87～30.00，分别为：陕西、重庆、江苏、浙江和福建。这5个省(市)的地级科普教育基地数量综合密度指数均高于全国平均值。

第五类其地级科普教育基地数量综合密度指数为30.01～69.40，分别是：北京、天津、上海。这3个直辖市是地级科普教育基地数量综合密度最高的地区(图4-4)。

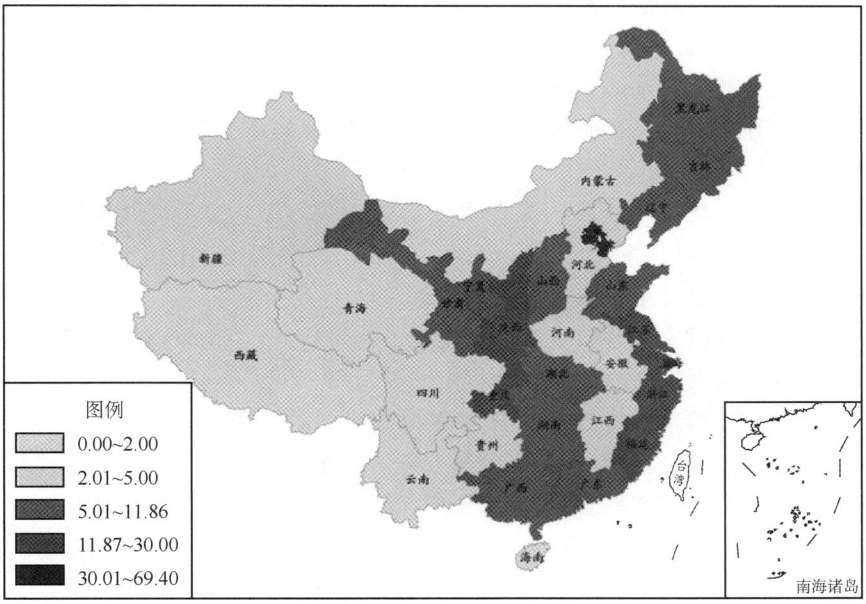

图4-4　2006年我国地级科普教育基地数量综合密度分布图

4.3.3　县级科普教育基地数量综合密度分布

2006年，县级科普教育基地数量变异系数 $C \cdot V=125.68\%$①；其首位度 $S=1.44$②。全国县级科普教育基地数量变异系数大于100%，说明我国县级科普教育基地在全国范围内总体发展差异相对较大。

我国各省(区、市)县级科普教育基地数量综合密度指数③平均值为23.23，江苏省是全国

① 省级科普教育基地数量变异系数 $C \cdot V$ 计算公式为公式(2-2)，其中 x 为2006年各省县级科普教育基地总个数，$\bar{x}$ 为各省县级科普教育基地数均值。

② 首位度计算公式为公式(2-4)，其中 P_1 为2006年江苏省县级科普教育基地个数；P_2 为福建省县级科普教育基地个数。

③ 县级科普教育基地数量综合密度指数由公式(2-1)获得，其中 Q 为2006年各省县级科普教育基地个数。

县级科普教育基地数量综合密度指数最高的地区(103.3);西藏则因为没有县级科普教育基地,其综合密度指数为0。

以综合密度指数为衡量标准,全国县级科普教育基地分布最显著特征是“两极分化”,全国31个省(区、市)中有20个综合密度指数低于全国平均值,而有10个地区的综合密度指数则明显高于全国平均值。此外,直辖市密度低,北京、上海、天津和重庆的县级科普教育基地是全国密度最低的地区,其综合密度指数分别为0.8、1.3、3.6和14.6。

2006年,全国县级科普教育基地数量变异系数 $C \cdot V = 92.65\%$①;其首位度 $S = 1.63$②。全国县级科普教育基地数量变异系数小于100%,说明我国县级科普教育基地在全国范围内总体发展差异相对较小。

我国31个省(区、市)在考虑其当年人口数和行政区域面积的情况下,按其县级科普教育基地数量综合密度指数分为五类:第一类为县级科普教育基地低密度的地区,第五类则为县级科普教育基地综合密度最高的地区,略低于全国平均值的为第二类,略高于全国平均值的为第四类,第三类则为与全国平均值接近的省(区、市)。

第一类其县级科普教育基地数量综合密度指数小于10.00,分别为:北京、天津、上海、黑龙江、新疆、西藏和青海。这7个省(区、市)的综合密度指数小于10,是全国县级科普教育基地数量密度最低的区域。

第二类其县级科普教育基地数量综合密度指数为10.01~20.00,分别为:吉林、内蒙古、河北、甘肃、宁夏、河南、四川、重庆、云南、贵州、江西、广西和海南。这13个省(区、市)的县级科普教育基地数量密度也低于全国平均值。

第三类其县级科普教育基地数量综合密度指数为20.01~23.23,只有安徽省的县级科普教育基地数量综合密度大致与全国平均数接近。

第四类其县级科普教育基地数量综合密度指数为23.24~50.00,分别为:山东、山西、陕西、湖北、湖南、福建和广东。这7省的县级科普教育基地数量综合密度均高于全国平均值。

第五类其县级科普教育基地数量综合密度指数为50.01~103.30,分别是:辽宁、江苏和浙江。这3个省是县级科普教育基地数量综合密度指数最高的地区(图4-5)。

4.4 科普教育基地的相对比较优势

通过RCA法计算2006年我国各省(区、市)科普教育基地类科普旅游资源的相对比较优势③。各省(区、市)计算结果以1为分界,当 $RCA_{ij}>1$,则说明 i 地区第 j 类科普教育基地具有

---

① 县级科普教育基地数量变异系数 $C \cdot V$ 计算公式为公式(2-2),其中 x 为2006年各省县级科普教育基地总个数,$\bar{x}$ 为各省县级科普教育基地数均值。

② 首位度计算公式为公式(2-4),其中 P_1 为2006年江苏省县级科普教育基地个数;P_2 为山东省县级科普教育基地个数。

③ 各省科普教育基地数量相对比较优势系数(RCA)由公式(2-5)计算得出,其中 X_{ij} 为2006年 i 地区第 j 类科普教育基地拥有量;$\sum_j X_{ij}$ 表示全国 j 类科普教育基地的总量;$\sum_i X_{ij}$ 为 i 地区拥有全部科普教育基地的总量;$\sum_i \sum_j X_{ij}$ 为全国科普教育基地拥有总量。

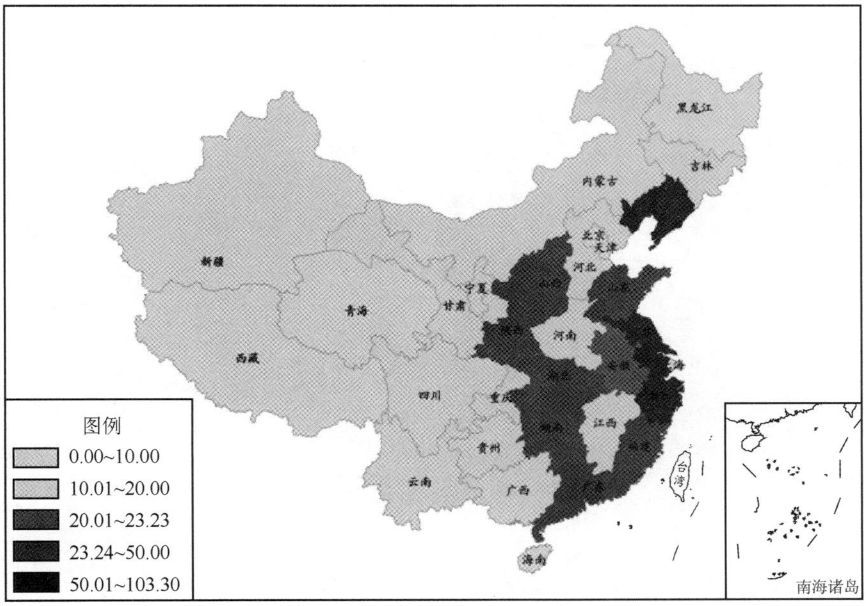

图 4-5　2006 年我国县级科普教育基地数量综合密度分布图

显著比较优势；如果 $RCA_{ij}<1$，则说明 i 地区第 j 类科普教育基地不具有显著比较优势。如果某地 RCA_{ij} 不只一项大于 1，则选择 RCA_{ij} 为最大值的科普教育基地作为最具有比较优势的科普教育基地类别。由于海南省 2006 年科普教育基地数为零，因此其 RCA_{ij} 为零(表 4-7)。

表 4-7　2006 年我国各级科普教育基地(省级、地级、县级)相对比较优势

	省级科普教育基地相对优势	地级科普教育基地相对优势	县级科普教育基地相对优势
北　京	2.98	2.97	0.02
天　津	1.77	3.33	0.09
河　北	0.09	0.53	1.82
山　西	0.78	0.83	1.09
内蒙古	0.30	0.25	1.36
辽　宁	0.02	0.63	1.28
吉　林	1.03	1.44	0.84
黑龙江	0.84	1.84	0.74
上　海	3.19	2.87	0.02
江　苏	1.32	0.76	1.03
浙　江	0.70	0.85	1.10
安　徽	0.85	0.48	1.20
福　建	2.23	0.93	0.83
江　西	0.83	0.52	1.19
山　东	0.01	0.66	1.27
河　南	0.94	0.85	1.06
湖　北	0.77	0.57	1.18
湖　南	0.48	0.47	1.26
广　东	0.94	1.04	1.00

续表

	省级科普教育基地相对优势	地级科普教育基地相对优势	县级科普教育基地相对优势
广西	0.24	1.14	1.07
海南	2.58	0.00	8.13
重庆	0.61	2.47	0.56
四川	0.00	0.55	1.31
贵州	0.89	0.48	1.19
云南	2.89	0.29	0.95
西藏	3.83	2.64	0.00
陕西	0.88	1.33	0.91
甘肃	0.29	1.42	0.97
青海	4.78	0.55	0.56
宁夏	2.43	1.05	0.76
新疆	0.97	1.75	0.75

(数据来源:中国科学技术协会,2007)

以 RCA_{ij} 值为衡量标准,将我国各省(区、市)分为 3 类:第一类为省级科普教育基地具有相对比较优势的省(区、市);第二类为地级科普教育基地具有相对比较优势的地区;第三类为县级科普教育基地具有相对比较优势的地区。

仅考虑各省拥有科普教育基地的资源条件,我国各省(区、市)最适合开展的科普教育基地旅游的内容有所不同:

①发展省级科普教育基地旅游更具有优势的为:北京、上海、宁夏、西藏、青海、云南、江苏和福建;

②发展地级科普教育基地旅游更具有优势的为:天津、黑龙江、吉林、新疆、甘肃、陕西、重庆、广西和广东;

③发展县级科普教育基地旅游更具优势的为:辽宁、河北、内蒙古、山西、山东、河南、安徽、湖北、湖南、四川、贵州、江西、浙江和海南(图 4-6)。

4.5 小结

(1)作为重要的科普旅游资源,我国科普教育基地的绝对数量大,2006 年,我国科普教育基地总数达 9984 个;但单个科普教育基地体量小,展厅面积在 5000 m^2 以下的全国科普教育基地占总数的 79%。科普教育基地展示形式单一,旅游整体吸引力不强。从类别上看,自然科学博物馆类科普教育基地所占比重最大;从数量上看,县级科普教育基地是我国科普教育基地最重要的组成部分。

(2)我国科普教育基地在全国范围内总体发展差异相对较小。2006 年,全国科普教育基地数量变异系数 $C \cdot V=78.84\%$,其首位度 $S=2.00$。我国科普教育基地数量的省域分布最显著的特征是呈现出北起山东、南至广东的我国沿海省份与城市是科普教育基地密集地带。全国科普教育基地个数最多的 6 个省份中有 5 个集中在这一地带。

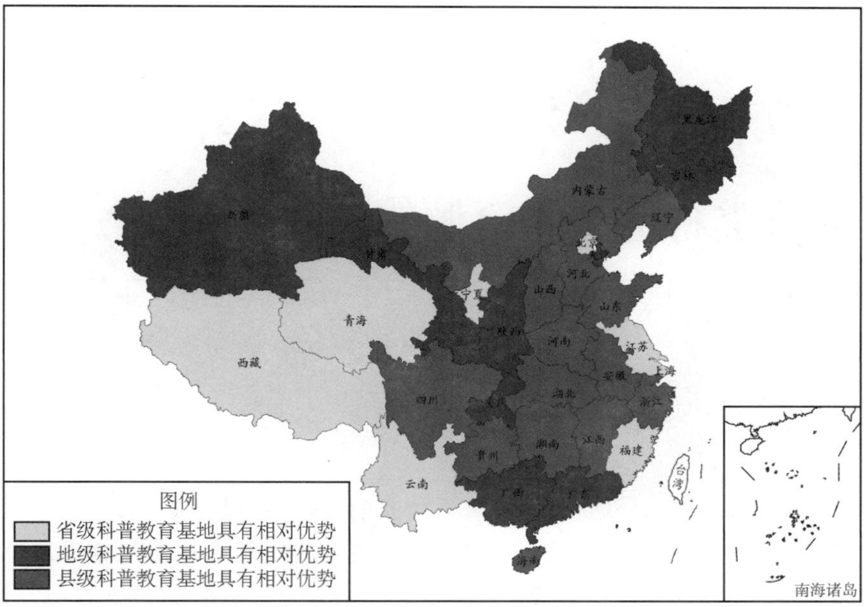

图 4-6　我国各级科普教育基地相对比较优势分布图

(3)省级科普教育基地在全国范围内总体发展差异相对较大。其数量变异系数 $C \cdot V=125.68\%$;其首位度 $S=1.44$。全国省级科普教育基地分布有三个显著特征:一是直辖市密度高;二是东部沿海省份是我国省级科普教育基地分布的高密度带;三是综合密度最高的地区相对集中,北京、上海和江苏的综合密度明显高于全国其他地区。

(4)全国地级科普教育基地在我国的发展存在比较显著的区域差异。地级科普教育基地分布有三个显著特征:一是直辖市密度高;二是东部沿海省份是我国地级科普教育基地分布的高密度带;三是综合密度最高的地区集中,北京、上海和天津的综合密度明显高于全国其他地区。2006 年,全国地级科普教育基地数量变异系数 $C \cdot V=84.90\%$。

(5)我国县级科普教育基地在全国范围内总体发展差异显著。全国县级科普教育基地分布最显著特征是"两极分化",全国 31 个省(区、市)中有 20 个综合密度低于全国平均值,而有 10 个地区的综合密度指数则明显高于全国平均值。县级科普教育基地数量变异系数 $C \cdot V=125.68\%$,其首位度 $S=1.44$。

(6)发展省级科普教育基地旅游更具有优势的为:北京、上海、宁夏、西藏、青海、云南、江苏和福建。发展地级科普教育基地旅游更具有优势的为:天津、黑龙江、吉林、新疆、甘肃、陕西、重庆、广西和广东。发展县级科普教育基地旅游更具优势的为:辽宁、河北、内蒙古、山西、山东、河南、安徽、湖北、湖南、四川、贵州、江西、浙江和海南。

第5章 我国展览类科普旅游资源的空间格局

科普展览是指以向社会公众进行科学普及为目的、通过陈列和展示实物及图片、向公众传播和解释科学思想、科学精神、科学方法和科学知识的活动。科普展览除常设展览外，还包括临时展览和巡回展览，以及综合性科普活动（科技周、科普日等）期间组织的科普展览（中国科学技术协会，2007）。

5.1 我国科普展览发展概况

全国科普展览次数统计资料显示，以展览次数为衡量标准，2006年，我国科普展览活动中县级科普展览是最重要的组成部分，次数为37344次，占全国科普展览总次数的73.2%；其次是地级科协科普展览和学会科普展览，两类展览总次数9259次，占全国科普展览总次数的18.1%；而省级科协科普展览次数为1110次，所占比重最小，仅占科普展览总次数的2.1%（表5-1）。

表5-1 2006年我国各级科普展览举办次数

	省级科协科普展览	地级科协科普展览	县级科协科普展览	学会科普展览
展览次数（次）	1110	9259	37344	3363
比例（%）	2.1	18.1	73.2	6.6

（数据来源：中国科学技术协会，2007）

综合考虑各省域2006年人口数和行政区域面积计算得到的科普展览数量综合密度指数①，反映了我国2006年全国科普展览数量在各省域的分布密度。2006年，全国科普展览次数综合密度指数最高的是天津市，其综合密度指数为1120，排在第二位的为江苏省，其科普展览次数综合密度指数为374.8。

此外，我国各级科普展览（省级、地级、县级和学会）次数综合密度指数也存在一定的差异（表5-2）。

① 全国科普展览次数综合密度指数计算由公式（2-1）获得，其中 Q 为2006年我国省（区、市）各级科普展览次数。

表 5-2　2006 年我国各级科普展览次数综合密度指数

	省级科协展览次数综合密度指数	地级科协展览次数综合密度指数	县级科协展览次数综合密度指数	学会展览次数综合密度指数
北　京	12.6	83.8	6.8	21.2
天　津	6.4	874.5	27.3	211.8
河　北	0.7	10.3	170.8	9.0
山　西	8.2	25.1	231.1	18.9
内蒙古	1.9	62.7	66.4	3.6
辽　宁	6.3	38.2	209.5	15.6
吉　林	1.9	26.5	82.1	20.0
黑龙江	1.2	18.0	81.5	5.8
上　海	4.8	257.7	19.7	69.0
江　苏	14.4	21.8	328	10.7
浙　江	5.3	16.1	220.7	10.1
安　徽	3.6	22.6	169.5	10.4
福　建	2.2	31.0	235.8	29.5
江　西	1.4	14.9	110.4	16.5
山　东	0.8	36.1	191.6	11.4
河　南	1.2	25.5	156.6	2.0
湖　北	3.4	28.4	144.9	14.3
湖　南	0.4	11.4	159	11.9
广　东	4.3	37.6	115.8	7.7
广　西	3.9	28.4	130.8	9.4
海　南	65.6	23.8	177.5	5.6
重　庆	12.5	75.4	93.8	29.0
四　川	1.1	13.7	93.0	5.5
贵　州	0.5	7.3	146.4	5.9
云　南	2.7	10.8	88.9	8.3
西　藏	2.5	4.2	3.0	10.5
陕　西	2.5	37.8	265.9	29.3
甘　肃	7.5	31.3	149.5	3.5
青　海	4.8	17.3	49.2	5.7
宁　夏	11.1	49.4	211.7	26.7
新　疆	4.2	26.8	49.8	4.7

（数据来源：中国科学技术协会，2007）

5.2　我国展览类科普旅游资源的空间格局

5.2.1　科普展览次数的省域分布

我国各省（区、市）科普展览总次数（省级、地级、县级科协与学会）为 51079 次，全国多省（区、市）的平均值为 1647.71 次，江苏省是全国科普展览次数最多的地区（3261 次），占全国的 6.4%；排名第二的为陕西省（2919 次）；西藏科普展览次数仅为 121 次，为全国最低。

2006年，全国科普展览次数变异系数 $C \cdot V=46.49\%$①；其首位度 $S=1.12$②。全国科普展览次数变异系数小于100%，说明我国各省科普展览次数空间分布的总体差异不显著。

以科普展览次数为衡量标准，全国科普展览次数分布最显著特征是区域发展较均衡，科普展览次数低于全国平均值的仅有6个省(区、市)(北京、吉林、西藏、青海、宁夏和海南)。其次，我国4个直辖市各级科普展览总次数在全国并无优势。

我国31个省(区、市)在考虑其当年人口数和行政区域面积的情况下，按其科普展览次数分为五类：第一类为科普展览数量最少的地区，第五类则为科普展览数量最多的地区，略低于全国平均值的为第二类，略高于全国平均值的为第四类，第三类则为与全国平均值接近的省份。

第一类其科普展览次数小于500次，分别为：西藏、青海和海南。这3个省(区)科普展览次数均低于500次，2006年共举办科普展览1019次，占全国总数的2.0%，是全国科普展览活动开展最少的省(区)。

第二类科普展览次数为500.01～1000.00，分别为：北京、吉林和宁夏。这3个省(区、市)科普展览次数也低于全国平均值，3个省(区、市)共举办各级科普展览2100次，占科普展览总次数的4.1%。

第三类其科普展览次数为1000.01～1647.71，分别为：上海、天津、重庆、黑龙江、新疆、云南、贵州和江西。这8个省(市)各级科普展览次数与全国平均数接近。2006年共举办科普展览10,233次，占全国科普展览总次数的20%。

第四类其科普展览次数为1647.72～2000.00，分别为：甘肃、湖北、安徽、浙江、福建和广西。这6个省(区)科普展览次数均高于全国平均值。这6省共举办各级科普展览11,337次，占全国科普展览总次数的22.2%。

第五类其科普展览次数为2000.01～3261.00，分别是：内蒙古、辽宁、河北、山东、山西、陕西、河南、江苏、四川、湖南和广东。这11个省(区)是我国科普展览活动次数最多的省(区)，11省(区)2006年共举办科普展览45,848次，占全国科普展览总次数的51.7%(图5-1)。

5.2.2 科普展览次数综合密度的省域分布

我国各省(区、市)科普展览次数综合密度平均值为225.78，天津市是全国科普展览次数综合密度指数最高的(综合密度指数为1120)，排名第二的为江苏省(综合密度指数为374.8)，全国科普展览次数综合密度指数最低的是西藏，其综合密度指数仅为20.2③。

以科普展览次数综合密度为衡量标准，全国科普展览活动分布最显著特征是东部沿海省份是我国科普展览活动的高度密集区。科普展览次数综合密度指数高于全国平均水平的11个省份中有8个位于沿海地区。

我国31个省(区、市)在考虑其当年人口数和行政区域面积的情况下，按其科普展览次数综合密度指数分为五类：第一类为科普展览活动最不密集的地区，第五类则为科普展览活动最密集的地区，略低于全国平均值的为第二类，略高于全国平均值的为第四类，第三类则为与全国

---

① 科普展览次数变异系数 $C \cdot V$ 计算公式为公式(2-2)，其中 x 为2006年各省科普展览次数，$\bar{x}$ 为各省科普展览次数均值。

② 首位度计算公式为公式(2-4)，其中 P_1 为2006年江苏省科普展览次数；P_2 为陕西省科普展览次数。

③ 全国科普展览次数综合密度指数计算由公式(2-1)获得，其中 Q 为2006年我国省(区、市)各级科普展览次数。

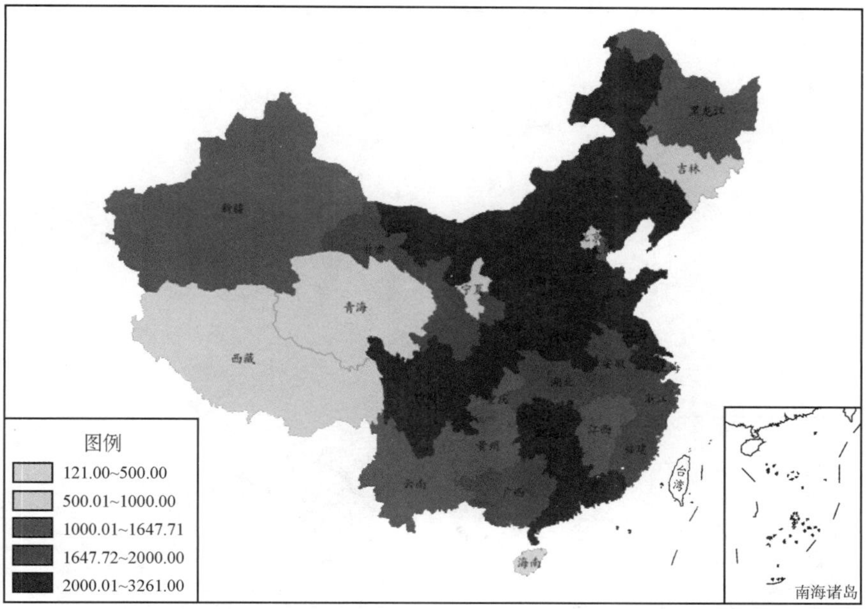

图 5-1　2006 年全国科普展览次数分布图

平均值接近的省份。

第一类其科普展览次数综合密度指数小于 85.50，分别为：西藏、新疆和青海。这 3 个省(区)科普展览次数综合密度指数均低于 85.50 次，是全国科普展览活动密度最低的省(区)。

第二类其科普展览次数综合密度指数为 85.51～150.00，分别为：北京、黑龙江、吉林、内蒙古、四川、云南和江西。这 7 个省(区、市)科普展览次数综合密度指数也低于全国平均值。

第三类其科普展览次数综合密度指数为 150.01～225.78，分别为：河北、甘肃、河南、安徽、湖北、重庆、湖南、贵州、广西和广东。这 10 个省(市)科普展览次数综合密度指数与全国平均数接近。

第四类其科普展览次数综合密度指数为 225.79～800.00，分别为：上海、辽宁、山东、山西、陕西、宁夏、江苏、浙江、福建和海南。这 10 个省(区、市)科普展览次数综合密度指数均高于全国平均值。

第五类其科普展览次数综合密度指数为 800.01～1120.00，仅有天津市属于第五类，其综合密度指数远远高于全国其他省(区、市)，是我国科普展览活动密度最高的(图 5-2)。

5.3　各级科普展览(省级、地级、县级、学会)的省域分布

5.3.1　省级科普展览次数综合密度分布

以省级科普展览次数为衡量标准，2006 年，我国省级科普展览次数变异系数 $C \cdot V=83.1\%$①；其首位度 $S=1.19$②。全国省级科普展览次数变异系数接近 100%，说明我国省级科

---

① 省级科普展览次数变异系数 $C \cdot V$ 计算公式为公式(2-2)，其中 x 为 2006 年各省省级科普展览次数，$\bar{x}$ 为各省省级科普展览次数均值。

② 首位度计算公式为公式(2-4)，其中 P_1 为 2006 年江苏省省级科普展览次数；P_2 为海南省省级科普展览次数。

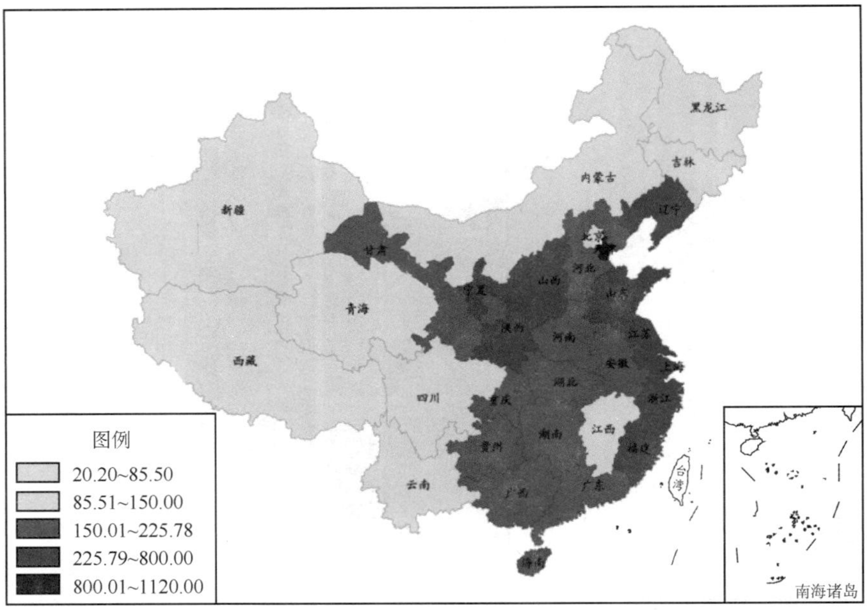

图 5-2　2006 年全国科普展览次数综合密度分布图

普展览在全国范围内总体发展差异比较显著。

以省级科普展览次数综合密度指数为衡量标准，我国各省(区、市)省级科普展览次数综合密度平均值为 6.45，海南省是全国省级科普展览次数综合密度指数最高的地区(综合密度指数为 65.6)，排名第二位的为江苏省(综合密度指数为 14.4)，最低的是湖南省，其综合密度指数仅为 0.4①。

以省级科普展览次数综合密度为衡量标准，全国省级科普展览活动分布最显著特征是地区发展不均衡，全国仅有 6 个省(区、市)省级科普展览活动综合密度指数高于全国平均值。

我国 31 个省(区、市)在考虑其当年人口数和行政区域面积的情况下，按其省级科普展览次数综合密度指数分为五类：第一类为省级科普展览活动密度最低的地区，第五类则为省级科普展览活动最密集的地区，略低于全国平均值的为第二类，略高于全国平均值的为第四类，第三类则为与全国平均值接近的省份。

第一类其省级科普展览次数综合密度指数小于 1.50，分别为：黑龙江、河北、山东、河南、四川、贵州、湖南和江西。这 8 个省的省级科普展览次数综合密度指数均低于 1.50 次，是全国省级科普展览活动密度最低的区域。

第二类省(区)的省级科普展览次数综合密度指数为 1.51～3.00，分别为：吉林、内蒙古、陕西、西藏、云南和福建。这 6 个省(区)科普展览次数综合密度指数也低于全国平均值，是省级科普展览活动低密度地区。

第三类其省级科普展览次数综合密度指数为 3.01～6.45，分别为：上海、天津、辽宁、新疆、青海、安徽、湖北、浙江、广西和广东。这 10 个省(区、市)省级科普展览活动次数综合密度指数与全国平均数接近。

第四类其省级科普展览次数综合密度指数为 6.46～30.00，分别为：北京、山西、甘肃、宁夏、江苏和重庆。这 6 个省(区、市)科普展览次数综合密度指数均高于全国平均值，是我国省

① 省级科普展览次数综合密度指数计算由公式(2-1)获得，其中 Q 为 2006 年我国省(区、市)省级科普展览次数。

级科普展览活动相对密集的区域。

第五类其科普展览次数综合密度指数为 30.01～65.60，仅有海南省属于第五类，其综合密度指数远远高于全国其他省份，是我国省级科普展览活动密度最高的地区(图 5-3)。

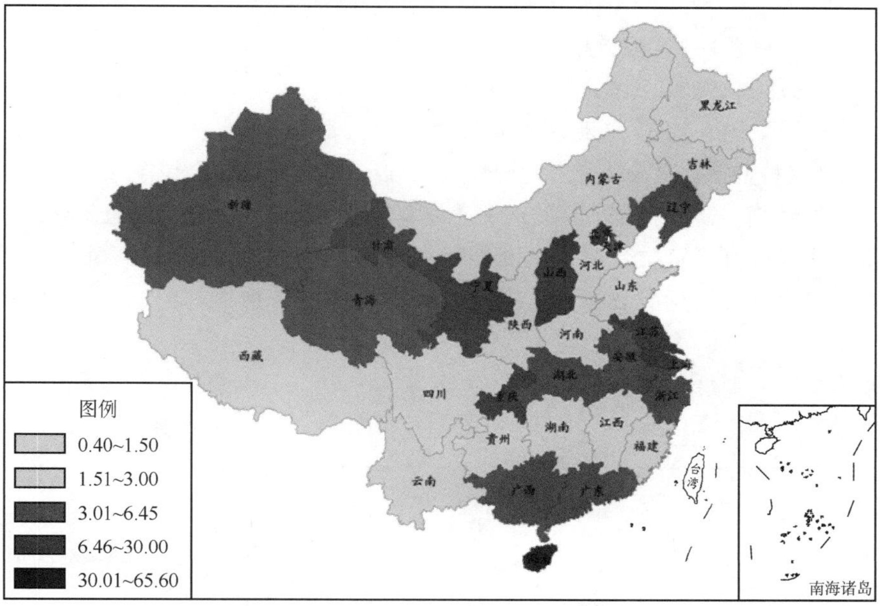

图 5-3　2006 年我国省级科协展览次数综合密度分布图

5.3.2　地级科普展览次数综合密度分布

以地级科普展览次数为衡量标准，2006 年，地级科普展览次数变异系数 $C \cdot V = 82.85\%$[1]；其首位度 $S=1.08$[2]。全国地级科普展览次数变异系数接近 100%，说明我国地级科普展览在全国范围内总体发展差异比较显著。

我国各省(区、市)地级科普展览次数综合密度平均值为 63.5，天津市是全国地级科普展览次数综合密度指数最高的(综合密度指数为 874.5)，排名第二的为上海市(综合密度指数为 257.7)，最低的是西藏，其综合密度指数仅为 4.2[3]。

以地级科普展览次数综合密度为衡量标准，全国地级科普展览活动分布最显著特征是地级科普展览活动集中于我国的 4 个直辖市，全国仅有这 4 个直辖市其地级科普展览活动次数综合密度指数高于全国平均水平。

我国 31 个省(区、市)在考虑其当年人口数和行政区域面积的情况下，按其地级科普展览次数综合密度指数分为五类：第一类为地级科普展览活动密度最低的地区，第五类则为地级科

① 地级科普展览次数变异系数 $C \cdot V$ 计算公式为公式(2-2)，其中 x 为 2006 年各省(区、市)地级科普展览次数，$\bar{x}$ 为各省(区、市)地级科普展览次数均值。

② 首位度计算公式为公式(2-4)，其中 P_1 为 2006 年内蒙古自治区地级科普展览次数；P_2 为天津市地级科普展览次数。

③ 地级科普展览次数综合密度指数计算由公式(2-1)获得，其中 Q 为 2006 年我国省(区、市)地级科普展览次数。

普展览活动最密集的地区，略低于全国平均值的为第二类，略高于全国平均值的为第四类，第三类则为与全国平均值接近的省份。

第一类其地级科普展览次数综合密度指数小于15.00，分别为：河北、四川、云南、贵州、西藏、湖南和江西。这7个省(区)是全国地级科普展览活动密度最低的。

第二类其地级科普展览次数综合密度指数为15.01～30.00，分别为：黑龙江、吉林、新疆、青海、山西、河南、江苏、安徽、湖北、浙江、广西和海南。这12个省(区)的地级科普展览次数综合密度指数均低于全国平均值，是地级科普展览活动低密度地区。

第三类其省级科普展览次数综合密度指数为30.01～63.50，分别为：内蒙古、辽宁、甘肃、宁夏、陕西、山东、福建和广东。这8个省(区)地级科普展览活动次数综合密度指数与全国平均数接近。

第四类其地级科普展览次数综合密度指数为63.51～257.70，分别为：北京、上海和重庆。这3个直辖市地级科普展览次数综合密度指数均高于全国平均值，是我国地级科普展览活动相对密集的。

第五类其地级科普展览次数综合密度指数为257.71～874.50，仅有上海市属于第五类，其综合密度指数远远高于全国其他省份，是我国地级科普展览活动密度最高的(图5-4)。

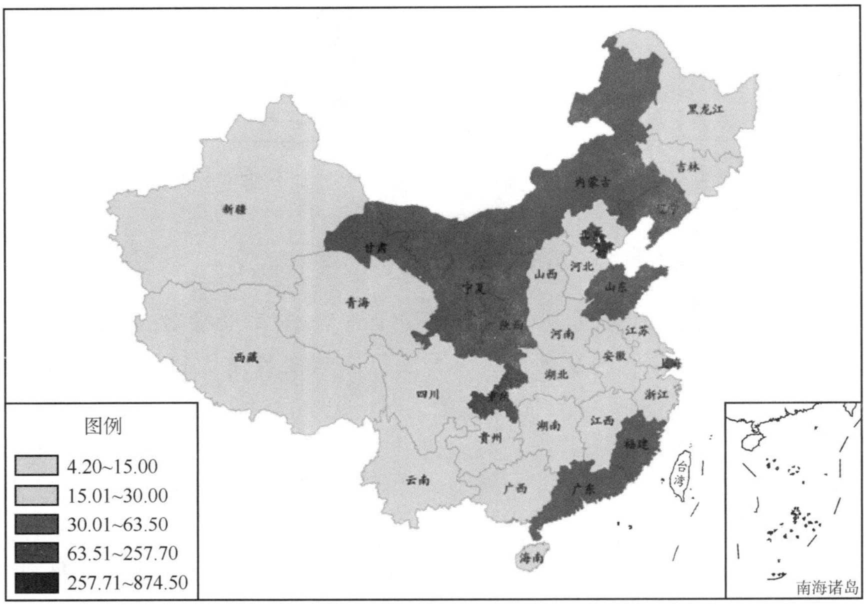

图5-4　2006年我国地级科协展览次数综合密度分布图

5.3.3　县级科普展览次数综合密度分布

以县级科普展览次数为衡量标准，2006年，县级科普展览次数变异系数 $C \cdot V=62.55\%$①；其首位度 $S=1.23$②。全国县级科普展览变异系数大于100%，说明我国县级科普

① 县级科普展览变异系数 $C \cdot V$ 计算公式为公式(2-2)，其中 x 为2006年各省县级科普展览次数，$\bar{x}$ 为各省县级科普展览次数均值。

② 首位度计算公式为公式(2-4)，其中 P_1 为2006年江苏省县级科普展览次数；P_2 为陕西省县级科普展览次数。

展览在全国范围内总体发展差异相对较小。

我国各省(区、市)县级科普展览次数综合密度指数平均值为135.06,江苏省是全国县级科普展览次数综合密度指数最高的(综合密度指数为328),排名第二的为陕西省(综合密度指数为265.9),最低的是西藏,其综合密度指数仅为3①。

以县级科普展览次数综合密度为衡量标准,全国县级科普展览活动分布最显著特征是我国的4个直辖市是县级科普展览活动密度最低的区域。全国4个县级科普展览活动密度最低的地区中有3个是直辖市(北京、天津和上海),另一直辖市重庆市县级科普展览活动次数综合密度指数也仅有93.8,依旧低于全国平均水平。

我国31个省(区、市)在考虑其当年人口数和行政区域面积的情况下,按其县级科普展览次数综合密度指数分为五类:第一类为县级科普展览活动密度最低的地区,第五类则为县级科普展览活动最密集的地区,略低于全国平均值的为第二类,略高于全国平均值的为第四类,第三类则为与全国平均值接近的省份。

第一类其县级科普展览次数综合密度指数小于40.00,分别为:北京、天津、上海和西藏。这4个直辖市、自治区是全国县级科普展览活动密度最低的。

第二类其县级科普展览次数综合密度指数为40.01～100.00,分别为:黑龙江、吉林、内蒙古、新疆、青海、四川、重庆和云南。这8个省(区)的县级科普展览次数综合密度指数均低于全国平均值,是县级科普展览活动低密度地区。

第三类其省级科普展览次数综合密度指数为100.01～135.06,分别为:江西、广西和广东。这3个省的县级科普展览活动次数综合密度指数与全国平均数接近。

第四类其县级科普展览次数综合密度指数为63.51～257.70,分别为:河北、山东、甘肃、河南、安徽、湖北、湖南和贵州。这8个省的县级科普展览次数综合密度指数均高于全国平均值,是我国县级科普展览活动相对密集的区域。

第五类其县级科普展览次数综合密度指数为257.71～874.50,分别为:辽宁、山西、陕西、宁夏、江苏、浙江、福建和海南。这8个省(区)其县级科普展览次数综合密度指数远远高于全国其他省份,是我国县级科普展览活动密度最高的(图5-5)。

5.3.4　学会科普展览次数综合密度分布

以学会科普展览次数为衡量标准,2006年,学会科普展览次数变异系数 $C \cdot V=54.63\%$②;其首位度 $S=1.09$③。全国学会科普展览变异系数大于100%,说明我国学会科普展览在全国范围内总体发展差异相对较小。

我国各省(区、市)学会科普展览次数综合密度指数平均值为20.76,天津市是全国学会科普展览次数综合密度指数最高的地区(综合密度指数为211.80),排名第二的为上海市(综合密

---

①　县级科普展览次数综合密度指数计算由公式(2-1)获得,其中 Q 为2006年我国省(区、市)县级科普展览次数。

②　学会科普展览次数变异系数 $C \cdot V$ 计算公式为公式(2-2),其中 x 为2006年各省学会科普展览次数,$\bar{x}$ 为各省学会科普展览次数均值。

③　首位度计算公式为公式(2-4),其中 P_1 为2006年陕西省学会科普展览次数;P_2 为天津市学会科普展览次数。

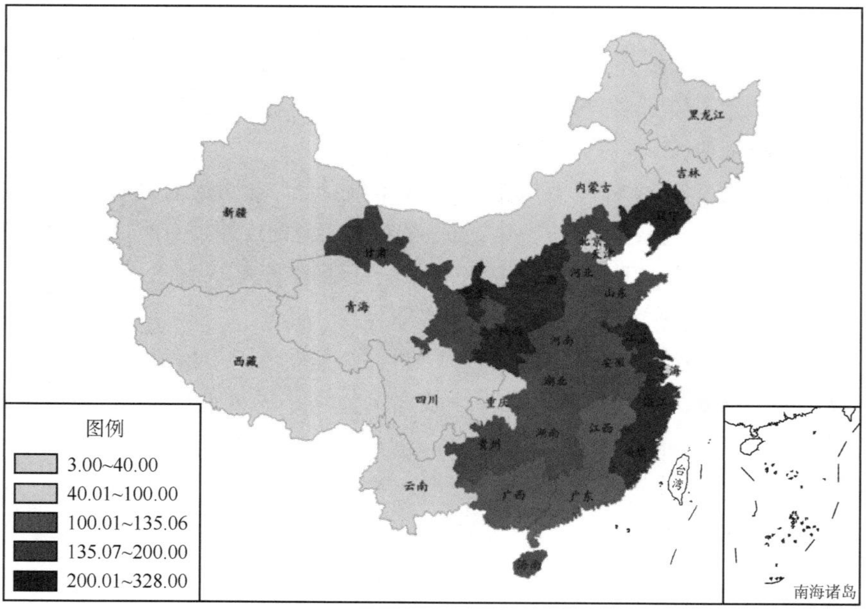

图 5-5　2006 年我国县级科普展览次数综合密度分布图

度指数为 69.00)，最低的是河南省，其综合密度指数仅为 2.00①。

以学会科普展览次数综合密度为衡量标准，全国学会科普展览活动分布最显著特征是学会科普展览活动相对集中于我国的 4 个直辖市。全国 7 个学会科普展览活动密度最高的地区中有 4 个是直辖市；此外，仅有 7 个省(区、市)学会科普展览活动次数综合密度高于全国平均水平，这表明我国学会科普活动发展集中性较强。

我国 31 个省(区、市)在考虑其当年人口数和行政区域面积的情况下，按其学会科普展览次数综合密度指数分为五类：第一类为学会科普展览活动密度最低的地区，第五类则为学会科普展览活动最密集的地区，略低于全国平均值的为第二类，略高于全国平均值的为第四类，第三类则为与全国平均值接近的省份。

第一类其学会科普展览次数综合密度指数小于 5.00，分别为：内蒙古、新疆、甘肃和河南。这 4 个省(区)是全国学会科普展览活动密度最低的区域。

第二类其学会科普展览次数综合密度指数为 5.01～10.00，分别为：黑龙江、河北、青海、四川、云南、贵州、广西、广东和海南。这 9 个省(区)学会科普展览次数综合密度指数均低于全国平均值，是学会科普展览活动低密度地区。

第三类其学会科普展览次数综合密度指数为 10.01～20.76，分别为：吉林、辽宁、山东、山西、江苏、安徽、湖北、浙江、湖南、江西和西藏。这 11 个省(区)学会科普展览活动次数综合密度指数与全国平均数接近。

第四类其学会科普展览次数综合密度指数为 20.77～100.00，分别为：北京、上海、重庆、宁夏、陕西和福建。这 6 个省(区、市)学会科普展览次数综合密度指数均高于全国平均值，是我国学会科普展览活动相对密集的区域。

---

① 学会科普展览次数综合密度指数计算由公式(2-1)获得，其中 Q 为 2006 年我国省(区、市)学会科普展览次数。

第五类其学会科普展览次数综合密度指数为100.01～211.80，仅有天津市属于第五类地区。其学会科普展览次数综合密度指数达211.80，比排名第二的上海市高出200.70%，是全国学会科普展览密度最高的地区（图5-6）。

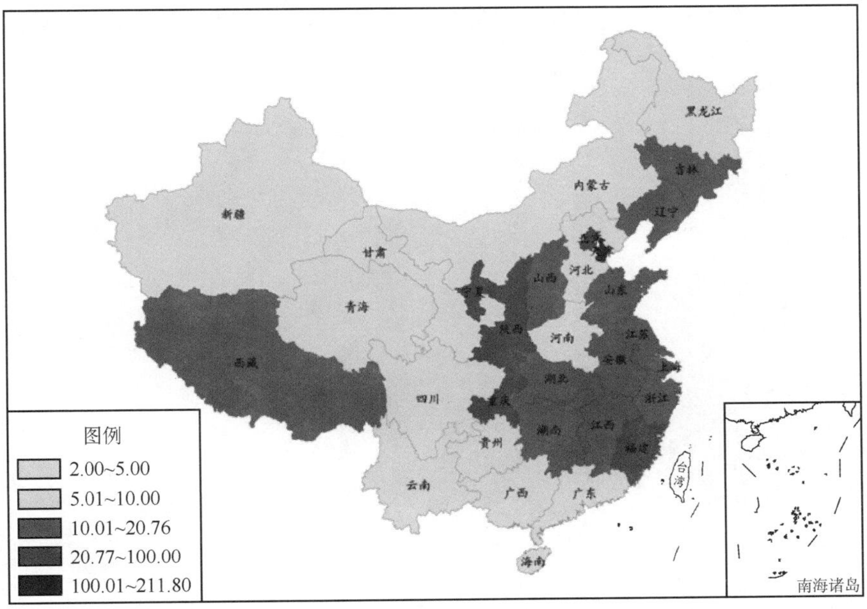

图5-6　2006年我国学会科普展览次数综合密度分布图

5.4　展览类科普旅游资源的相对比较优势

通过RCA法计算2006年我国各省（区、市）科普展览类科普旅游资源的相对比较优势①。各省（区、市）计算结果以1为分界，当$RCA_{ij}>1$，则说明i地区第j类科普展览具有显示比较优势；如果$RCA_{ij}<1$，则说明i地区第j类科普展览不具有显示比较优势。如果某地RCA_{ij}不只一项大于1，则选择RCA_{ij}为最大值的类型作为最具有比较优势的科普展览类别。

表5-3　2006年我国展览类科普旅游资源相对比较优势

	省级科普展览相对优势	地级科普展览相对优势	县级科普展览相对优势	学会科普展览相对优势
北　京	4.66	3.72	0.07	2.59
天　津	0.26	4.31	0.03	2.87
河　北	0.17	0.30	1.22	0.72
山　西	1.34	0.49	1.12	1.01
内蒙古	0.66	2.57	0.67	0.40

① 各省（区、市）科普展览相对比较优势系数（RCA）由公式（2-5）计算得出，其中X_{ij}为2006年i地区第j类科普展览次数；$\sum_j X_{ij}$表示全国j类科普展览次数；$\sum_i X_{ij}$为i地区拥有全部科普展览次数；$\sum_i \sum_j X_{ij}$为全国科普展览总次数。

续表

	省级科普展览相对优势	地级科普展览相对优势	县级科普展览相对优势	学会科普展览相对优势
辽　宁	1.07	0.78	1.06	0.88
吉　林	0.69	1.12	0.86	2.32
黑龙江	0.53	0.93	1.05	0.83
上　海	0.63	4.05	0.08	2.98
江　苏	1.76	0.32	1.20	0.43
浙　江	0.96	0.35	1.20	0.61
安　徽	0.80	0.61	1.12	0.77
福　建	0.33	0.57	1.08	1.50
江　西	0.45	0.58	1.05	1.75
山　东	0.16	0.83	1.09	0.72
河　南	0.30	0.76	1.16	0.17
湖　北	0.82	0.82	1.04	1.13
湖　南	0.11	0.34	1.19	0.99
广　东	1.18	1.26	0.96	0.71
广　西	1.04	0.91	1.04	0.83
海　南	11.08	0.48	0.89	0.31
重　庆	2.73	1.98	0.61	2.09
四　川	0.45	0.67	1.12	0.74
贵　州	0.14	0.25	1.25	0.56
云　南	1.13	0.54	1.10	1.14
西　藏	5.70	1.14	0.20	7.90
陕　西	0.35	0.62	1.08	1.33
甘　肃	1.79	0.90	1.07	0.28
青　海	2.89	1.24	0.87	1.12
宁　夏	1.71	0.91	0.97	1.35
新　疆	2.26	1.73	0.80	0.83

（数据来源：中国科学技术协会，2007）

以 RCA_{ij} 值为衡量标准，将我国各省（区、市）分为 4 类：一类为省级科普展览具有相对比较优势的地区；第二类为地级科普展览具有相对比较优势的地区；第三类为县级科普展览具有相对比较优势的地区；第四类为学会科普展览具有相对比较优势的地区。

仅考虑各省（区、市）拥有科普展览的资源条件，我国各省（区、市）最适合开展的科普展览旅游的内容有所不同：

①发展省级科普展览旅游更具有优势的为：北京、辽宁、山西、新疆、甘肃、青海、宁夏、重庆、江苏、广西和海南；

②发展地级科普展览旅游更具有优势的为：上海、天津、内蒙古和广东；

③发展县级科普展览旅游更具优势的为：黑龙江、河北、山东、河南、安徽、浙江、四川、贵州和湖南；

④发展学会科普展览旅游更具优势的为：吉林、陕西、湖北、江西、福建、西藏和云南（图 5-7）。

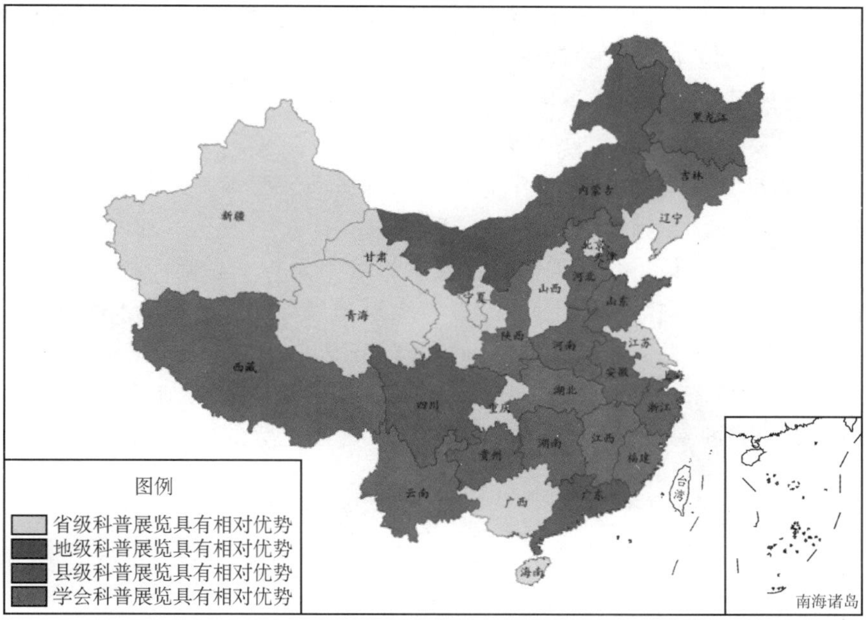

图 5-7　2006 年我国各级科普展览相对比较优势分布图

5.5　小结

(1)我国科普展览活动总量非常丰富,2006 年各级科普展览共 51076 次。其中,县级科普展览是我国科普展览活动中最重要的组成部分,占全国科普展览总数的 73.2%;其次是地级科普展览和学会科普展览,次数为 9259 次,占科普展览总次数的 18.1%;而省级科普展览次数为 1110 次,所占比重最小,仅占科普展览总次数的 2.1%。

(2)我国各省份科普展览次数空间分布的总体差异不显著。2006 年,全国科普展览次数变异系数 $C \cdot V=46.49\%$;其首位度 $S=1.12$。此外,我国 4 个直辖市各级科普展览总次数在全国并无优势。

以科普展览次数综合密度为衡量标准,东部沿海省份是我国科普展览活动的高度密集区。科普展览次数综合密度指数高于全国平均水平的 11 个省份中有 8 个位于沿海地区。

(3)以省级科普展览次数为衡量标准,我国省级科普展览在全国范围内总体发展差异比较显著。2006 年,省级科普展览次数变异系数 $C \cdot V=83.10\%$;其首位度 $S=1.19$。以省级科普展览次数综合密度为衡量标准,全国省级科普展览活动分布仍呈现出地区间发展不均衡的特点。

(4)以地级科普展览次数为衡量标准,我国地级科普展览在全国范围内总体发展差异比较显著。2006 年,地级科普展览次数变异系数 $C \cdot V=82.85\%$;其首位度 $S=1.08$。以地级科普展览次数综合密度为衡量标准,全国地级科普展览活动分布最显著特征是地级科普展览活动集中于我国的 4 个直辖市,全国仅有 4 个直辖市地级科普展览活动次数综合密度指数高于全国平均水平。

(5)以县级科普展览次数为衡量标准,我国县级科普展览在全国范围内总体发展差异相对较小。2006 年,县级科普展览次数变异系数 $C \cdot V=62.55\%$,其首位度 $S=1.23$。以县级科普展览次数综合密度为衡量标准，全国县级科普展览活动分布最显著特征是，我国的 4 个直辖市是县级科普展览活动密度最低的区域。

(6)以学会科普展览次数为衡量标准，我国学会科普展览在全国范围内总体发展差异相对较小。2006 年，学会科普展览次数变异系数 $C \cdot V=54.63\%$，其首位度 $S=1.09$。以学会科普展览次数综合密度为衡量标准，全国学会科普展览活动分布最显著特征是学会科普展览活动相对集中于我国的 4 个直辖市。

(7)我国各省(区、市)最适合发展的科普展览旅游类型各不相同。我国各省(区、市)最适合开展的科普展览旅游的内容有所不同：发展省级科普展览旅游更具有优势的为北京、辽宁、山西、新疆、甘肃、青海、宁夏、重庆、江苏、广西和海南；发展地级科普展览旅游更具有优势的为上海、天津、内蒙古和广东；发展县级科普展览旅游更具优势的为黑龙江、河北、山东、河南、安徽、浙江、四川、贵州和湖南；发展学会科普展览旅游更具优势的为吉林、陕西、湖北、江西、福建、西藏和云南。

第6章
我国讲座类科普旅游资源的空间格局

科普讲座指以向社会公众进行科学普及为目的，利用报告会、广播、电视、报刊、网络等形式和媒介，讲解科学思想、科学精神、科学方法和科学知识的活动。国内外综合性科普活动（如科技周、科普日等）期间均会组织大量的专题科普讲座。因此，科普讲座也是活动类科普旅游资源的重要组成部分（中国科学技术协会，2007）。

6.1　我国科普讲座发展概况

全国讲座次数统计资料显示，以讲座次数为衡量标准，2006 年，我国科普讲座活动中县级科普讲座是最重要的组成部分，其次是地级科协科普讲座和学会科普讲座，而省级科协科普讲座次数所占比重最小。

2006 年，全国各级科协讲座共计 122817 次，其中，省科协科普讲座次数为 2469 次，仅占讲座总次数的 2%；地级科协讲座次数 20388 次，占讲座总次数的 16.6%；县级科协讲座次数为 80537 次，占讲座总次数的 65.6%；全国各级学会科普讲座次数为 19,423 次，占讲座总次数的 15.8%（表 6-1）。

表 6-1　2006 年我国学会与省、地、县级科普讲座统计

	省级科协科普讲座	地级科协科普讲座	县级科协科普讲座	学会科普讲座
讲座次数（次）	2469	20,388	80,537	19,423
比例（%）	2	16.6	65.6	15.8

（数据来源：中国科学技术协会，2007）

从我国各地区各级科协讲座次数统计看，我国各地区科普讲座无论是次数，还是次数综合密度都呈现出区域分布差异。综合考虑各省域人口数和行政区域面积计算得到的科普讲座次数综合密度指数[①]，反映了我国 2006 年全国科普讲座次数在我国各省域的分布密度。2006 年，全国科普讲座次数综合密度指数最高的是天津市，其综合密度指数为 2726.4，排在第二位

① 全国科普讲座次数综合密度指数计算由公式（2-1）获得，其中 Q 为 2006 年我国省（区、市）各级科普讲座次数。

的为上海市，其科普讲座次数综合密度指数为2186.5。

此外，我国各级科普讲座（省级、地级、县级和学会）次数综合密度指数也存在一定的差异（表6-2）。

表6-2 2006年我国各级科普讲座（全国、省级、地级、县级、学会）次数综合密度

	省级科普讲座次数综合密度指数	地级科普讲座次数综合密度指数	县级科普讲座次数综合密度指数	学会科普讲座次数综合密度指数	全国科普讲座次数综合密度指数
北　京	36.3	391.4	57.4	249.8	734.6
天　津	23.6	1994.5	60.9	67.3	2726.4
河　北	17.7	23.7	259.8	47.0	348.1
山　西	21.1	84.1	402.1	98.6	605.9
内蒙古	4.6	13.1	129.5	7.7	154.8
辽　宁	20.1	155.6	862.1	71.4	1109.2
吉　林	4.2	101.4	357.5	62.5	525.6
黑龙江	1.9	10.2	250.2	27.9	292.4
上　海	124.5	1353.9	24.8	683.2	2186.5
江　苏	4.5	99.2	808.9	206.4	1119.0
浙　江	1.1	68.7	776.3	92.3	938.4
安　徽	1.7	28.5	261.6	42.8	334.7
福　建	23.9	61.8	561.4	181.8	829.1
江　西	3.9	22.7	145.6	112.4	284.6
山　东	1.8	39.6	526.1	32.6	600.0
河　南	1.1	31.2	359.8	15.4	407.4
湖　北	4.6	26.2	294.2	34.6	359.5
湖　南	0.5	19.3	264.0	69.5	353.3
广　东	3.8	38.2	221.9	53.3	310.8
广　西	10.0	39.6	205.2	45.4	297.4
海　南	115.2	10.0	245.6	42.5	416.9
重　庆	12.4	145.0	184.2	150	491.7
四　川	1.2	12.3	147.5	60.9	221.8
贵　州	4.6	4.8	202.8	57.5	272.9
云　南	3.0	14.3	93.0	48.6	158.9
西　藏	1.2	20.3	2.7	34.5	58.7
陕　西	11.6	49.4	344.1	53.6	458.7
甘　肃	4.4	26.8	244.5	34.4	310.1
青　海	8.2	31.5	55.5	28.8	124.0
宁　夏	6.8	56.1	275.6	145.6	483.9
新　疆	9.8	114.4	250.2	10.8	385.3

（数据来源：中国科学技术协会，2007）

6.2　我国讲座类科普旅游资源的空间格局

6.2.1　科普讲座次数的省域分布

我国各省(区、市)科普讲座次数(省级、地级、县级与学会)平均值为3961.84次,江苏省是全国科普讲座次数最多的地区(9735次),排名第二位的为辽宁省(8652次)。西藏科普讲座次数仅为352次,为全国最低。

2006年,全国科普讲座次数变异系数$C \cdot V=57.11\%$①;其首位度$S=1.13$②。全国科普讲座次数变异系数小于100%,说明我国各省科普讲座次数空间分布的总体差异不显著。

全国省(区、市)中,2006年各类科普讲座次数低于全国平均值的仅有10个。此外,直辖市除上海外,科普讲座次数并不多,北京(3673次)、天津(2999次)和重庆(2360次)均低于全国平均值。

我国31个省(区、市)在考虑其当年人口数和行政区域面积的情况下,按其科普讲座次数分为五类:第一类为科普讲座密集的地区,第五类则为科普讲座数量最多的地区,略低于全国平均值的为第二类,略高于全国平均值的为第四类,第三类则为与全国平均值接近的省份。

第一类其科普讲座次数小于1000.00次,分别为:西藏、青海、宁夏和海南。这4个省(区)共举办科普讲座仅2634次,占全国总数的2.1%,是全国科普讲座活动开展最少的区域。

第二类其科普讲座次数为1000.01～3000.00,分别为:天津、内蒙古、重庆、云南、贵州和江西。这6个省(区、市)科普讲座次数也低于全国平均值,6个省(区、市)共举办各级科普讲座14628次,占科普讲座总次数的11.9%。

第三类其科普讲座次数为3000.01～3961.84,分别为:北京、河北、黑龙江、吉林、甘肃、安徽、湖北和广西。这8个省份各级科普讲座次数与全国平均数接近。2006年共举办科普讲座28260次,占全国科普讲座总次数的23%。

第四类其科普讲座次数为3961.85～5389.00,分别为:山西、陕西、河南、四川、湖南、福建和广东。这7个省科普讲座次数均高于全国平均值。这7省共举办各级科普讲座31447次,占全国科普讲座总次数的25.6%。

第五类其科普讲座次数为5389.01～9735.00,分别是:上海、辽宁、山东、江苏、浙江和新疆。这6个省份是我国科普讲座次数最多的地区,6个省份共举办科普讲座45848次,占全国科普讲座总次数的37.3%(图6-1)。

6.2.2　科普讲座次数综合密度的省域分布

我国各省(区、市)科普讲座次数综合密度指数平均值为577.44,上海市是全国科普讲座次数综合密度最高的地区(综合密度指数为776.7);河南省则是全国科普讲座次数综合密度最

---

① 全国科普讲座次数变异系数$C \cdot V$计算公式为公式(2-2),其中x为2006年各省科普讲座次数,$\bar{x}$为各省科普讲座次数均值。

② 首位度计算公式为公式(2-4),其中P_1为2006年江苏省科普讲座次数;P_2为辽宁省科普讲座次数。

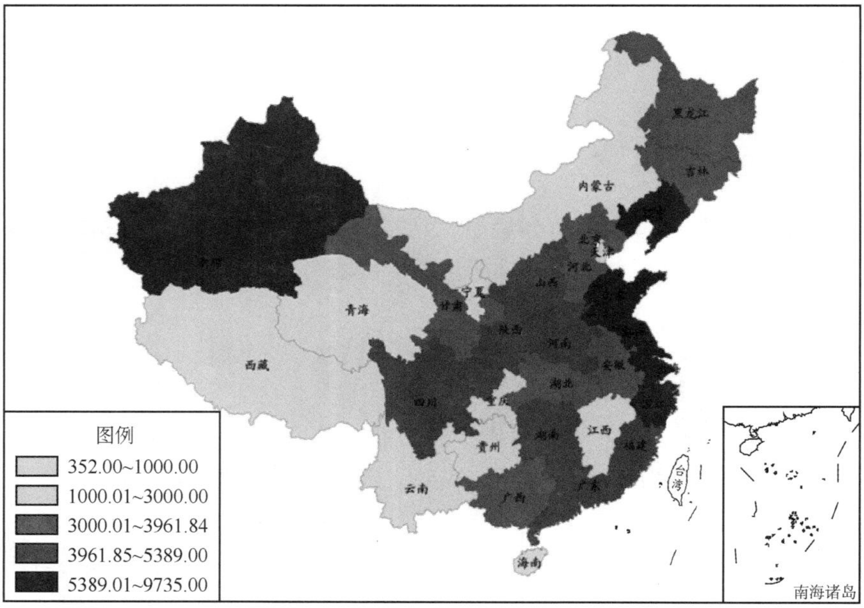

图 6-1 2006 年我国科普讲座次数分布图

低的省份，其综合密度指数为 13.5①。

以综合密度指数为衡量标准，全国科普讲座次数分布有两个个显著特征：一是东部沿海省份是我国科普讲座次数综合密度分布的高密度带，其综合密度高于全国平均值。二是综合密度最高的地区集中，上海和天津的综合密度明显高于全国其他地区。

我国 31 个省（区、市）在考虑其当年人口数和行政区域面积的情况下，按其科普讲座次数综合密度指数分为五类：第一类为科普讲座活动低密度的地区，第五类则为科普讲座活动密度最高的地区，略低于全国平均值的为第二类，略高于全国平均值的为第四类，第三类则为与全国平均值接近的省份。

第一类其科普讲座次数综合密度指数小于 150.00，分别为：西藏和青海。这 2 个省（区）是全国科普讲座活动密度最低的。

第二类科普讲座次数综合密度指数为 150.01～350.00，分别为：河北、黑龙江、内蒙古、甘肃、安徽、四川、云南、贵州、江西、广东和广西。这 11 个省（区）科普讲座活动密度也低于全国平均值。

第三类其科普讲座次数综合密度指数为 350.01～577.44，分别为：重庆、吉林、新疆、宁夏、陕西、河南、湖北、湖南和海南。这 9 个省份其科普讲座次数综合密度指数大致与全国平均数接近。

第四类其科普讲座次数综合密度指数为 577.45～1119.00，分别为：北京、辽宁、山西、山东、江苏、浙江和福建。这 7 个省（市）科普讲座活动综合密度指数均高于全国平均值。

第五类其科普讲座次数综合密度指数为 1119.01～2726.40，分别是：天津和上海。这两个直辖市是全国科普讲座活动综合密度最高的地区（图 6-2）。

① 全国科普讲座次数综合密度指数计算由公式（2-1）获得，其中 Q 为 2006 年我国省（区、市）各级科普讲座次数。

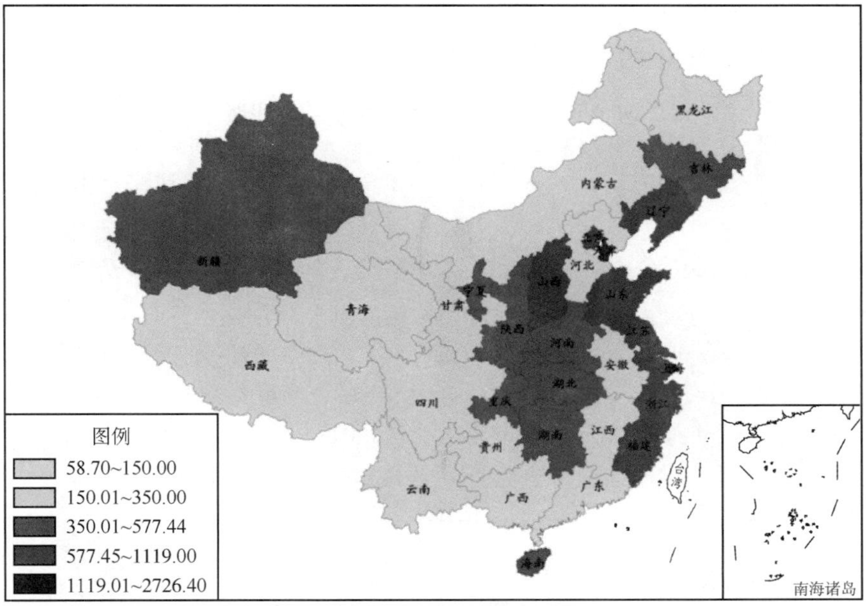

图 6-2　2006 年我国科普讲座次数综合密度分布图

6.3　各级(省级、地级、县级、学会)讲座类科普旅游资源的省域分布

6.3.1　省级科普讲座活动次数综合密度

2006 年,全国省级科普讲座次数变异系数 $C \cdot V=106.11\%$①;其首位度 $S=1.93$②。省级科普讲座次数变异系数大于 100%,说明我国各省份省级科普讲座次数空间分布的总体差异显著。

我国各省(区、市)省级科普讲座次数综合密度指数平均值为 15.78,上海市是全国科普讲座次数综合密度最高的地区(综合密度指数为 124.5);湖南省则是全国省级科普讲座次数综合密度最低的省份,其综合密度指数仅为 0.5③。

以综合密度指数为衡量标准,省级科普讲座次数分布特点是综合密度最高的地区集中,上海和海南的综合密度明显高于全国其他地区。这表明省级科普讲座活动在我国的发展的区域差异很不均衡。

我国 31 个省(区、市)在考虑其当年人口数和行政区域面积的情况下,按其省级科普讲座次数综合密度指数分为五类:第一类为省级科普讲座活动低密度的地区,第五类则为省级科普讲座活动密度最高的地区,略低于全国平均值的为第二类,略高于全国平均值的为第四类,第

① 省级科普讲座次数变异系数 $C \cdot V$ 计算公式为公式(2-2),其中 x 为 2006 年各省省级科普讲座次数,$\bar{x}$ 为各省省级科普讲座次数均值。

② 首位度计算公式为公式(2-4),其中 P_1 为 2006 年上海市科普讲座次数;P_2 为河北省科普讲座次数。

③ 省级科普讲座次数综合密度指数计算由公式(2-1)获得,其中 Q 为 2006 年我国省(区、市)省级科普讲座次数。

三类则为与全国平均值接近的省份。

第一类其省级科普讲座次数综合密度指数小于 2.00，分别为：黑龙江、山东、河南、安徽、浙江、湖南、四川和西藏。这 8 个省(区)是全国省级科普讲座活动密度最低的。

第二类其省级科普讲座次数综合密度指数为 2.01～5.00，分别为：吉林、内蒙古、甘肃、江苏、湖北、江西、云南、贵州和广东。这 9 个省(区)的省级科普讲座活动综合密度指数也低于全国平均值。

第三类其省级科普讲座次数综合密度指数为 5.01～15.78，分别为：重庆、新疆、青海、宁夏、陕西和广西。这 6 个省(区、市)其省级科普讲座次数综合密度指数大致与全国平均数接近。

第四类其省级科普讲座次数综合密度指数为 15.79～50.00，分别为：北京、天津、辽宁、河北、山西和福建。这 6 个省(市)其省级科普讲座次数综合密度指数均高于全国平均值。

第五类其省级科普讲座次数综合密度指数为 50.01～124.50，分别是：上海和海南。这两个省(市)是全国省级科普讲座次数综合密度指数最高的地区(图 6-3)。

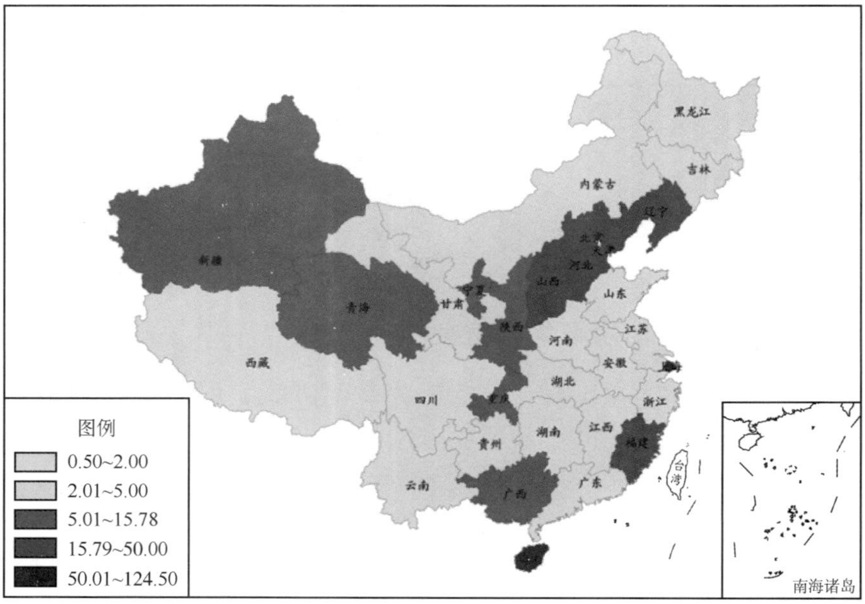

图 6-3 2006 年我国省级科普讲座次数综合密度分布图

6.3.2 地级科普讲座次数综合密度分布

2006 年，全国地级科普讲座次数变异系数 $C \cdot V=132.33\%$①；其首位度 $S=1.91$②。地级科普讲座次数变异系数大于 100%，说明我国各省地级科普讲座次数空间分布的总体差异显著。

我国各省(区、市)地级科普讲座次数综合密度指数平均值为 164.12，天津市是全国地级科普讲座次数综合密度最高的(综合密度指数为 1994.50)；贵州省则是全国地级科普讲座次

① 地级科普讲座次数变异系数 $C \cdot V$ 计算公式为公式(2-2)，其中 x 为 2006 年各省地级科普讲座次数，$\bar{x}$ 为各省地级科普讲座次数均值。

② 首位度计算公式为公式(2-4)，其中 P_1 为 2006 年上海市地级科普讲座次数；P_2 为天津市地级科普讲座次数。

数综合密度最低的省，其综合密度指数仅为 4.8①。

以综合密度指数为衡量标准，地级科普讲座次数分布特点是地级科普讲座集中于我国直辖市，全国其他绝大多数地区综合密度值均低于平均值。

我国 31 个省(区、市)在考虑其当年人口数和行政区域面积的情况下，按其地级科普讲座次数综合密度指数分为五类：第一类为地级科普讲座活动低密度的地区，第五类则为地级科普讲座活动密度最高的地区，略低于全国平均值的为第二类，略高于全国平均值的为第四类，第三类则为与全国平均值接近的省份。

第一类其地级科普讲座次数综合密度指数小于 20.00，分别为：黑龙江、内蒙古、湖南、四川、云南、贵州和海南。这 7 个省(区)是全国地级科普讲座活动密度最低的区域。

第二类地级科普讲座次数综合密度指数为 20.01～40.00，分别为：河北、山东、河南、安徽、湖北、西藏、青海、甘肃、江西、广西和广东。这 11 个省(区)的地级科普讲座活动密度也低于全国平均值。

第三类其地级科普讲座次数综合密度指数为 40.01～164.12，分别为：吉林、辽宁、新疆、宁夏、山西、陕西、重庆、江苏、浙江和福建。这 10 个省(区、市)其地级科普讲座次数综合密度大致与全国平均数接近。

第四类其地级科普讲座次数综合密度指数为 164.13～391.40，符合这一条件的仅有北京市，其地级科普讲座活动密度为 391.4，高于全国平均值。

第五类其地级科普讲座次数综合密度指数为 391.41～1994.50，分别是：上海和天津。这两个市是全国地级科普讲座活动密度最高的(图 6-4)。

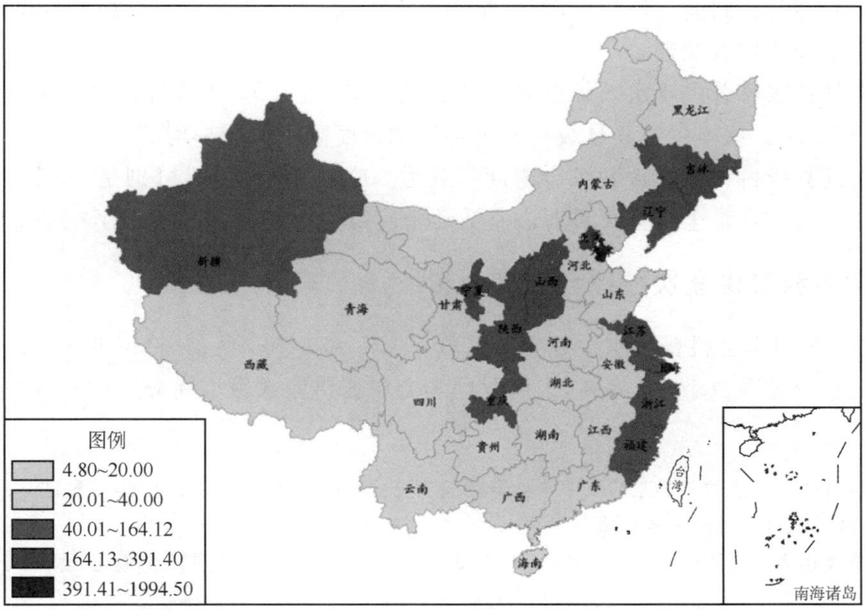

图 6-4 2006 年我国地级科普讲座次数综合密度分布图

① 地级科普讲座次数综合密度指数计算由公式(2-1)获得，其中 Q 为 2006 年我国省(区、市)地级科普讲座次数。

6.3.3 县级科普讲座次数综合密度分布

2006 年，全国县级科普讲座次数变异系数 $C \cdot V=75.45\%$[①]；其首位度 $S=1.05$[②]。县级科普讲座次数变异系数大于 100%，说明我国县级科普讲座次数空间分布的总体差异显著。

我国各省（区、市）县级科普讲座次数综合密度指数平均值为 286.29，辽宁省是全国县级科普讲座次数综合密度最高的地区（综合密度指数为 862.1）；西藏则是全国县级科普讲座次数综合密度最低的省份，其综合密度指数仅为 2.7[③]。

以综合密度指数为衡量标准，县级科普讲座次数分布具有两个特点：一是直辖市县级科普讲座活动密度低，4 个直辖市除重庆外，县级科普讲座活动次数综合密度指数都低于 20；二是全国县级科普讲座活动最集中的地区均是我国东部沿海省份。

我国 31 个省（区、市）在考虑其当年人口数和行政区域面积的情况下，按其县级科普讲座次数综合密度指数分为五类：第一类为县级科普讲座活动低密度的地区，第五类则为县级科普讲座活动密度最高的地区，略低于全国平均值的为第二类，略高于全国平均值的为第四类，第三类则为与全国平均值接近的省份。

第一类其县级科普讲座次数综合密度指数小于 100.00，分别为：北京、天津、上海、西藏、青海和云南。这 6 个省（区、市）是全国县级科普讲座活动密度最低的区域。

第二类其县级科普讲座次数综合密度指数为 100.01～200.00，分别为：内蒙古、四川、重庆和江西。这 4 个省（区、市）县级科普讲座活动密度也低于全国平均值。

第三类其县级科普讲座次数综合密度指数为 200.01～286.29，分别为：河北、黑龙江、新疆、甘肃、宁夏、安徽、湖南、贵州、广西、广东和海南。这 11 个省（区）其县级科普讲座次数综合密度大致与全国平均数接近。

第四类其县级科普讲座次数综合密度指数为 286.30～500.00，符合这一条件的有吉林、山西、陕西和湖北。这 4 个省其县级科普讲座活动密度高于全国平均值。

第五类其县级科普讲座次数综合密度指数为 500.01～862.10，分别是：辽宁、山东、江苏、浙江和福建。这 5 省是全国县级科普讲座活动密度最高的地区（图 6-5）。

6.3.4 学会科普讲座次数综合密度分布

2006 年，全国学会科普讲座次数变异系数 $C \cdot V=75.46\%$[④]；其首位度 $S=1.70$[⑤]。学会科普讲座次数变异系数小于 100%，说明我国学会科普讲座次数空间分布的总体差异不显著。

---

① 县级科普讲座次数变异系数 $C \cdot V$ 计算公式为公式(2-2)，其中 x 为 2006 年各省域县级科普讲座次数，$\bar{x}$ 为各省域县级科普讲座次数均值。

② 首位度计算公式为公式(2-4)，其中 P_1 为 2006 年江苏省县级科普讲座次数；P_2 为辽宁省县级科普讲座次数。

③ 县级科普讲座次数综合密度指数计算由公式(2-1)获得，其中 Q 为 2006 年我国省（区、市）县级科普讲座次数。

④ 学会科普讲座次数变异系数 $C \cdot V$ 计算公式为公式(2-2)，其中 x 为 2006 年各省学会科普讲座次数，$\bar{x}$ 为各省域学会科普讲座次数均值。

⑤ 首位度计算公式为公式(2-4)，其中 P_1 为 2006 年上海市学会科普讲座次数；P_2 为北京市学会科普讲座次数。

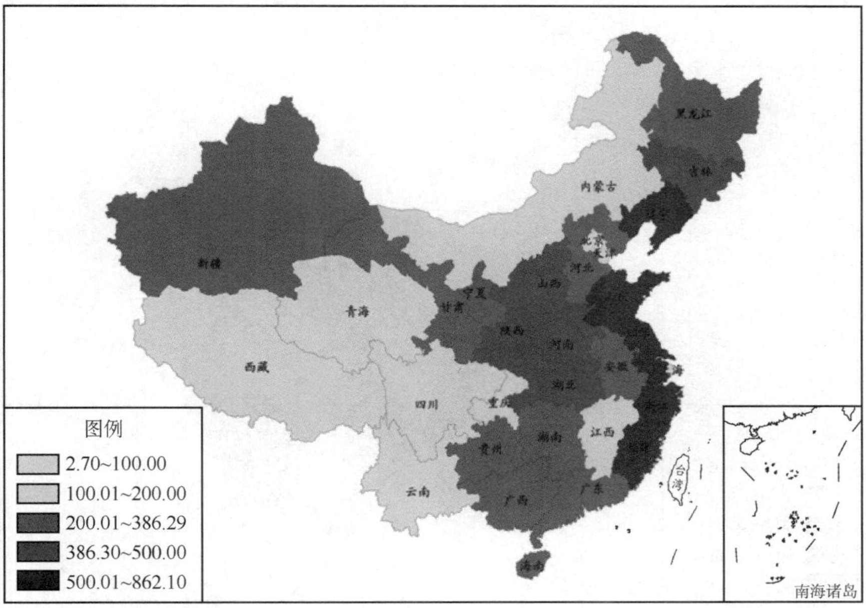

图 6-5 2006 年我国县级科普讲座次数综合密度分布图

我国各省(区、市)学会科普讲座次数综合密度指数平均值为 92.55,上海市是全国学会科普讲座次数综合密度最高的地区(综合密度指数为 683.20),比综合密度指数第二的北京市(综合密度指数为 249.8)高出 173.5%;内蒙古则是全国学会科普讲座次数综合密度最低的省(区),其综合密度指数仅为 7.7。

以综合密度指数为衡量标准,学会科普讲座次数分布的特点是空间上高度集中,全国学会科普讲座次数高于全国平均值的地区仅有 8 个(北京、上海、重庆、山西、宁夏、江苏、江西和福建)。

我国 31 个省(区、市)在考虑其当年人口数和行政区域面积的情况下,按其学会科普讲座次数综合密度指数分为五类:第一类为学会科普讲座活动低密度的地区,第五类则为学会科普讲座活动密度最高的地区,略低于全国平均值的为第二类,略高于全国平均值的为第四类,第三类则为与全国平均值接近的省份。

第一类其学会科普讲座次数综合密度指数小于 30.00,分别为:黑龙江、内蒙古、新疆、青海和河南。这 5 个省(区)是全国学会科普讲座活动密度最低的。

第二类其学会科普讲座次数综合密度指数为 30.01~50.00,分别为:河北、山东、西藏、甘肃、安徽、湖北、云南、广西和海南。这 9 个省(区)的学会科普讲座活动密度也低于全国平均值。

第三类其学会科普讲座次数综合密度指数为 50.01~92.55,分别为:天津、吉林、辽宁、陕西、四川、贵州、湖南、浙江和广东。这 9 个省(市)其学会科普讲座次数综合密度大致与全国平均数接近。

第四类其学会科普讲座次数综合密度指数为 92.56~300.00,符合这一条件的有北京、重庆、江苏、宁夏、江西和福建。这 6 省(区、市)学会科普讲座活动密度高于全国平均值。

第五类其学会科普讲座次数综合密度指数为 300.01~683.20,满足这一条件的仅有上海市,是全国县级科普讲座活动密度最高的地区(图 6-6)。

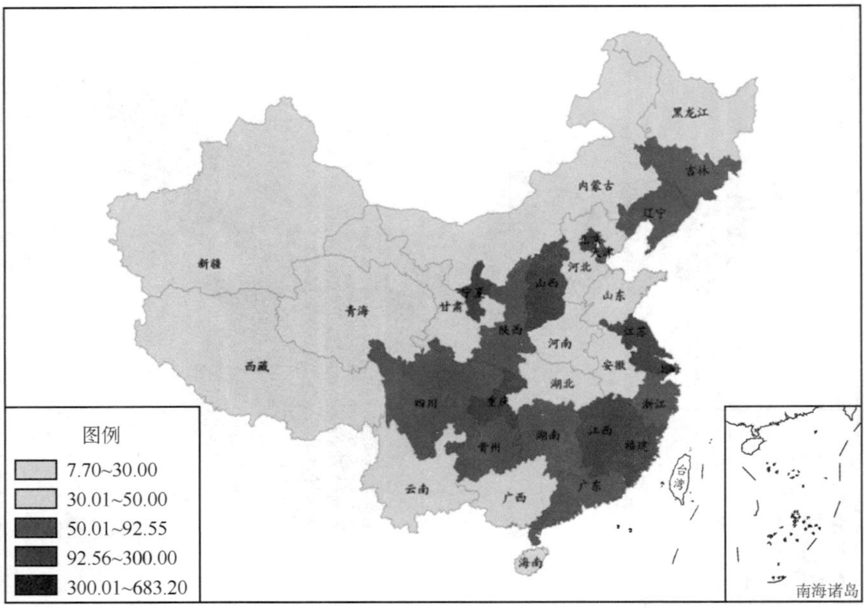

图 6-6 2006 年我国学会科普讲座次数综合密度分布图

6.4 讲座类科普旅游资源的相对比较优势

通过 RCA 法计算 2006 年我国各省(区、市)科普讲座类科普旅游资源的相对比较优势①。各省(区、市)计算结果以 1 为分界,当 $RCA_{ij}>1$,则说明 i 地区第 j 类科普讲座具有显著比较优势;如果 $RCA_{ij}<1$,则说明 i 地区第 j 类科普讲座不具有显著比较优势。如果某地 RCA_{ij} 不只一项大于 1,则选择 RCA_{ij} 为最大值的类型为最具有比较优势的科普讲座类别(表 6-3)。

表 6-3 2006 年我国讲座类科普旅游资源相对比较优势

	省级科普讲座相对比较优势	地级科普讲座相对比较优势	县级科普讲座相对比较优势	学会科普讲座相对比较优势
北 京	2.44	3.21	0.12	2.15
天 津	0.43	4.41	0.03	1.50
河 北	2.53	0.41	1.14	0.85
山 西	1.73	0.84	1.01	1.03
内蒙古	1.47	0.51	1.28	0.31
辽 宁	0.90	0.85	1.19	0.41
吉 林	0.39	1.16	1.04	0.75
黑龙江	0.33	0.21	1.32	0.61

① 各省(区、市)科普讲座相对比较优势系数(RCA)由公式(2-5)计算得出,其中 X_{ij} 为 2006 年 i 地区第 j 类科普讲座次数;$\sum_{j} X_{ij}$ 表示全国 j 类科普讲座次数;$\sum_{i} X_{ij}$ 为 i 地区拥有全部科普讲座次数;$\sum_{i}\sum_{j} X_{ij}$ 为全国科普讲座总次数。

续表

	省级科普讲座相对比较优势	地级科普讲座相对比较优势	县级科普讲座相对比较优势	学会科普讲座相对比较优势
上　海	2.83	3.73	0.02	1.98
江　苏	0.20	0.53	1.10	1.17
浙　江	0.06	0.44	1.26	0.62
安　徽	0.26	0.51	1.19	0.81
福　建	1.44	0.45	1.03	1.39
江　西	0.68	0.48	0.78	2.50
山　东	0.15	0.40	1.34	0.34
河　南	0.14	0.46	1.35	0.24
湖　北	0.63	0.44	1.25	0.61
湖　南	0.07	0.33	1.14	1.24
广　东	0.59	0.74	1.06	1.06
广　西	1.67	0.80	1.05	0.91
海　南	14.17	0.14	0.90	0.64
重　庆	1.26	1.78	0.57	1.93
四　川	0.26	0.33	1.01	1.74
贵　州	0.84	0.18	1.13	1.33
云　南	0.95	0.54	0.89	1.93
西　藏	0.99	2.09	0.07	3.72
陕　西	1.26	0.65	1.14	0.74
甘　肃	0.71	0.52	1.20	0.70
青　海	3.28	1.53	0.68	1.47
宁　夏	0.69	0.70	0.87	1.90
新　疆	1.27	1.79	0.99	0.18

（数据来源：中国科学技术协会，2007）

以我国科普讲座 RCA_{ij} 值为衡量标准，将我国各省（区、市）分为 4 类：第一类为省级科普讲座具有相对比较优势的地区；第二类为地级科普讲座具有相对比较优势的地区；第三类为县级科讲座具有相对比较优势的地区；第四类为学会科普讲座具有相对比较优势的地区。

仅考虑各省拥有科普讲座的资源条件，我国各省区最适合开展科普讲座旅游的内容有所不同：

①发展省级科普讲座旅游更具有优势的为：内蒙古、河北、山西、陕西、青海、福建、广西和海南省；

②发展地级科普讲座旅游更具有优势的为：北京、天津、上海、吉林和新疆；

③发展县级科普讲座旅游更具优势的为：黑龙江、辽宁、山东、河南、安徽、湖北、甘肃、浙江和广东省；

④发展学会科普讲座旅游更具优势的为：江苏、宁夏、西藏、四川、云南、贵州、重庆、湖南和江西省（图 6-7）。

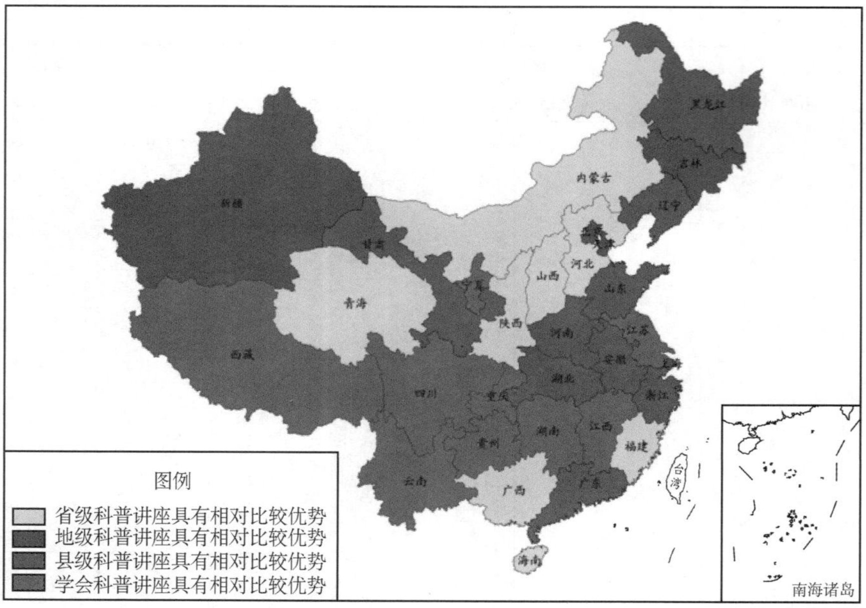

图 6-7　2006 年我国各级科普讲座相对比较优势的省域分布图

6.5　小结

(1)我国科普讲座活动总量非常丰富,全国各级科协讲座 122817 次。其中,县级科普讲座是最重要的组成部分,其次是地级科协科普讲座和学会科普讲座,而省级科协科普讲座次数所占比重最小。

(2)我国各省科普讲座次数空间分布的总体差异不显著。2006 年,全国科普讲座次数变异系数 $C \cdot V=57.11\%$,其首位度 $S=1.13$。以综合密度指数为衡量标准,省级科普讲座活动在我国发展的区域差异很不均衡。全国科普讲座次数分布有两个显著特征:一是东部沿海省份是我国科普讲座次数综合密度分布的高密度带;二是综合密度最高的地区集中,上海和天津的综合密度明显高于全国其他地区。

(3)以省级科普讲座次数为衡量标准,我国省级科普讲座次数空间分布总体差异显著。2006 年,全国省级科普讲座次数变异系数 $C \cdot V=106.11\%$;其首位度 $S=1.93$。

以综合密度指数为衡量标准,学会科普讲座次数分布的特点是空间上高度集中,全国学会科普讲座次数高于全国平均值的地区仅有 8 个(北京、上海、重庆、山西、宁夏、江苏、江西和福建)。

(4)以地级科普讲座次数为衡量标准,我国各省地级科普讲座次数空间分布的总体差异显著。2006 年,全国地级科普讲座次数变异系数 $C \cdot V=132.33\%$,其首位度 $S=1.91$。此外,以综合密度指数为衡量标准,地级科普讲座次数分布特点是地级科普讲座集中于我国直辖市。

(5)以县级科普讲座次数为衡量标准,我国县级科普讲座次数空间分布的总体差异显著。2006 年,全国县级科普讲座次数变异系数 $C \cdot V=75.45\%$,其首位度 $S=1.05$。以综合密度指数为衡量标准,县级科普讲座次数分布具有两个特点:一是直辖市县级科普讲座活动密度低;二是全国县级科普讲座活动最集中的地区均是我国东部沿海省份。

(6)以学会科普讲座次数为衡量标准，我国学会科普讲座次数空间分布的总体差异不显著。2006年，全国学会科普讲座次数变异系数$C\cdot V=75.46\%$，其首位度$S=1.70$。

(7)我国各省(区、市)最适合发展的科普讲座旅游类型各不相同。我国各省(区、市)最适合开展的科普讲座旅游的内容有所不同：发展省级科普讲座旅游更具有优势的为内蒙古、河北、山西、陕西、青海、福建、广西和海南省；发展地级科普讲座旅游更具有优势的为北京、天津、上海、吉林和新疆；发展县级科普讲座旅游更具优势的为黑龙江、辽宁、山东、河南、安徽、湖北、甘肃、浙江和广东省；发展学会科普讲座旅游更具优势的为江苏、宁夏、西藏、四川、云南、贵州、重庆、湖南和江西省。

第7章 我国学术会议类科普旅游资源的空间格局

根据中国科学技术协会的解释，学术会议是指为了推动学科繁荣、科技进步、社会和经济发展，针对共同关心的科技理论和应用问题，主要由有关专家、学者及科技人员参加并提交学术论文的研讨会、交流会、报告会或论坛等。

会议旅游因其团队规模大、停留时间长、消费高的特点被视为较高层次的旅游产品(吴必虎，2001)。与普通的商务会议不同，学术会议具有更多的知识内涵，以往的各种学术会议的科学普及更多地限于专业领域，很少有专业领域外的普通公众能涉及，各种学术会议往往被视为专业领域内的专业层次的“科学传播”和“科学普及”(中国科普研究所，2003)。此外，随着国内外公众理解科学和公众参与科学决策的观念逐渐被接受，我国每年“科技周”等大型科普节日中均安排了面向普通大众的科学会议、论坛。

各地区每年召开的不同级别的学术会议的次数多少，已经成为评价该地区会议旅游发展程度的重要指标。由于各种学术会议对专业研究人员、普通公众的巨大吸引力，故本书将我国各类学术会议活动作为活动类型的科普旅游资源。

7.1 我国学术会议类科普旅游资源概况

全国学术会议次数统计资料显示，以会议次数为衡量标准，2006年，我国学术会议活动中全国学会国内学术会议是最重要的组成部分，其次是地区学会学术会议，而省级学会学术会议次数所占比重最小。

2006年，全国各级学会共计召开学术会议19486次，其中，省级学会学术会议次数为240次，仅占学术会议总次数的1.2%；地级学会学术会议次数4838次，占学术会议总次数的24.8%；县级学会学术会议次数为3707次，占学术会议总次数的19.0%；全国学会国内学术会议次数为10241次，占学术会议总次数的52.6%；全国学会国际学术会议次数为460次，占学术会议总次数的2.4%(表7-1)。

表7-1 2006年我国各级学会各类学术会议统计

	全国学会国内学术会议	全国学会国际学术会议	省级学会学术会议	地级学会学术会议	县级学会学术会议
会议次数(次)	10,241	460	240	4838	3707
比例(%)	52.6	2.4	1.2	24.8	19.0

(数据来源：中国科学技术协会，2007)

综合考虑各省域2006年人口数和行政区域面积计算得到的我国学术会议类科普旅游资源综合密度指数，反映了我国2006年全国各级学术会议在我国各省域分布的不同特点。我国各省(区、市)学术会议次数综合密度指数平均值为100.51，上海市是全国学术会议次数综合密度最高的地区(综合密度指数为664.8)；新疆则是全国学术会议次数综合密度最低的省份，其综合密度指数为6.9(表7-2)①。

表7-2　2006年我国各级学术会议次数综合密度指数

	省级学术会议综合密度指数	地级学术会议综合密度指数	县级学术会议综合密度指数	国内学术会议综合密度指数	国际学术会议综合密度指数
北　京	1.6	22.0	0.6	284.4	13.4
天　津	0.9	1.8	0.0	413.6	9.1
河　北	0.3	5.8	9.5	22.5	0.5
山　西	0.5	15.2	11.9	39.2	1.5
内蒙古	0.1	2.5	3.3	2.3	0.1
辽　宁	0.3	15.6	9.2	42.7	3.6
吉　林	0.6	0.5	2.9	47.6	0.6
黑龙江	0.3	13.8	4.0	18.5	1.6
上　海	3.5	217.7	6.5	411.0	25.8
江　苏	0.2	65.7	67.8	54.5	1.7
浙　江	1.4	40.9	57.1	82.9	5.7
安　徽	0.3	19.9	12.3	27.8	1.2
福　建	0.5	18.3	59.5	66.3	0.8
江　西	0.1	2.0	3.9	26.0	0.9
山　东	4.2	34.5	22.3	22.0	0.8
河　南	0.2	31.8	10.3	11.6	0.0
湖　北	0.6	10.1	10.5	23.1	1.8
湖　南	0.2	7.7	17.9	32.2	0.9
广　东	7.0	21.4	28.3	36.9	1.7
广　西	0.4	9.1	9.3	20.2	0.5
海　南	0.0	0.0	15.6	20.6	0.6
重　庆	1.7	10.0	12.9	99.2	5.2
四　川	0.2	30.3	17.8	21.0	1.0
贵　州	0.5	2.1	4.8	19.5	0.9
云　南	0.2	1.1	4.1	14.0	0.7
西　藏	0.3	0.0	0.0	7.5	0.3
陕　西	0.2	16.0	11.5	41.0	1.5

① 全国学术会议次数综合密度指数计算由公式(2-1)获得，其中Q为2006年我国省(区、市)各级学术会议次数。

续表

	省级学术会议综合密度指数	地级学术会议综合密度指数	县级学术会议综合密度指数	国内学术会议综合密度指数	国际学术会议综合密度指数
甘　肃	0.1	6.5	6.7	13.1	0.6
青　海	0.2	0.3	0.0	6.7	0.0
宁　夏	1.7	1.7	3.3	22.8	0.0
新　疆	0.1	3.2	0.7	2.7	0.2

（数据来源：中国科学技术协会，2007）

7.2　我国学术会议类科普旅游资源的空间格局

7.2.1　学术会议次数的省域分布

2006 年，我国各省（区、市）学术会议次数（全国、省级、地级、县级学会）平均值为 628.58 次，上海市是全国学术会议次数最多的地区（2060 次），排名第二位的为江苏省（1653 次），青海省学术会议次数仅为 43 次，为全国最低。

2006 年，全国学术会议次数变异系数 $C \cdot V=82.86\%$①；其首位度 $S=1.25$②。全国学术会议次数变异系数接近 100%，说明我国各省学术会议类科普旅游资源空间分布的总体差异较为显著。

以学术会议次数为衡量标准，全国学术会议类科普旅游资源在空间上分布的最显著特征是东部沿海地区较为密集，学术会议次数高于全国平均值的 10 个省份中，有 7 个位于东部沿海。我国 31 个省（区、市）在考虑其当年人口数和行政区域面积的情况下，按其学术会议次数分为五类：第一类为学术会议密集的地区，第五类则为学术会议数量最多的地区，略低于全国平均值的为第二类，略高于全国平均值的为第四类，第三类则为与全国平均值接近的省份。

第一类其学术会议次数小于 150.00 次，分别为：内蒙古、新疆、西藏、青海、宁夏和海南。这 6 个省（区）共举办学术会议仅 463 次，占全国学术会议总数的 2.4%，是全国学术会议活动开展最少的区域。

第二类其学术会议次数为 150.01～450.00，分别为：吉林、河北、甘肃、云南、贵州、江西和广西。这 7 个省（区）学术会议次数也低于全国平均值，共举办各级学术会议 2298 次，占学术会议总次数的 11.8%。

第三类其学术会议次数为 450.01～628.58，分别为：天津、重庆、黑龙江、辽宁、山西、陕西、安徽和湖北。这 8 个省（市）各级学术会议次数与全国平均数接近。2006 年共举办学术会议 4297 次，占全国学术会议总次数的 22.5%。

第四类其学术会议次数为 628.59～1000.00，分别为：山东、河南、湖南和福建。这 4 个省

---

① 学术会议次数变异系数 $C \cdot V$ 计算公式为公式(2-2)，其中 x 为 2006 年各省学术会议次数，$\bar{x}$ 为各省学术会议次数均值。

② 首位度计算公式为公式(2-4)，其中 P_1 为 2006 年上海市学术会议次数；P_2 为江苏省学术会议次数。

学术会议次数均高于全国平均值。2006 年 4 省共举办各级学术会议 3300 次，占全国学术会议总次数的 16.9％。

第五类其学术会议次数为 1000.01～2060.00，分别是：北京、上海、江苏、浙江、广东和四川。这 6 个省(市)是我国学术会议次数最多的地区，共举办各级学术会议 9128 次，占全国学术会议总次数的 46.8％(图 7-1)。

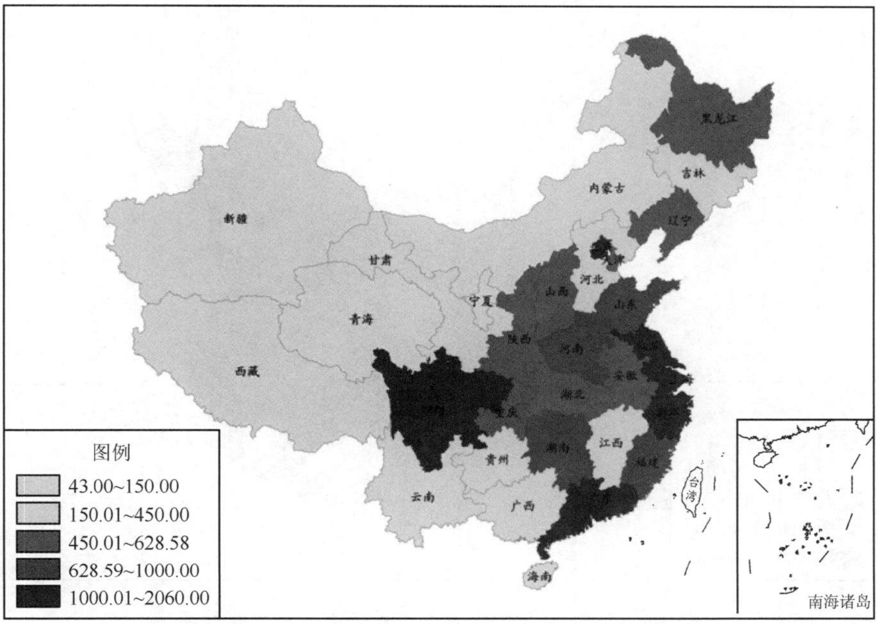

图 7-1　2006 年我国各级学会学术会议次数分布图

7.2.2　学会学术会议次数综合密度的省域分布

以综合密度指数为衡量标准，全国学术会议次数分布有两个显著特征：一是直辖市综合密度高，我国 4 个直辖市学术会议次数综合密度指数均高于全国平均值，其中上海和天津是我国学术会议活动密度最高的；二是东部沿海省份密度高。全国 7 个学术会议活动综合密度指数高于全国平均值的地区中有 6 个位于东部。

我国 31 个省(区、市)在考虑其当年人口数和行政区域面积的情况下，按其学术会议次数综合密度指数分为五类：第一类为学术会议活动密度最低的地区，第五类则为学术会议活动密度最高的地区，略低于全国平均值的为第二类，略高于全国平均值的为第四类，第三类则为与全国平均值接近的省份。

第一类其学术会议次数综合密度指数小于 30.00，分别为：内蒙古、新疆、甘肃、西藏、青海、云南和贵州。这 7 个省(区)是全国学术会议活动密度最低的。

第二类其学术会议次数综合密度指数为 30.01～50.00，分别为：黑龙江、河北、湖北、江西、广西和海南。这 6 个省(区)学术会议活动密度低于全国平均值。

第三类其学术会议次数综合密度指数为 50.01～100.51，分别为：吉林、辽宁、山东、山西、陕西、河南、安徽、四川、湖南和广东。这 10 个省学术会议次数综合密度大致与全国平均数接近。

第四类其学术会议次数综合密度指数为 100.52～400.00，分别为：北京、重庆、江苏、浙江和福建。这 5 个省(市)学术会议活动密度均高于全国平均值。

第五类其科普讲座次数综合密度指数为 400.01～664.80，分别是：天津和上海。这两个直辖市是全国学术会议活动密度最高的(图 7-2)。

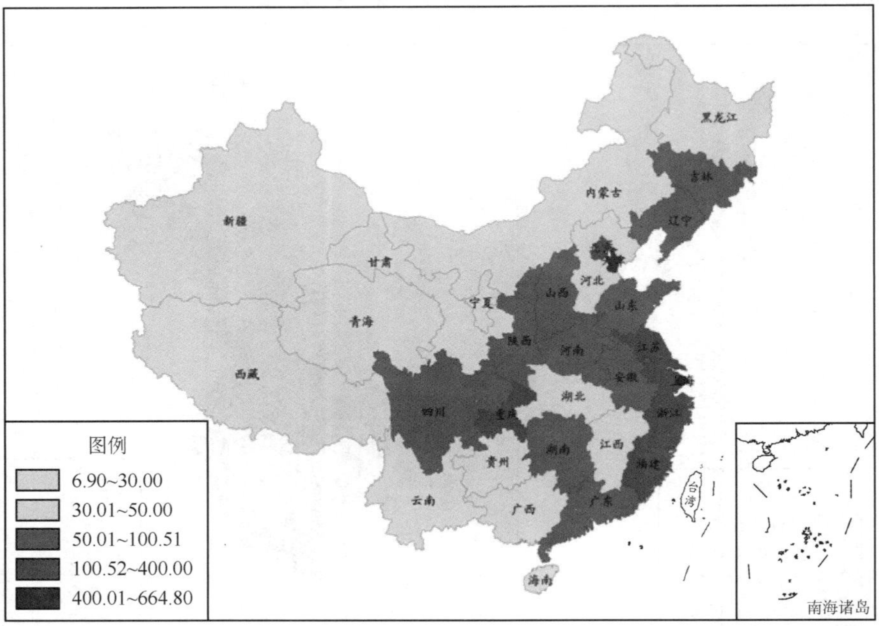

图 7-2　2006 年全国学术会议次数综合密度指数图

7.3　我国各级学术会议类科普旅游资源的省域分布

7.3.1　省级学会学术会议次数综合密度的省域分布

我国各省(区、市)省级学术会议次数综合密度平均值为 0.9，广东是全国省级学术会议次数综合密度指数最高的省(综合密度指数为 7.0)，排名第二位的为山东省(综合密度指数为 4.2)，最低的是海南省，其综合密度指数为 0。

2006 年，省级学术会议类科普旅游资源变异系数 $C \cdot V = 225.23\%$①；其首位度 $S = 1.78$②。全国省级学术会议次数变异系数大于 100%，说明我国各省份省级学术会议类科普旅游资源空间分布的总体差异显著。

以省级学术会议次数综合密度为衡量标准，全国省级学术会议活动分布最显著特征是地区发展不均衡，全国仅有 7 个省份省级学术会议活动综合密度指数高于全国平均值。

---

① 省级学术会议次数变异系数 $C \cdot V$ 计算公式为公式(2-2)，其中 x 为 2006 年各省省级学术会议次数，$\bar{x}$ 为各省省级学术会议次数均值。

② 首位度计算公式为公式(2-4)，其中 P_1 为 2006 年广东省省级学术会议次数；P_2 为山东省省级学术会议次数。

我国31个省(区、市)在考虑其当年人口数和行政区域面积的情况下，按其省级学术会议次数综合密度指数分为五类：第一类为省级学术会议活动密度最低的地区，第五类则为省级学术会议活动最密集的地区，略低于全国平均值的为第二类，略高于全国平均值的为第四类，第三类则为与全国平均值接近的省份。

第一类其省级学会学术会议次数综合密度指数小于0.10，分别为：内蒙古、新疆、甘肃、山西、江西和海南。其中海南省没有省级学会学术会议的统计，故其综合密度指数为0，这6个省(区)是全国省级学术会议活动密度最低的区域。

第二类其省级学会学术会议次数综合密度指数为0.11～0.30，分别为：陕西、青海、四川、河南、江苏、云南和湖南。这7个省的省级学术会议次数综合密度指数均低于全国平均值，是省级学术会议活动低密度地区。

第三类其省级学会学术会议次数综合密度指数为0.31～0.90，分别为：天津、黑龙江、吉林、辽宁、河北、安徽、湖北、西藏、贵州、广西和福建。这11个省(区、市)的省级学会学术会议活动次数综合密度指数与全国平均数接近。

第四类其省级学会学术会议次数综合密度指数为0.91～4.00，分别为：北京、上海、重庆、宁夏和浙江。这5个省(市)的省级学会学术会议次数综合密度指数均高于全国平均值，是我国省级学会学术会议活动相对密集的区域。

第五类其省级学会学术会议次数综合密度指数为4.01～7.00，仅有山东省和广东省属于第五类，其综合密度指数远远高于全国其他省份，是我国省级学会学术会议活动密度最高的地区(图7-3)。

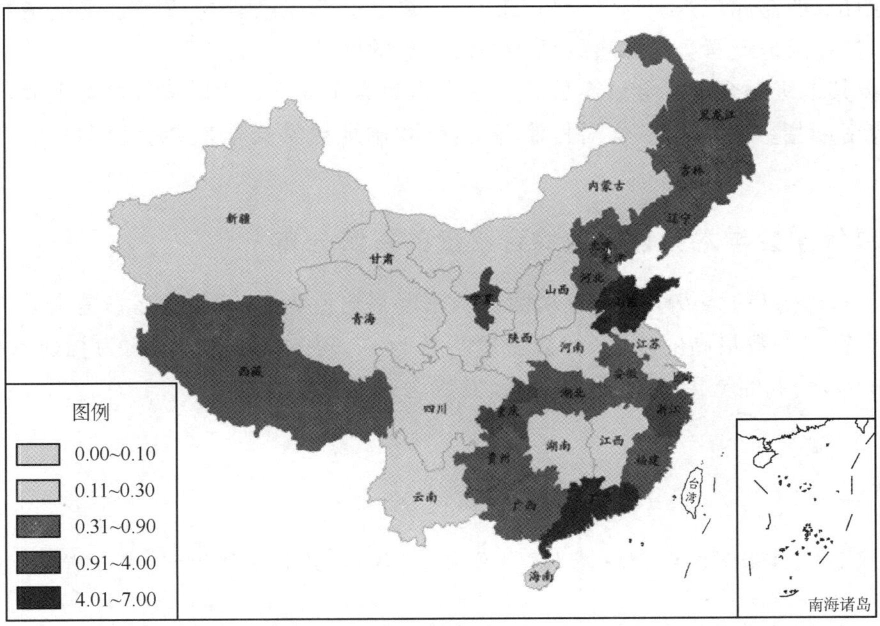

图7-3　2006年我国省级学会学术会议次数综合密度图

7.3.2　地级学会学术会议次数综合密度的省域分布

我国各省(区、市)地级学术会议次数综合密度平均值为20.23，上海市是全国地级学术会议次数综合密度指数最高的地区(综合密度指数为217.70),排名第二位的为江苏省(综合密度指数为65.70),最低的是西藏自治区和海南省,其综合密度指数为0①。

2006年,地级学术会议类科普旅游资源变异系数 $C \cdot V = 120.36\%$②;其首位度 $S = 1.12$③。全国地级学术会议次数变异系数大于100%,说明我国各省地级学术会议类科普旅游资源空间分布的总体差异较显著。

我国31个省(区、市)在考虑其当年人口数和行政区域面积的情况下,按其地级学术会议次数综合密度指数分为五类:第一类为地级学术会议活动密度最低的地区,第五类则为地级学术会议活动最密集的地区,略低于全国平均值的为第二类,略高于全国平均值的为第四类,第三类则为与全国平均值接近的省份。

第一类其地级学会学术会议次数综合密度指数小于3.00,分别为:天津、吉林、内蒙古、西藏、青海、宁夏、贵州、江西和海南。其中,西藏自治区和海南省没有地级学会学术会议的统计,故其综合密度指数为0,这9个省(区、市)是全国地级学会学术会议活动密度最低的区域。

第二类其地级学会学术会议次数综合密度指数为3.00~10.00,分别为:河北、新疆、甘肃、重庆、湖南和广西。这6个省(区)的地级学会学术会议次数综合密度指数均低于全国平均值,是地级学会学术会议活动低密度地区。

第三类其地级学会学术会议次数综合密度指数为10.01~20.23,分别为:黑龙江、辽宁、山西、陕西、安徽、湖北和福建。这7个省的地级学会学术会议活动次数综合密度指数与全国平均数接近。

第四类其地级学会学术会议次数综合密度指数为20.24~100.00,分别为:北京、山东、河南、江苏、四川、浙江和广东。这7个省(市)的地级学会学术会议次数综合密度指数均高于全国平均值,是我国地级学会学术会议活动相对密集的区域。

第五类其地级学会学术会议次数综合密度指数为100.01~217.70,仅有上海市属于第五类,其综合密度指数远远高于全国其他省份,是我国地级学会学术会议活动密度最高的地区(图7-4)。

7.3.3 县级学会学术会议次数综合密度的省域分布

我国各省(区、市)县级学术会议次数综合密度平均值为13.69,江苏省是全国县级学术会议次数综合密度指数最高的地区(综合密度指数为67.8),排名第二位的为福建省(综合密度指数为59.5),最低的是天津、西藏和青海,其综合密度指数为0④。

---

① 地级学术会议次数综合密度指数计算由公式(2-1)获得,其中 Q 为2006年我国省(区、市)地级学术会议次数。

② 地级学术会议次数变异系数 $C \cdot V$ 计算公式为公式(2-2),其中 x 为2006年各省地级学术会议次数,$\bar{x}$ 为各省地级学术会议次数均值。

③ 首位度计算公式为公式(2-4),其中 P_1 为2006年上海市地级学术会议次数;P_2 为四川省地级学术会议次数。

④ 县级学术会议次数综合密度指数计算由公式(2-1)获得,其中 Q 为2006年我国省(区、市)县级学术会议次数。

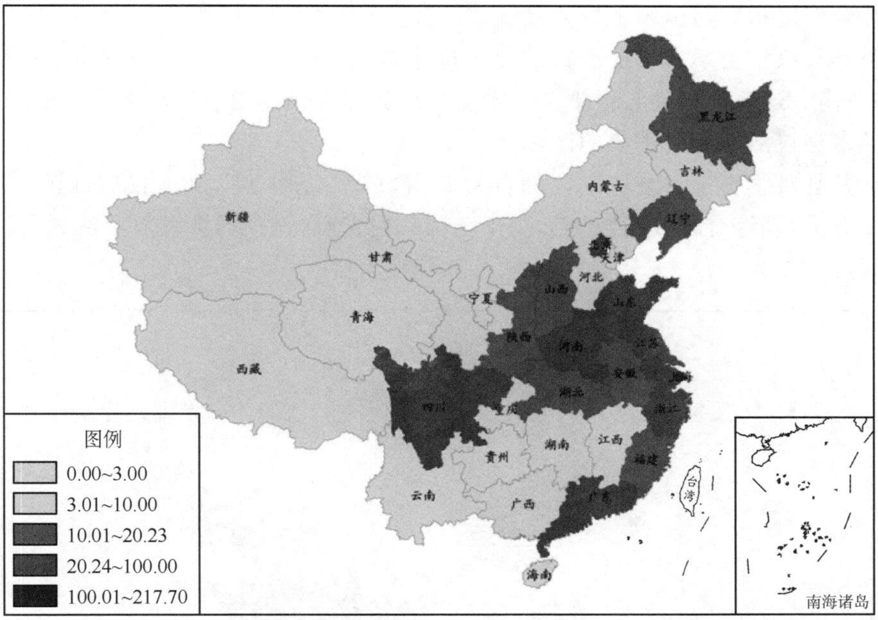

图 7-4　2006 年我国地级学会学术会议次数综合密度分布图

2006 年，县级学术会议类科普旅游资源变异系数 $C \cdot V=120.08\%$①；其首位度 $S=1.48$②。全国县级学术会议次数变异系数大于 100%，说明我国各省（区、市）县级学术会议类科普旅游资源空间分布的总体差异显著。

以县级学术会议次数综合密度为衡量标准，全国县级学术会议活动分布最显著特征是东部沿海地区是我国县级学会学术会议密集地区，全国县级学会学术会议次数综合密度指数最高的三个省（江苏、浙江和福建）全部集中于这一地区。

我国 31 个省（区、市）在考虑其当年人口数和行政区域面积的情况下，按其县级学术会议次数综合密度指数分为五类：第一类为县级学会学术会议活动密度最低的地区，第五类则为县级学会学术会议活动最密集的地区，略低于全国平均值的为第二类，略高于全国平均值的为第四类，第三类则为与全国平均值接近的省份。

第一类其县级学会学术会议次数综合密度指数小于 1.00，分别为：北京、天津、新疆、西藏和青海。其中，天津、西藏和青海没有县级学会学术会议的统计，故其综合密度指数为 0，这 5 个地区是全国县级学会学术会议活动密度最低的区域。

第二类其县级学会学术会议次数综合密度指数为 1.01～5.00，分别为：黑龙江、吉林、内蒙古、宁夏、江西、云南和贵州。这 7 个省（区）的县级学会学术会议次数综合密度指数均低于全国平均值，是县级学会学术会议活动低密度地区。

第三类其县级学会学术会议次数综合密度指数为 5.01～13.69，分别为：上海、重庆、辽宁、河北、山西、陕西、甘肃、安徽、河南、湖北和广西。这 11 个省（区、市）的县级学会学术会议

---

① 县级学术会议次数变异系数 $C \cdot V$ 计算公式为公式(2-2)，其中 x 为 2006 年各省县级学术会议次数，$\bar{x}$ 为各省县级学术会议次数均值。

② 首位度计算公式为公式(2-4)，其中 P_1 为 2006 年江苏省县级学术会议次数；P_2 为浙江省县级学术会议次数。

活动次数综合密度指数与全国平均数接近。

第四类其县级学会学术会议次数综合密度指数为 13.70～30.00，分别为：山东、四川、湖南、广东和海南。这 5 个省的县级学会学术会议次数综合密度指数均高于全国平均值，是我国县级学会学术会议活动相对密集的区域。

第五类其县级学会学术会议次数综合密度指数为 30.01～67.80，仅有江苏、浙江和福建三省属于第五类，其综合密度指数远远高于全国其他省份，是我国县级学会学术会议活动密度最高的地区（图 7-5）。

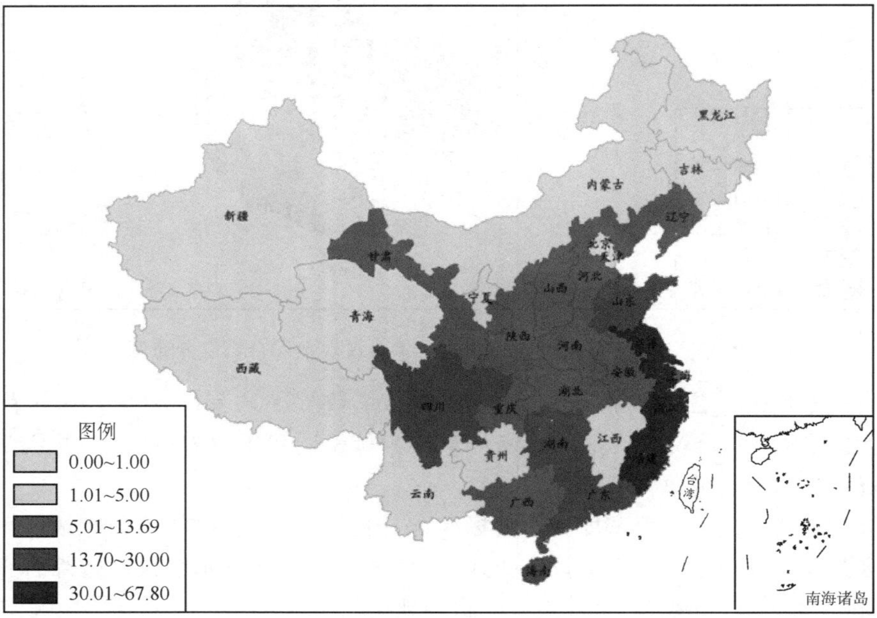

图 7-5　2006 年我国县级学会学术会议次数综合密度分布图

7.3.4　国内学会学术会议次数综合密度的省域分布

我国各省（区、市）国内学术会议次数综合密度平均值为 63.01，天津市是全国国内学术会议次数综合密度指数最高的地区（综合密度指数为 413.6），排名第二位的为上海市（综合密度指数为 411），最低的是内蒙古自治区，其综合密度指数仅为 2.3①。

以国内学术会议次数综合密度为衡量标准，全国国内学术会议活动分布最显著特征是直辖市是我国国内学会学术会议密集地区，北京、天津和上海是全国国内学会学术会议次数综合密度指数最高的地区，此外，重庆市国内学术会议次数综合密度指数为 99.20 也高于全国平均值。

2006 年，国内学术会议类科普旅游资源变异系数 $C \cdot V = 94.58\%$②；其首位度 $S=$

---

① 国内学术会议次数综合密度指数计算由公式（2-1）获得，其中 Q 为 2006 年我国省（区、市）国内学术会议次数。

② 国内学术会议次数变异系数 $C \cdot V$ 计算公式为公式（2-2），其中 x 为 2006 年各省国内学术会议次数，$\bar{x}$ 为各省国内学术会议次数均值。

1.12①。国内学术会议次数变异系数接近100%，国内学术会议类科普旅游资源空间分布的总体差异较显著。

我国31个省(区、市)在考虑其当年人口数和行政区域面积的情况下，按其国内学术会议次数综合密度指数分为五类：第一类为国内学术会议活动密度最低的地区，第五类则为国内学术会议活动最密集的地区，略低于全国平均值的为第二类，略高于全国平均值的为第四类，第三类则为与全国平均值接近的省份。

第一类其国内学术会议次数综合密度指数小于15.00，分别为：内蒙古、新疆、西藏、青海、甘肃、河南和云南。其中内蒙古自治区的国内学术会议综合密度指数仅为2.3，是全国平均值的3.7%。这7个省(区)是全国国内学会学术会议活动密度最低的区域。

第二类地区其国内学术会议次数综合密度指数为15.01～30.00，分别为：黑龙江、河北、宁夏、山东、安徽、四川、湖北、江西、贵州、广西和海南。这11个省(区)的国内学术会议次数综合密度指数均低于全国平均值，是国内学会学术会议活动低密度地区。

第三类其国内学术会议次数综合密度指数为30.01～63.01，分别为：吉林、辽宁、山西、陕西、江苏、湖南和广东。这7个省的国内学术会议活动次数综合密度指数与全国平均数接近。

第四类其国内学术会议次数综合密度指数为63.02～200.00，分别为：浙江、福建和重庆。这3个省(市)的国内学术会议次数综合密度指数均高于全国平均值，是我国国内学术会议活动相对密集的区域。

第五类其国内学术会议次数综合密度指数为200.01～413.60，仅有北京、天津和上海三个直辖市属于第五类，其综合密度指数远远高于全国其他省份，是我国国内学术会议活动密度最高的地区(图7-6)。

7.3.5　国际学会学术会议次数综合密度的省域分布

我国各省(区、市)国际学术会议次数综合密度平均值为2.68，上海市是全国国际学术会议次数综合密度指数最高的地区(综合密度指数为25.8)，排名第二位的为北京市(综合密度指数为13.4)，最低的是河南、青海和宁夏，其综合密度指数均为0②。

以国际学术会议次数综合密度为衡量标准，全国国际学术会议活动分布最显著特征是直辖市是我国国际学术会议密集地区，北京、上海、天津和重庆是全国国际学术会议次数综合密度指数最高的地区。

2006年，国际学术会议类科普旅游资源变异系数 $C \cdot V = 123.20\%$③；其首位度 $S=1.19$④。国际学术会议次数变异系数接近100%，国际学术会议类科普旅游资源空间分布的总体差异较显著。

---

① 首位度计算公式为公式(2-4)，其中 P_1 为2006年北京市国内学术会议次数；P_2 为上海市国内学术会议次数。

② 国际学术会议次数综合密度指数计算由公式(2-1)获得，其中 Q 为2006年我国省(区、市)国际学术会议次数。

③ 国际学术会议次数变异系数 $C \cdot V$ 计算公式为公式(2-2)，其中 x 为2006年各省国际学术会议次数，$\bar{x}$ 为各省国际学术会议次数均值。

④ 首位度计算公式为公式(2-4)，其中 P_1 为2006年上海市国际学术会议次数；P_2 为北京市国际学术会议次数。

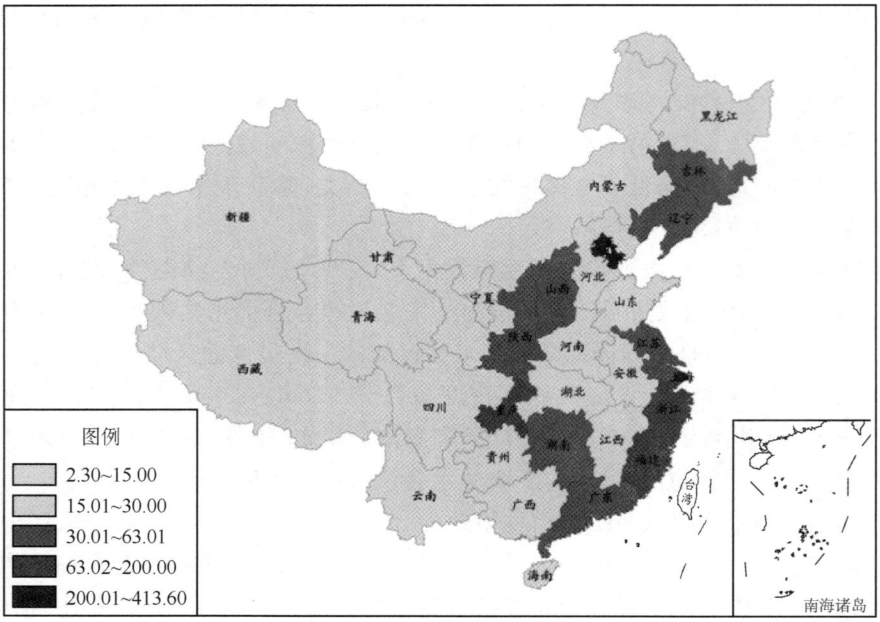

图 7-6　2006 年全国学会国内学术会议次数综合密度分布图

我国 31 个省(区、市)在考虑其当年人口数和行政区域面积的情况下,按其国际学术会议次数综合密度指数分为五类:第一类为国际学术会议活动密度最低的地区,第五类则为国际学术会议活动最密集的地区,略低于全国平均值的为第二类,略高于全国平均值的为第四类,第三类则为与全国平均值接近的省份。

第一类其国际学术会议次数综合密度指数小于 0.50,分别为:内蒙古、新疆、西藏、青海、河北、河南和广西。其中,河南、青海和宁夏的国际学术会议综合密度指数为 0。这 7 个省(区)是全国国际学术会议活动密度最低的区域。

第二类其国际学术会议次数综合密度指数为 0.51～1.00,分别为:吉林、甘肃、山东、四川、云南、贵州、湖南、江西、福建和海南。这 10 个省的国际学术会议次数综合密度指数均低于全国平均值,是国际学术会议活动低密度地区。

第三类其国际学术会议次数综合密度指数为 1.01～2.68,分别为:黑龙江、山西、陕西、江苏、安徽、湖北和广东。这 7 个省的国际学术会议活动次数综合密度指数与全国平均数接近。

第四类其国际学术会议次数综合密度指数为 2.69～15.00,分别为:北京、天津、重庆、辽宁和浙江。这 5 个省(市)的国际学术会议次数综合密度指数均高于全国平均值,是我国国际学术会议活动相对密集的区域。

第五类其国际学术会议次数综合密度指数为 15.01～25.80,仅有上海市属于第五类,其综合密度指数远远高于全国其他省份,是我国国际学术会议活动密度最高的地区(图 7-7)。

7.4　学术会议类科普旅游资源的相对比较优势

通过 RCA 法计算 2006 年我国各省(区、市)学术会议类科普旅游资源的相对比较优势。各(区、市)计算结果以 1 为分界,当 $RCA_{ij}>1$,则说明 i 地区第 j 类学术会议类科普旅游资源

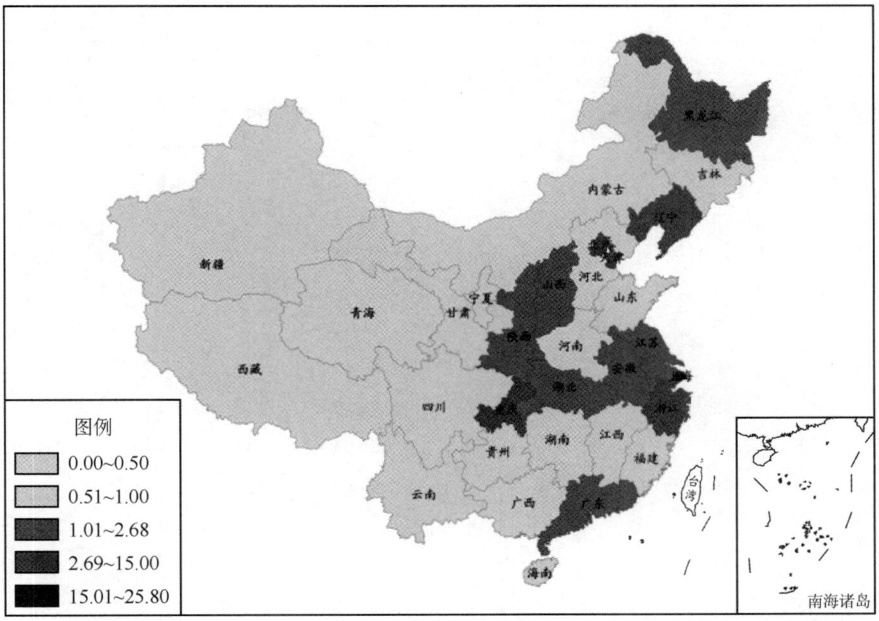

图 7-7 2006 年全国国际学术会议次数综合密度分布图

具有显示比较优势；如果 $RCA_{ij}<1$，则说明 i 地区第 j 类学术会议类科普旅游资源不具有显示比较优势。如果某地 RCA_{ij} 不只一项大于 1，则选择 RCA_{ij} 为最大值的类型作为最具有比较优势的学术会议类科普旅游资源（表 7-3）①。

表 7-3 2006 年我国学术会议类科普旅游资源相对比较优势

	RCA 省级	RCA 地级	RCA 县级	RCA 国内会议	RCA 国际会议
北 京	0.40	0.28	0.01	1.68	1.76
天 津	0.17	0.02	0.00	1.85	0.91
河 北	0.56	0.60	1.29	1.11	0.58
山 西	0.65	0.90	0.92	1.09	0.93
内蒙古	0.60	1.22	2.10	0.54	0.31
辽 宁	0.29	0.88	0.68	1.14	2.13
吉 林	0.80	0.34	0.27	1.61	0.42
黑龙江	0.65	1.45	0.55	0.92	1.77
上 海	0.43	1.32	0.05	1.18	1.65
江 苏	0.10	1.39	1.88	0.55	0.38
浙 江	0.62	0.88	1.60	0.84	1.29
安 徽	0.43	1.30	1.05	0.86	0.82
福 建	0.26	0.51	2.15	0.87	0.22

① 各省（区、市）学术会议类科普旅游资源相对比较优势系数（RCA）由公式（2-5）计算得出，其中 X_{ij} 为 2006 年 i 地区第 j 类学术会议次数；$\sum_{j} X_{ij}$ 表示全国 j 类学术会议次数；$\sum_{i} X_{ij}$ 为 i 地区拥有全部学术会议次数；$\sum_{i}\sum_{j} X_{ij}$ 为全国学术会议总次数。

续表

	RCA 省级	RCA 地级	RCA 县级	RCA 国内会议	RCA 国际会议
江西	0.29	0.24	0.62	1.50	1.21
山东	4.07	1.66	1.40	0.50	0.42
河南	0.36	2.37	1.01	0.41	0.00
湖北	1.03	0.88	1.20	0.95	1.69
湖南	0.24	0.52	1.60	1.04	0.68
广东	5.97	0.91	1.56	0.74	0.74
广西	0.78	0.93	1.24	0.97	0.51
海南	0.00	0.00	2.23	1.06	0.72
重庆	1.05	0.31	0.53	1.46	1.71
四川	0.25	1.90	0.96	0.62	0.66
贵州	1.46	0.31	0.90	1.34	1.34
云南	0.61	0.23	1.07	1.33	1.44
西藏	3.31	0.00	0.00	1.75	1.73
陕西	0.27	0.92	0.86	1.11	0.90
甘肃	0.30	0.97	1.30	0.93	0.92
青海	1.89	0.19	0.00	1.77	0.00
宁夏	4.60	0.23	0.60	1.47	0.00
新疆	1.31	1.88	0.51	0.74	1.37

(数据来源：中国科学技术协会，2007)

以我国学术会议类科普旅游资源 RCA_{ij} 值为衡量标准，将我国各省(区、市)分为 5 类：一类为省级学术会议资源具有相对比较优势的地区；第二类为地级学术会议资源具有相对比较优势的地区；第三类为县级学术会议资源具有相对比较优势的地区；第四类为国内学术会议资源具有相对比较优势的地区；第五类为国际学术会议资源具有相对比较优势的地区。

仅考虑各省(区、市)拥有学术会议的资源条件，我国各省(区、市)最适合开展的学术会议科普旅游的内容有所不同：

①发展省级学术会议科普旅游更具有优势的为：山东、西藏、青海、宁夏、贵州和广东；

②发展地级学术会议科普旅游更具有优势的为：河南、安徽、四川和新疆；

③发展县级学术会议科普旅游更具优势的为：内蒙古、河北、甘肃、陕西、江苏、浙江、福建、湖南、广西和海南省；

④发展国内学术会议科普旅游更具优势的为：天津、吉林、山西和江西；

⑤发展国际学术会议科普旅游更具优势的为：北京、上海、重庆、黑龙江、辽宁、湖北和云南(图 7-8)。

7.5 小结

(1)我国学术会议活动总量非常丰富，国内学术会议是最重要的组成部分，其次是地级学会学术会议，而省级学会学术会议次数所占比重最小。

以学术会议次数为衡量标准，我国各省(区、市)学术会议类科普旅游资源空间分布的总体

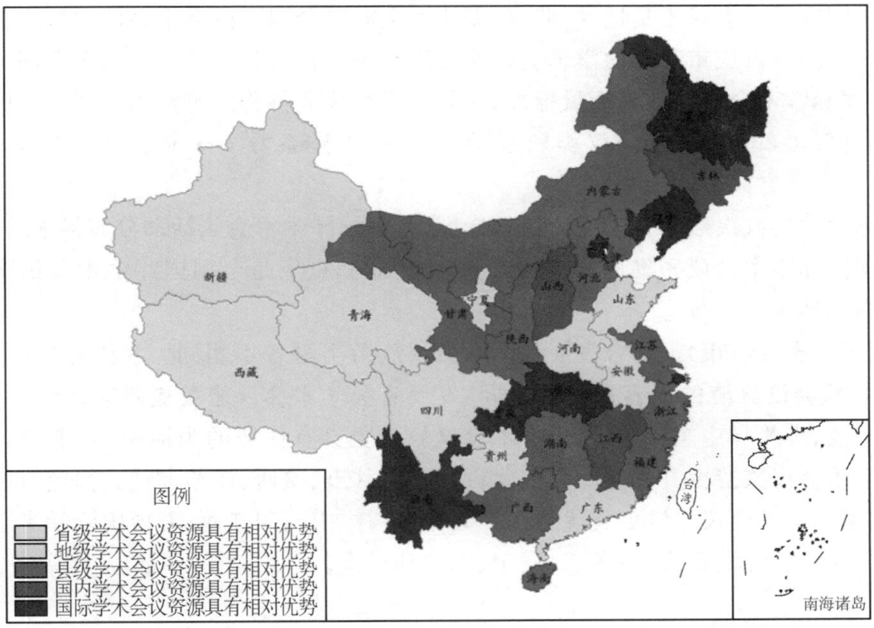

图 7-8　2006 年我国学术会议类科普旅游资源相对比较优势分布图

差异较为显著。2006 年，全国学术会议次数变异系数 $C \cdot V=82.86\%$；其首位度 $S=1.25$。全国学术会议类科普旅游资源在空间上分布最显著的特征是东部沿海地区集中。

以综合密度指数为衡量标准，全国学术会议次数分布有两个显著特征：一是直辖市综合密度高，其中上海和天津是我国学术会议活动密度最高的地区；二是东部沿海地区密度高。

(3)以省级学术会议次数为衡量标准，我国各省省级学术会议类科普旅游资源空间分布的总体差异显著。2006 年，省级学术会议类科普旅游资源变异系数 $C \cdot V=225.23\%$，其首位度 $S=1.78$。

以省级学术会议次数综合密度为衡量标准，全国省级学术会议活动分布最显著特征是地区发展不均衡，全国仅有 7 个省份的省级学术会议活动综合密度指数高于全国平均值。

(4)以地级学术会议次数为衡量标准，我国各省份地级学术会议类科普旅游资源空间分布的总体差异较显著。2006 年，地级学术会议类科普旅游资源变异系数 $C \cdot V=120.36\%$，其首位度 $S=1.12$。

(5)以县级学术会议次数为衡量标准，我国各省份县级学术会议类科普旅游资源空间分布的总体差异较显著。2006 年，县级学术会议类科普旅游资源变异系数 $C \cdot V=120.08\%$，其首位度 $S=1.48$。

以县级学术会议次数综合密度为衡量标准，全国县级学术会议活动分布最显著特征是，东部沿海地区是我国县级学会学术会议密集地区，全国县级学会学术会议次数综合密度指数最高的三个省(江苏、浙江和福建)全部集中于这一地区。

(6)以国内学术会议次数为衡量标准，国内学术会议类科普旅游资源空间分布的总体差异较显著。2006 年，国内学术会议类科普旅游资源变异系数 $C \cdot V=94.58\%$，其首位度 $S=1.12$。

以国内学术会议次数综合密度为衡量标准，全国国内学术会议活动分布最显著特征是：直辖市是我国国内学术会议密集地区，北京、天津和上海是全国国内学术会议次数综合密度指数最高的地区，此外，重庆市其国内学术会议次数综合密度指数为 99.20 也高于全国平均值。

(7)以国际学术会议次数为衡量标准，国际学术会议类科普旅游资源空间分布的总体差异较显著。2006 年，国际学术会议类科普旅游资源变异系数 $C \cdot V = 123.20\%$，其首位度 $S = 1.19$。

以国际学术会议次数综合密度为衡量标准，全国国际学术会议活动分布最显著特征是，直辖市是我国国际学术会议密集地区，北京、上海、天津和重庆是全国国际学术会议次数综合密度指数最高的地区。

(8)我国各省(区、市)最适合发展的学术会议旅游类型各不相同。我国各省(区、市)最适合开展的学术会议旅游的内容也有所不同：发展省级学术会议旅游更具有优势的为山东、西藏、青海、宁夏、贵州和广东；发展地级学术会议旅游更具有优势的为河南、安徽、四川和新疆；发展县级学术会议旅游更具优势的为内蒙古、河北、甘肃、陕西、江苏、浙江、福建、湖南、广西和海南；发展国内学术会议旅游更具优势的为天津、吉林、山西和江西；发展国际学术会议旅游更具优势的为北京、上海、重庆、黑龙江、辽宁、湖北和云南。

第8章
我国科普旅游者决策行为研究

通常认为，对现代科技感兴趣的群体更倾向于关注或参加科普旅游活动。普遍认为，公众参加科普旅游的动机来源于对现代科学知识的需求。因此，研究科普旅游者决策行为的前提，是分析我国公众对待现代科学知识的态度，由此判断我国公众在多大比例和程度上具有科普旅游的需求。

需要指出的是，出于了解科普旅游者决策行为可能存在的年际变化的目的，特将2007年的“科技周”和“科普开放日”期间获取的问卷调查数据和信息与历年关于科普旅游者决策行为的统计数据进行对比分析。

8.1　我国公众对科普旅游的态度

按照我国公众对现代科技感兴趣的程度不同，可以将我国公众分为：漠视群体、兴趣群体、关注群体和科普旅游者。漠视群体对现代科技知识不感兴趣，通常认为漠视群体对科普旅游的兴趣也很低；兴趣群体是指对现代科学技术比较感兴趣，但距离成为真正的科普旅游者尚有差距的人群；而关注群体为对现代科技知识非常感兴趣的人群，一般认为关注群体比较有可能成为现实的科普旅游者；而科普旅游者则是指曾接触过科普旅游设施，参与过科普旅游活动的群体。

8.1.1　2001年我国公众对现代科学知识的态度

我国公众对现代科学技术感兴趣的程度在逐年变化。据2001年我国公众科学素养调查显示，我国公众对有关科学技术的报道、话题感兴趣的比例为31.04%，比较感兴趣的比例为47.94%，毫无兴趣的比例很低，仅为5.2%。由此看出，2001年我国大多数公众是科普旅游的关注群体和兴趣群体；但仍有相当多的公众属于科普旅游漠视群体，其比重高达20.73%（表8-1）。

表8-1　2001年我国公众对现代科学技术感兴趣的程度分布(%)

	很感兴趣	比较感兴趣	不太感兴趣	毫无兴趣
分布比例	31.04	47.94	15.51	5.2

（数据来源：李大光，2002）

8.1.2 2003年我国公众对现代科学知识的态度

2003年的调查显示，我国公众对现代科技知识感兴趣的比例为53.7%，表示比较感兴趣的比例为29.0%。由此看出，与2001年相比，2003年我国公众中科普旅游的关注群体和兴趣群体比重增至82.7%。与此同时，对现代科技知识感兴趣程度不高的漠视科普旅游的群体比重也有所下降，从2001年的20.7%下降为17.3%。这表明科普旅游已经越来越被我国公众了解和接受(表8-2)。

表8-2 2003年我国公众对现代科技知识感兴趣的程度分布(%)

	感兴趣	比较感兴趣	不感兴趣
分布比例	53.7	29.0	17.3

(数据来源：中国公众科学素养调查课题组，2004)

8.1.3 2007年我国公众对现代科学知识的态度

作者于2007年5月19—20日"科技周"期间在中国科学院奥运村科学园区进行调查工作，最终收回问卷520份，其中有效问卷444份，有效问卷占问卷总量的85.4%(无效问卷包括重要信息回答不完全、回答内容完全相同、抗议性回答等问卷)。

对调研的问卷统计显示，2007年，收回有效问卷的444名受访者中，仅3名(0.7%)对科普旅游完全没兴趣，与之相对的是有170名(38.3%)表示对科普旅游非常感兴趣。此外，196名受访者(44.1%)表示对科普旅游感兴趣，由此可以判定，我国大部分公众具有科普旅游的需求(表8-3)。

表8-3 2007年我国公众对现代科学知识感兴趣程度分布

对现代科学知识感兴趣程度	选择频数	百分比(%)
完全没兴趣	3	0.7
没兴趣	11	2.5
一般	64	14.4
感兴趣	196	44.1
非常感兴趣	170	38.3

8.2 我国公众对科普旅游内容的偏好

8.2.1 2001年我国公众对科普旅游内容的偏好

2001年的调查显示，我国公众对科普旅游感兴趣的主要方面存在偏好。其中，对涉及农业科技最感兴趣，有38.3%的公众表示对农业相关科技很感兴趣。对科学新发现和军事国防类相关科技感兴趣的公众比例分别为36.83%和32.14%。仅有9.69%的公众对原子能相关科技表示出兴趣。

对科普旅游内容"漠视群体"最大的为原子能相关科技，其比例高达26.93%；此外，空间探索类"漠视群体"比例也较大，为22.88%(表8-4)。

表8-4　2001年公众对各领域科技信息感兴趣的程度(%)

领域	很感兴趣	比较感兴趣	不太感兴趣	毫无兴趣
农业问题	38.30	36.90	18.11	6.70
科学新发现	36.83	40.60	17.25	5.31
军事与国防	32.14	34.41	22.02	11.43
新技术应用	30.08	43.34	19.53	7.06
环境污染	29.69	41.51	19.80	8.98
医学新发现	26.62	41.37	24.05	7.96
防灾与减灾	25.91	43.80	21.04	9.25
经济与商业状况	17.13	36.11	31.66	15.10
空间探索	14.82	25.97	36.33	22.88
原子能	9.69	24.08	39.28	26.93

(数据来源：李大光，2002)

8.2.2　2003年我国公众对科普旅游内容的偏好

2003年，我国公众超过半数(57%左右)对科学新发现感兴趣。对新技术应用信息感兴趣的公众很高，达到56%，有29%的人认为自己对新技术信息感兴趣的程度一般，15%左右的人对新技术信息不感兴趣。约1/3的人认为自己感兴趣的程度一般，还有将近1/5的人认为自己不感兴趣。由各种信息感兴趣程度的比较来看，我国公众对科学新发现和新技术的应用感兴趣程度分别排在第三位和第四位(比例均超过半数)。我国公众对科技信息的感兴趣程度总体很高(表8-5)。

表8-5　2003年我国公众对各领域现代科技感兴趣的程度分布(%)

领域	感兴趣	一般	不感兴趣
科学新发现	56.8	27.0	16.2
新技术的应用	55.6	29.0	15.4

(资料来源：中国公众科学素养调查报告课题组，2004)

8.2.3　2004年我国公众对科普旅游内容的偏好

本次调查表明，在问及公众对哪些信息感兴趣时，健康与卫生保健、环境污染治理分别占被调查者的78.2%和60.6%；其次则是医学进展、计算机及网络的发展状况、国内外科技发展新动态、新技术的应用、与文化娱乐相关的科技进展、国防科技新进展等，分别占被调查者的50.5%、47.2%、43.5%、40.3%、40.0%和35.9%(表8-6)。

表8-6　2004年公众对不同领域科技信息感兴趣程度(%)

领域	感兴趣	一般	不感兴趣
国内外科技发展新动态	43.5	34.5	22
新技术的应用	40.3	35.7	24
计算机及网络的发展状况	47.2	29.4	23.4

续表

领域	感兴趣	一般	不感兴趣
航天新进展	31.2	36.1	32.7
医学新科技进展	50.5	28.1	21.4
国防新科技进展	35.9	33.5	30.6
与文化娱乐相关的科技进展	40.0	34.7	25.3
工业生产形势	17.0	42.3	40.7
农业生产形势	16.2	42.1	41.7
环境污染与治理	60.6	25	14.4
健康卫生保健	78.2	16.2	5.6
科学技术史	23.4	42.5	34.1
科学家轶事	33.9	36.1	30

（资料来源：中国科普研究所，2006）

8.2.4 2005 年我国公众对科普旅游内容的偏好

2005 年的调查结果表明，我国公众对科学新发现、新技术的应用和医学新进展等科技发展信息的感兴趣比例分别达到 54.5%、50.9%和 45.9%。除科技发展信息以外，排在公众最感兴趣前三位的其他信息分别是健康与卫生保健（73.1%）、农业发展（58.1%）和国家经济发展（53.5%）。其次，约半数的公众对防灾与减灾（50.0%）、生产适用技术（49.7%）、环境污染与治理（49.2%）、文化与科技教育（49.1%）等与生活、工作贴近的信息也表示很感兴趣。但对于空间探索（15.4%）、国际与外交政策（34.3%）和军事与国防（39.6%）等信息的感兴趣比例相对较低（表 8-7）。

表 8-7 2005 年我国公众对各领域科技信息的感兴趣程度(%)

	健康与卫生保健	农业发展	科学新发现	国家经济发展	新技术的应用	防灾与减灾	生产适用技术	环境污染与治理	文化与科技教育	医学新进展	体育与娱乐	军事与国防	国际与外交政策	空间探索
公众对信息的感兴趣比例	73.1	58.1	54.5	53.5	50.9	50.0	49.7	49.2	49.1	45.9	45.8	39.6	34.3	15.4

（资料来源：中国科普研究所，2007）

8.2.5 2007 年我国公众对科普旅游内容的偏好

2007 年"科技周"期间针对 444 名科普旅游者的调查表明，我国公众对科普旅游内容和领域具有偏好。调查发现：重大科技进展最受关注，受访者选择频数为 239 次，其比例为 53.8%。重大科技事件和科学研究对自己生活的影响受到的关注度也较大，分别达到 172 次和 161 次（图 8-1）。

2007 年的调查中（调查问卷中该选项为多选），科普旅游者对科普旅游涉及的学科领域存在偏好，受访者最关注的学科领域依次为生物、地理、天文和医学。生物学共计 160 次被选，占总选择频数(928次)的17.24%;地理学共计159次被选,处于第二位;物理、化学和其他学科被选率较低(图8-2)。

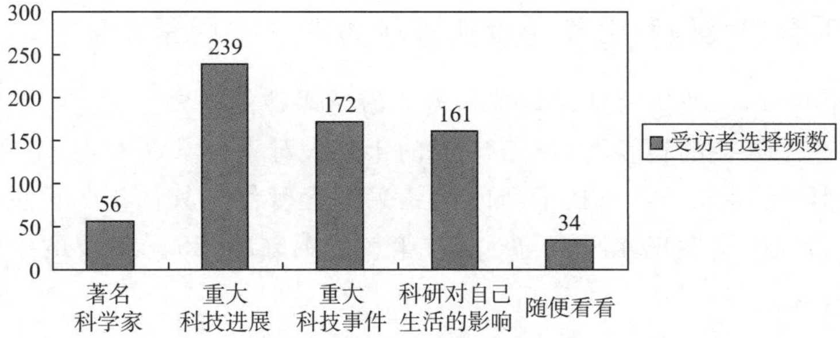

图8-1　2007年我国科普旅游者关注的科学研究内容

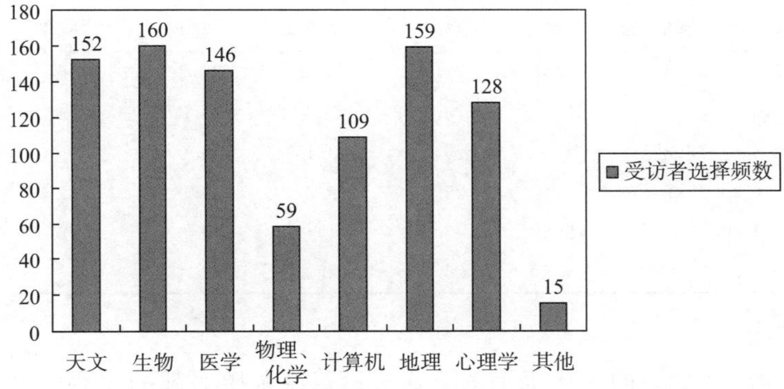

图8-2　2007年我国科普旅游者关注的科学研究领域

此外,我国科普旅游者对各类科技主题活动也存在偏好,对8类科技旅游活动中的调查显示,科技展览无疑是受访者最关注的,其选择频数250次,频率达33%。此外,具有交互式特点的科技制作和专业性较强的科技讲座也成为受访者重点关注对象,选择频数分别为126次和119次(图8-3)。

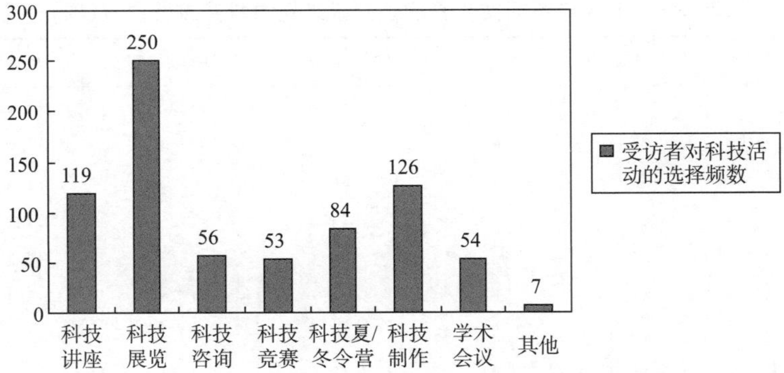

图8-3　2007年我国科普旅游者感兴趣的科技活动

8.3　影响科普旅游者决策行为的主要因素

影响科普旅游者决策行为的因素很多,但最基础的莫过于探讨科普旅游者主要社会学特征与其决策行为之间存在的可能联系。主要关注的科普旅游者的社会学特征通常为年龄、文化程度、职业状况、收入水平等。

8.3.1 2001年影响我国科普旅游者决策行为的主要因素

根据2001年的调查,我国公众对现代科普旅游感兴趣的主要方面与年龄相关。从各年龄段公众对新闻话题感兴趣的程度看,18～29岁的年轻人对于科学新发现、空间探索、原子能用于发电、军事与国防等科学和高新技术新闻的感兴趣程度优于其他年龄段的公众;50～69岁的中老年公众对新的医学发现和国际与外交政策较为感兴趣;20～49岁的中青年公众对经济与商业较感兴趣(表8-8)。

表8-8 2001年不同年龄段公众感兴趣的现代科技信息分布(%)

	科学新发现	新的医学发现	空间探索	防灾与减灾	原子能用于发电	农业问题	国际与外交政策	经济与商业状况	军事与国防
18～19岁	42.7	19.2	27.8	21.2	17.6	23.3	21.6	15.1	38.0
20～29岁	41.3	26.4	21.3	25.1	11.4	33.3	27.4	21.5	37.1
30～39岁	37.2	26.2	14.9	26.8	9.1	38.0	26.6	20.5	33.4
40～49岁	35.5	25.7	12.4	25.7	8.3	37.9	24.2	17.1	31.4
50～59岁	38.0	31.1	12.8	27.5	9.4	42.3	27.6	14.5	30.0
60～69岁	35.1	31.7	13.8	26.3	10.9	32.4	32.1	12.4	29.0

(数据来源:李大光,2002)

2001年的调查显示,不同文化水平的公众对科普旅游感兴趣的主要方面存在差异。我国文化程度较低的公众对农业问题和防灾与减灾比较感兴趣;文化程度较高的公众则对科学新发现、技术新发明和新技术的应用及环境污染等问题最为感兴趣。

通常认为,科普旅游的内容应该是尽量与游客生活关系密切的,但调查却发现,如果将感兴趣的问题分为距离我们的生活远的和近的两种的话,那么,文化程度越高的人越关心离生活远的问题,而文化程度越低的人则越关心离生活近的问题(表8-9)。

表8-9 2001年不同文化程度公众感兴趣的科普旅游内容(%)

	小学以下	小学	初中	高中或中专	大专	大学及以上
科学新发现	49.7	66.6	81.9	88.8	95.0	97.4
新发明新技术的应用	47.9	63.2	74.7	81.5	92.0	94.9
新的医学发现	60.1	65.7	66.7	63.7	58.4	57.1
科技教育	42.4	59.4	71.1	77.9	85.1	87.7
空间探索	15.2	25.0	38.6	54.5	71.2	79.3
防灾与减灾	52.5	65.2	71.5	75.8	82.4	80.8
环境污染	45.2	59.9	74.5	82.7	92.0	91.4
原子能用于发电	15.3	21.6	32.0	44.2	59.5	64.0
农业问题	72.6	81.0	75.8	68.3	64.9	74.8
国际与外交政策	30.6	48.2	66.0	76.7	85.8	89.7
经济与商业状况	25.2	38.4	54.3	65.5	77.4	81.0
军事与国防	37.2	54.7	70.5	77.8	82.8	86.4

(资料来源:李大光,2002)

8.3.2　2003 年影响我国科普旅游者决策行为的主要因素

2003 年的调查发现，我国不同年龄公众对科普旅游感兴趣的主要方面存在偏好。对科学新发现感兴趣程度的年龄差异显示，年龄对科学新发现的感兴趣程度有影响。年龄大小与感兴趣程度成反比，即年龄越大，感兴趣程度越低。年龄与对新技术应用感兴趣程度成反比。年龄越小的公众对新技术应用感兴趣的程度越高。这个趋势与对科学新发现感兴趣的趋势一致。对医学新进展感兴趣程度的年龄差异对医学新进展感兴趣的程度与年龄呈正向趋势，但是变化幅度并不很大。最年轻组与最年长组之间差距仅为 2 个百分点(表 8-10)。

表 8-10　2003 年我国不同年龄公众对科学技术兴趣程度的分布状况(%)

	科学新发现			新技术应用			医学新进展		
	感兴趣	一般	不感兴趣	感兴趣	一般	不感兴趣	感兴趣	一般	不感兴趣
18～29 岁	62.8	26.3	10.9	60.3	29.3	10.4	48.2	34.7	17.1
30～39 岁	57.1	30.1	12.8	56.8	30.7	12.5	46.9	33.5	19.5
40～49 岁	56.0	28.3	15.7	55.6	29.5	14.9	49.4	29.9	20.6
50～59 岁	54.2	24.3	21.2	54.5	25.6	19.9	50.6	26.6	22.8
60～69 岁	46.9	22.6	30.5	44.3	27.7	28.0	49.9	24.0	26.1

(数据来源:中国公众科学素养调查课题组,2004)

2003 年的调查显示，不同文化程度的我国公众对科普旅游感兴趣的主要方面存在差异。文化程度越高的公众对科学新发现越感兴趣。小学、初中、高中、大专和大学以上文化程度群体对科学新发现感兴趣的程度之间的差异都基本在 10%左右。教育程度与对科学新发现的感兴趣程度具有明显相关性。与对科学新发现感兴趣程度趋势一致，文化程度与对新技术应用感兴趣程度成正向趋势。对医学新进展感兴趣程度的文化程度差异很大。小学文化程度群体对医学新进展感兴趣的比例达到 46%左右，初中文化程度的接近半数，高中文化程度接近 60%，而大学以上文化程度的公众对医学新进展感兴趣的比例超过 70%(表 8-11)。

表 8-11　2003 年我国不同文化程度公众对科学技术感兴趣程度的分布状况(%)

	科学新发现			新技术应用			医学新进展		
	感兴趣	一般	不感兴趣	感兴趣	一般	不感兴趣	感兴趣	一般	不感兴趣
小学	51.1	28.5	20.4	52.5	28.3	19.1	45.7	28.4	26.0
初中	61.0	28.7	10.3	60.1	29.6	10.3	49.2	34.4	16.3
高中或中专	69.3	26.3	4.3	61.8	32.3	5.9	58.0	22.9	8.1
大专	76.5	20.1	3.5	68.6	25.2	6.2	64.8	28.6	6.7
大学及以上	86.5	12.0	1.5	77.7	20.7	1.7	71.7	25.7	2.5

(数据来源:中国公众科学素养调查课题组,2004)

8.3.3　2005 年影响我国科普旅游者决策行为的主要因素

2005 年在针对我国公众对待科学新发现、新技术应用和医学新进展的兴趣程度调查发现，我国不同年龄的公众对科普旅游感兴趣的主要方面存在差异。

对于科学新发现方面信息的感兴趣程度呈现出与年龄增长相反的趋势，18～29 岁的年轻人(57.7%)比60～69岁的老年人(46.8%)更感兴趣;同样,对于新技术的应用方面的信息,18～29岁的年轻人(52.4%)比60～69岁的老年人(43.3%)更感兴趣;但是对于医学新进展方面的信息,2005年我国公众感兴趣比例的年龄段差异却不明显(中国科普研究所,2006)。

2005年的调查显示,我国公众对于科学新发现方面的信息感兴趣的程度随着公众的文化程度越高,其感兴趣的比例也越高,小学以下文化程度公众感兴趣的比例(31.2%)不足大学及以上文化程度公众(77.3%)的一半。对于新技术的应用方面的信息感兴趣程度,公众的文化程度越高,其感兴趣的比例也越高,小学以下文化程度公众感兴趣的比例(30.8%)不足大学及以上文化程度公众感兴趣比例(70.4%)的一半。对于医学新进展方面的信息,公众感兴趣比例的文化程度的差异依然表现为文化程度越高,其感兴趣的比例也越高,小学以下文化程度公众感兴趣的比例(32.0%)不足大学及以上文化程度公众感兴趣比例(65.3%)的一半(中国科普研究所,2006)。

8.3.4 2007年影响我国科普旅游者决策行为的主要因素

2007年的问卷调查中发现,我国科普旅游者中仅有极少比例对科普场馆、野外科学台站等科普旅游资源不感兴趣。而表示"非常感兴趣"的科普旅游者中,野外科学台站的被选频数最大。

统计显示,2007年444名受访者中,仅5名(1.1%)对科普场馆完全没兴趣,与之相对的是有88名(19.8%)表示对科普场馆非常感兴趣。此外,223名受访者(50.2%)表示对科普场馆感兴趣。结合我国公众对科普场馆的了解程度看,科普场馆是我国目前科普旅游的重要组成部分(表8-12)。

表8-12 2007年我国公众对科普场馆感兴趣程度

对科普场馆的态度	选择频数	比例(%)
完全没有兴趣	5	1.1
没有兴趣	15	3.4
一般	113	25.5
感兴趣	223	50.2
非常感兴趣	88	19.8
总计	444	100.0

对受访者关于野外科学台站类科普旅游资源的调查显示:2007年444名受访者中,仅8名(1.8%)对野外台站完全没兴趣,与之相对的是有120名(27.0%)表示对野外台站非常感兴趣。此外,203名受访者(45.7%)表示对野外台站感兴趣(表8-13)。

表8-13 2007年我国公众对野外台站类科普旅游资源感兴趣的程度

对待野外台站的态度	选择频数	比例(%)
完全没有兴趣	8	1.8
没有兴趣	17	3.8
一般	96	21.6
感兴趣	203	45.7
非常感兴趣	120	27.0
总计	444	100.0

科普旅游者对实验室类的感兴趣程度也较高，调查统计显示，2007年444名受访者中，仅8名(1.8%)对科学实验室完全没兴趣，与之相对的是有101名(22.7%)表示对科学实验室非常感兴趣。此外，199名受访者(44.8%)表示对科学实验室感兴趣。由此可见，随着高校和科研院所重点实验室的开放，科学实验室将成为我国科普旅游的重要组成部分(表8-14)。

表8-14　2007年我国公众对科学实验室的感兴趣程度

对科学实验室的态度	选择频数	比例(%)
完全没有兴趣	8	1.8
没有兴趣	14	3.2
一般	122	27.5
感兴趣	199	44.8
非常感兴趣	101	22.7
总计	444	100.0

统计显示，2007年444名受访者中，仅9名(2.0%)对科普展览完全没兴趣，与之相对的是有100名(22.5%)表示对科普展览非常感兴趣。此外，233名受访者(52.5%)表示对科普展览感兴趣。由此可见，科普展览也是我国目前科普旅游的重要组成部分(表8-15)。

表8-15　2007年我国科普旅游者对科普展览感兴趣程度

对待科普展览的态度	选择频数	比例(%)
完全没兴趣	9	2.0
没兴趣	12	2.7
一般	90	20.3
感兴趣	233	52.5
非常感兴趣	100	22.5
总计	444	100.0

8.3.4.1　基于科普旅游活动的调查分析

为了进一步分析影响我国科普旅游者决策行为的因素，通过在SPSS软件中进行有序结果变量回归分析(Ordinal Regression)，分析2007年我国科普旅游者的性别、年龄、职业、文化程度、专业和收入等因素对我国科普旅游者决策行为的影响。

变量赋值处理为：因变量为被调查者过去一年参加科普旅游活动的次数(根据受访者调查问卷的选择结果，将“1次也没有”、“1次”、“2次”、“3次”和“3次以上”分别赋值为1～5)；自变量分别为性别(1为男性，2为女性)、年龄(年龄按“18岁以下”到“66岁以上”区间分别从1～7赋值)、职业状况、文化程度(按照从小学到博士以上分别从1～7赋值)、专业(从理学到其他类分别按1～11赋值)、收入状况(按2000元以下至4000元以上区间分别从1～4赋值)。

以受访者对待科普旅游的态度为因变量(五级赋值)，受访者性别、年龄、职业、文化程度、专业和收入为自变量，运用SPSS软件进行有序结果变量回归分析后发现，受访者社会学特征中，仅有职业状况对受访者对待科普旅游的态度在95%的信度下具有显著影响(表8-16)。

表 8-16 2007 年影响科普旅游者参加科普旅游的因素

		估计值	标准差	Wald 统计量	显著性检验值	95%置信水平	
						下界	上界
因变量	[对待科普旅游的态度=1]	−5.209	0.820	40.325	0.000	−6.816	−3.601
	[对待科普旅游的态度=2]	−3.638	0.641	32.172	0.000	−4.895	−2.381
	[对待科普旅游的态度=3]	−1.725	0.595	8.408	0.004	−2.891	−0.559
	[对待科普旅游的态度=4]	0.377	0.590	0.408	0.523	−0.779	1.533
自变量	性别	0.286	0.265	1.158	0.282	−0.235	0.806
	年龄	0.070	0.077	0.827	0.363	−0.081	0.222
	职业	−0.101	0.030	10.952	0.001	−0.160	−0.041
	文化程度	0.095	0.064	2.157	0.142	−0.032	0.221
	专业	−0.020	0.026	0.569	0.451	−0.070	0.031
	收入	−0.020	0.075	0.069	0.793	−0.168	0.128

注:因参与调查的受访者中,没有一位表示对科普场馆"特别满意"。因此表中因变量赋值仅有四级,余同。

8.3.4.2 基于科普场馆的调查分析

以受访者对科普场馆的态度为因变量(五级赋值),受访者性别、年龄、职业、文化程度、专业和收入为自变量,运用 SPSS 软件进行有序结果变量回归分析后发现,受访者性别和职业状况对受访者对待科普旅游的态度在 95%的信度下具有显著影响(表 8-17)。

表 8-17 2007 年影响科普旅游者选择科普场馆的因素

		估计值	标准差	Wald 统计量	显著性检验值	95%置信水平	
						下界	上界
因变量	[对科普场馆的态度=1]	−5.198	0.739	49.521	0.000	−6.646	−3.750
	[对科普场馆的态度=2]	−3.772	0.629	35.999	0.000	−5.004	−2.540
	[对科普场馆的态度=3]	−1.544	0.592	6.800	0.009	−2.704	−0.383
	[对科普场馆的态度=4]	0.756	0.588	1.656	0.198	−0.396	1.908
自变量	性别	0.519	0.264	3.851	0.049	0.001	1.037
	年龄	−0.055	0.077	0.511	0.475	−0.205	0.095
	职业	−0.090	0.030	9.005	0.003	−0.149	−0.031
	文化程度	−0.050	0.064	0.603	0.437	−0.176	0.076
	专业	−0.023	0.026	0.785	0.376	−0.074	0.028
	收入	0.060	0.075	0.630	0.427	−0.088	0.208

8.3.4.3　基于科普展览的调查分析

以受访者对科普展览的态度为因变量(五级赋值)，受访者性别、年龄、职业、文化程度、专业和收入为自变量，运用SPSS软件进行有序结果变量回归分析后发现，受访者职业状况对受访者对待科普旅游的态度在95%的信度下具有显著影响(表8-18)。

表8-18　2007年影响我国科普旅游者选择科普展览的因素

		估计值	标准差	Wald 统计量	显著性检验值	95%置信水平	
						下界	上界
因变量	[对科普展览的态度=1]	−4.440	0.678	42.911	0.000	−5.769	−3.112
	[对科普展览的态度=2]	−3.561	0.629	32.023	0.000	−4.795	−2.328
	[对科普展览的态度=3]	−1.625	0.598	7.395	0.007	−2.796	−0.454
	[对科普展览的态度=4]	0.789	0.593	1.769	0.183	−0.373	1.950
自变量	性别	0.351	0.266	1.737	0.188	−0.171	0.873
	年龄	−0.012	0.077	0.025	0.875	−0.164	0.139
	职业	−0.110	0.030	13.063	0.000	−0.170	−0.050
	文化程度	0.048	0.065	0.538	0.463	−0.079	0.174
	专业	−0.027	0.026	1.108	0.292	−0.079	0.024
	收入	0.034	0.076	0.198	0.656	−0.115	0.183

8.3.4.4　基于实验室的调查分析

以受访者对科学实验室的态度为因变量(五级赋值)，受访者性别、年龄、职业、文化程度、专业和收入为自变量，运用SPSS软件进行有序结果变量回归分析后发现，受访者职业状况对受访者对待科学实验室的态度在95%的信度下具有显著影响(表8-19)。

表8-19　2007年影响我国科普旅游者选择科学实验室的因素

		估计值	标准差	Wald 统计量	显著性检验值	95%置信水平	
						下界	上界
因变量	[对待实验室的态度=1]	−4.356	0.674	41.769	0.000	−5.677	−3.035
	[对待实验室的态度=2]	−3.303	0.612	29.107	0.000	−4.503	−2.103
	[对待实验室的态度=3]	−1.054	0.580	3.309	0.069	−2.191	0.082
	[对待实验室的态度=4]	0.945	0.579	2.661	0.103	−0.190	2.080

续表

		估计值	标准差	Wald统计量	显著性检验值	95%置信水平	
						下界	上界
自变量	性别	0.587	0.261	5.054	0.025	0.075	1.098
	年龄	−0.115	0.076	2.330	0.127	−0.263	0.033
	职业	−0.089	0.029	9.146	0.002	−0.147	−0.031
	文化程度	0.050	0.063	0.615	0.433	−0.074	0.173
	专业	−0.002	0.025	0.005	0.946	−0.052	0.048
	收入	0.022	0.074	0.087	0.768	−0.123	0.167

8.3.4.5 基于野外台站的调查分析

以受访者对野外科学实验、观测台站的态度为因变量(五级赋值),受访者性别、年龄、职业、文化程度、专业和收入为自变量,运用SPSS软件进行有序结果变量回归分析后发现,受访者性别和文化程度状况对受访者对待野外台站的态度在95%的信度下具有显著影响(表8-20)。

表8-20 2007年影响我国科普旅游者选择野外台站的因素

		估计值	标准差	Wald统计量	显著性检验值	95%置信水平	
						下界	上界
因变量	[对待野外台站的态度 =1]	−3.466	0.666	27.086	0.000	−4.771	−2.160
	[对待野外台站的态度=2]	−2.277	0.600	14.413	0.000	−3.453	−1.102
	[对待野外台站的态度=3]	−0.409	0.577	0.502	0.478	−1.539	0.722
	[对待野外台站的态度=4]	1.608	0.582	7.632	0.006	0.467	2.749
自变量	性别	0.689	0.261	6.974	0.008	0.178	1.200
	年龄	−0.079	0.075	1.103	0.294	−0.227	0.068
	职业	−0.038	0.029	1.707	0.191	−0.095	0.019
	文化程度	0.136	0.063	4.573	0.032	0.011	0.260
	专业	−0.014	0.025	0.301	0.583	−0.064	0.036
	收入	−0.018	0.074	0.060	0.807	−0.164	0.127

8.4 小结

(1)我国绝大部分的公众具有科普旅游的需要。与2001年、2003年的调查结果对比表明,2007年我国公众对现代科技感兴趣的程度进一步增强,特别是对科普旅游的“关注群体”从2001年的31.04%上升到2007年的38.3%;而漠视群体则明显减少,2001年有占受访总数的20.7%的漠视群体,到2007年,这一群体比例进一步下降为3.2%。我国公众对科普旅游感兴趣的总体程度有了较大提高,这为我国发展科普旅游提供了良好基础。

(2)我国公众对科普旅游的具体内容存在明显偏好。这种偏好可以进一步细分,一是对主要科普旅游设施的选择偏好(如 2001 年我国公众对与农业相关的科普旅游内容的偏好);二是对主要科普旅游活动的选择偏好(如 2007 年我国公众对科普展览的偏好)。更重要的是我国公众的科普旅游偏好随时间发生变化。从 2001—2007 年的各项调查中,我国公众所关注的科普旅游的主要方面发生了很大变化。特别是随着新的科普旅游具有吸引场所的出现(如重点实验室等对公众开放),未来的科普旅游者的偏好会更多样化。

(3)目前能较明确地影响我国科普旅游者决策行为的因素主要是科普旅游者的社会学特征(年龄、性别、收入等)。但在科普旅游发展的不同时期,影响科普旅游者决策行为的因素可能发生变化。过去的调查(2001 年,2003 年,2005 年)中,科普旅游者的年龄、文化程度对科普旅游者的决策行为有着重要的影响。但 2007 年的调查却发现,职业背景的影响面可能更广,而性别和文化程度在某些内容的科普旅游决策中发生作用。

第9章 我国科普旅游者空间行为的省域差异

较大尺度的旅游者行为研究其实质是旅游流的空间分布特点及结构与规律的分析与研究。我国科普旅游者的空间行为除了在场馆等小尺度空间范围内表现出的行为特点外，还应包括在较大区域范围内的科普旅游流的空间分布格局。

本章以我国参加科普展览、科普讲座和学术会议的科普旅游者为研究对象，以省域为尺度，分析我国科普旅游者空间行为特点。

9.1 参加科普展览的科普旅游者空间行为

1999—2005年间，我国参加科普旅游活动(这里仅包含参加科普讲座、科普展览、青少年科技竞赛、青少年科技夏/冬令营、国外及港澳台科技团、派往国外及港澳台地区的科技团人次)的总人次数逐年上升，从1999年的21600792人次上升至2005年的87662081人次，年均增长率达到43.69%。

其中，从游客对科普旅游活动的参与人次看，科普展览活动是我国公众参与最多的科普旅游活动，参加科普展览活动的游客比例逐年上升，从1999年的84.8%，上升到2005年的87.1%。

参加科普讲座的游客人次数从1999年的3240354人次上升到2005年的15970150人次，年均增长率为56.1%。参加科普讲座的游客比例呈现逐年下降的趋势，从1999年的15%下降到2005年的10.8%。

参加国际、国内学术交流活动的人数从1999年的22942人次上升到2005年的3099600人次，7年间增长了134倍。参加国际、国内学术交流活动的游客比例从1999年的0.1%上升至2005年的2.1%(表9-1)。

表9-1 1999—2005年中国科协科技活动统计(人次)

	1999年	2000年	2001年	2002年	2003年	2004年	2005年
国际、国内学术交流活动参加人数	22942	320295	325846	3062000	3230500	2839200	3099600
科普讲座听讲人数	3240354	4311233	3460000	28002000	24828500	54000874	15970150
科普展览参观人次数	18325367	21634407	25330000	59698000	60701300	102245826	128328600

9.1.1　参加各级科普展览的科普旅游者的分布

以参加人次数作为衡量标准，我国县级科协科普展览是最受科普旅游者关注的科普展览。2006 年全国共计 66858028 人次参与县级科普展览，占全国参加科普展览总人次数的 62.2%。其次，参加地级科普展览共计 21492867 人次，占全国参加科普展览总人次的 20%①。

2006 年共计 107499832 人次参与了我国各省(区、市)科普展览(省级、地级、县级科协与学会)，平均每省为 3467736.5 人次，山东省是全国科普展览参与人次数最多的省份(2006 年参与科普展览 13461233 人次)，排名第二位的为江苏省(6380658 人次)。西藏参与科普展览的人次数仅为 234440 人次，为全国最低。

2006 年，全国各省参加各级科普展览活动的人次数变异系数 $C \cdot V = 70.06\%$②；其首位度 $S = 2.1$③。全国参加各级科普展览的人次数变异系数小于 100%，说明我国各省参加科普展览的科普旅游者空间分布差异不显著。

以参加科普展览人次数为衡量标准，全国参加科普展览人次数分布最显著特征是，直辖市参与科普展览人次数并不多，北京(3328234 人次)、上海(1886995 人次)天津(1084063 人次)和重庆(2391005 人次)均低于全国平均值。

我国 31 个省(区、市)按其参与科普展览人次数分为五类：第一类为参与科普展览人次最少的地区，第五类则为参与科普展览人次最多的地区，略低于全国平均值的为第二类，略高于全国平均值的为第四类，第三类则为与全国平均值接近的省份。

第一类其参与科普展览人次数小于 1000000.00 人次，分别为：西藏、青海和海南。2006 年这 3 个省(区)参与科普展览的总人次为 1570731 人次，低于全国平均值，仅占全国总人次数的 1.5%，是全国参与科普展览活动人数最少的区域。

第二类其参与科普展览的人次数为 1000000.01～2000000.00，分别为：天津、上海、吉林、宁夏、新疆和江西。这 6 个省(区、市)参与科普展览的人次数也低于全国平均值，2006 年参与科普展览共计 9632759 人次，占全国参加科普展览总人次数的 9.0%。

第三类其参与科普展览的人次数为 2000000.01～3467736.52，分别为：北京、重庆、黑龙江、河北、内蒙古、甘肃、贵州、福建和广西。这 9 个省(区、市)参与各级科普展览人次数与全国平均数接近。2006 年计 30246927 人次参与各级科普展览，占全国科普展览总次数的 28.5%。

第四类其参加科普展览人次数为 3467736.53～5000000.00，分别为：辽宁、山西、陕西、河南、安徽、湖北、湖南、云南和浙江。这 9 个省参与科普展览的人次数均高于全国平均值。2006 年共计 38473515 人次参与各级科普展览，占全国参加科普展览总人次的 35.8%。

第五类其科普展览次数为 5000000.01～13461233.00，分别是：山东、江苏、四川和广东。

---

① 数据来源：中国科学技术协会，2007.

② 参加各级科普展览的人次数变异系数 $C \cdot V$ 计算公式为公式(2-2)，其中 x 为 2006 年各省参加各级科普展览的人次数，$\bar{x}$ 为各省参加各级科普展览人次数均值。

③ 首位度计算公式为公式(2-4)，其中 P_1 为 2006 年山东省参加各级科普展览的人次数；P_2 为江苏省参加各级科普展览的人次数。

这 4 个省是我国参与科普展览活动人次数最多的地区，2006 年 4 省共计 31062857 人次参加科普展览活动，占全国科普展览总人次数的 28.9%(图 9-1)。

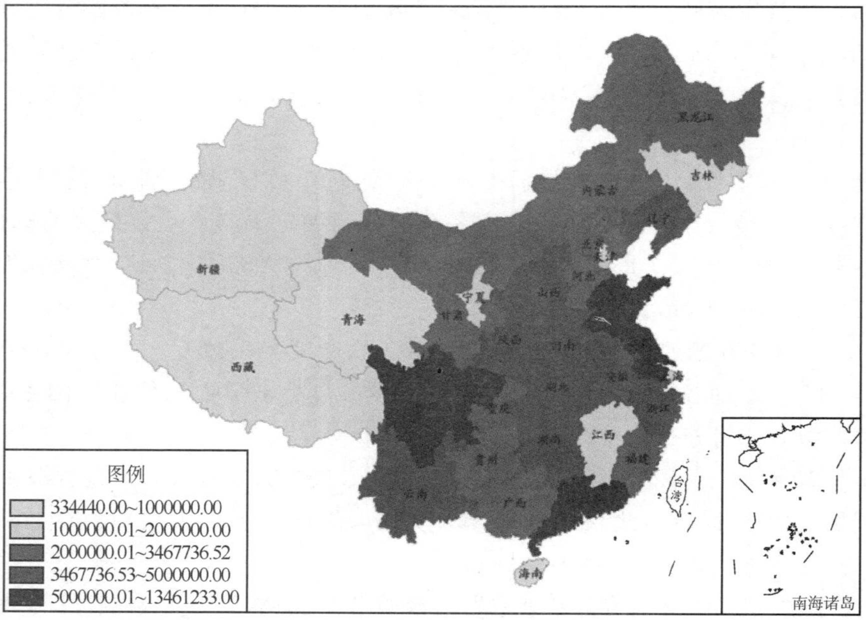

图 9-1　2006 年全国参观科普展览的人次分布图

9.1.2　参加省级科普展览的科普旅游者的分布

2006 年共计 10037198 人次参与了我国各省(区、市)省级科普展览(省级、地级、县级科协与学会)，平均每省为 323780.58 人次，山东省是全国省级科普展览参与人次数最多的省份(2006 年参与省级科普展览 3000000 人次)，排名第二位的为北京市(1647000 人次)。江西省参与省级科普展览的人次数仅为 16000 人次，为全国最低。

2006 年，全国各省(区、市)参加省级科普展览活动的人次数变异系数 $C \cdot V=178.70\%$①；其首位度 $S=1.82$②。全国参加省级科普展览的人次数变异系数大于 100%，说明我国各省参加省级科普展览的科普旅游者空间分布差异显著。

以参加省级科普展览人次数为衡量标准，全国参加省级科普展览人次数分布最显著特征是参加省级科普展览的人数在省域分布不均衡，仅有 8 个省份参观科普展览人数高于全国平均值。

我国 31 个省(区、市)按其参与省级科普展览人次数分为五类：第一类为参与省级科普展览人次最少的地区，第五类则为参与省级科普展览人次最多的地区，略低于全国平均值的为第二类，略高于全国平均值的为第四类，第三类则为与全国平均值接近的省份。

---

① 参加省级科普展览的人次数变异系数 $C \cdot V$ 计算公式为公式(2-2)，其中 x 为 2006 年各省参加省级科普展览的人次数，$\bar{x}$ 为各省参加省级科普展览人次数均值。

② 首位度计算公式为公式(2-4)，其中 P_1 为 2006 年山东省参加省级科普展览的人次数；P_2 为北京市参加省级科普展览的人次数。

第一类其参与省级科普展览人次数小于50000.00人次，分别为：陕西、贵州、湖南、江西、西藏和海南。2006年这6省(区)参与省级科普展览的总人次为169600人次，低于全国平均值，仅占全国总人次数的1.7%，是全国参与省级科普展览活动人数最少的区域。

第二类其参与省级科普展览的人次数为50000.01～100000.00，分别为：天津、青海、四川和广西。这4个省(区、市)参与省级科普展览的人次数也低于全国平均值，2006年参与省级科普展览共计265998人次，占全国参加省级科普展览总人次数的2.7%。

第三类其参与省级科普展览的人次数为100000.01～323780.58，分别为：吉林、内蒙古、辽宁、新疆、宁夏、甘肃、河南、江苏、安徽、湖北、浙江、福建和云南。这13个省(区)参与省级科普展览人次数与全国平均数接近。2006年共计2514600人次参与省级科普展览，占全国省级科普展览总次数的25.1%。

第四类其参加省级科普展览人次数为323780.59～1000000.00，分别为：上海、重庆、黑龙江、河北、山西和广东。这6个省(市)参与省级科普展览的人次数均高于全国平均值。2006年共计2440000人次参与各级省级科普展览，占全国参加省级科普展览总人次的24.3%。

第五类其省级科普展览次数为1000000.01～3000000.00，分别是：北京和山东。北京和山东是我国参与省级科普展览活动人次数最多的地区，2006年共计4647000人次参加省级科普展览活动，占全国省级科普展览总人次数的46.3%(图9-2)。

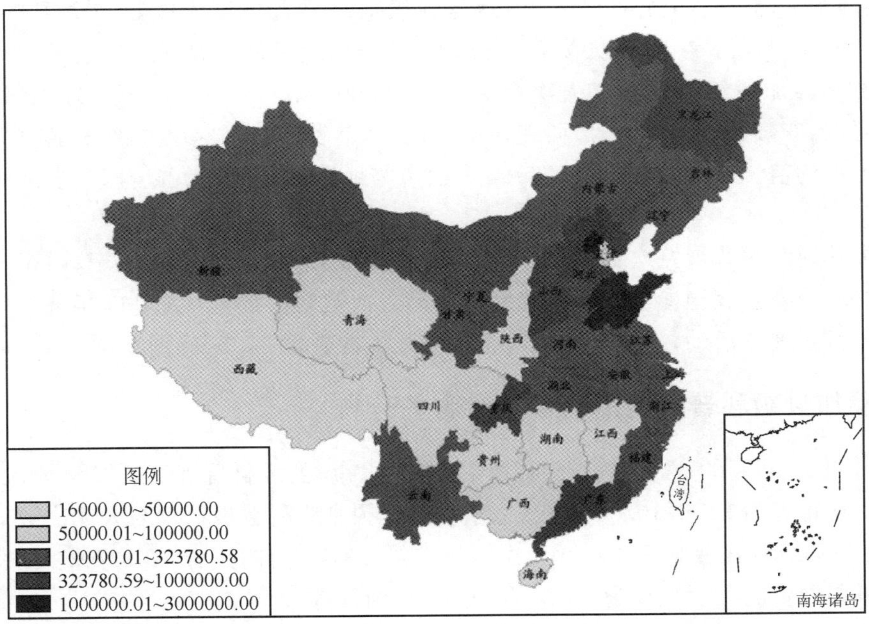

图9-2　2006年全国参观省级科普展览的人次分布图

9.1.3　参加地级科普展览的科普旅游者的分布

2006年共计21492867人次参与了我国各省(区、市)地级科普展览(地级、地级、县级科协与学会)，平均每省为693318.29人次，山东省是全国地级科普展览参与人次数最多的省份(2006年参与地级科普展览2606100人次)，排名第二位的为辽宁省(1647000人次)。西藏参与地级科普展览的人次数仅为23128人次，为全国最低。

2006年，全国各省(区、市)参加地级科普展览活动的人次数变异系数 $C \cdot V=76.62\%$①；其首位度 $S=1.54$②。全国参加地级科普展览的人次数变异系数小于100%，说明我国各省参加地级科普展览的科普旅游者空间分布差异不显著。

以参加地级科普展览人次数为衡量标准，全国参加地级科普展览人次数分布的主要特征是：沿海省份是参加地级科普展览的密集地带，全国参加地极科普展览人次数最多的5个省份全部在沿海。

我国31个省(区、市)按其参与地级科普展览人次数分为五类，第一类为参与地级科普展览人次最少的地区，第五类则为参与地级科普展览人次最多的地区，略低于全国平均值的为第二类，略高于全国平均值的为第四类，第三类则为与全国平均值接近的省份。

第一类其参与地级科普展览人次数小于300000.00人次，分别为：吉林、宁夏、西藏、青海、贵州、江西和海南。2006年这7个省(区)参与地级科普展览的总人次为1089093人次，低于全国平均值，仅占全国总人次数的5.1%，是全国参与地级科普展览活动人数最少的区域。

第二类其参与地级科普展览的人次数为300000.01～500000.00，分别为：北京、河北、重庆和福建。这4个省(市)参与地级科普展览的人次数也低于全国平均值，2006年参与地级科普展览共计1535169人次，占全国参加地级科普展览总人次数的7.1%。

第三类其参与地级科普展览的人次数为500000.01～693318.29，分别为：天津、黑龙江、内蒙古、陕西和云南。这5个省(区、市)参与各级地级科普展览人次数与全国平均数接近。2006年计2907291人次参与各级地级科普展览，占全国地级科普展览总次数的13.5%。

第四类其参加地级科普展览人次数为693318.30～1000000.00，分别为：上海、山西、新疆、甘肃、河南、安徽、湖北、湖南、广西和四川。这10个省(区、市)参与地级科普展览的人次数均高于全国平均值。2006年共计7808967人次参与地级科普展览，占全国参加地级科普展览总人次的36.3%。

第五类其地级科普展览次数为1000000.01～2606100.00，分别是：辽宁、山东、江苏、浙江和广东。这5个省是我国参与地级科普展览活动人次数最多的地区，2006年共计8152347人次参加地级科普展览活动，占全国地级科普展览总人次数的37.9%(图9-3)。

9.1.4 参加县级科普展览的科普旅游者的分布

2006年共计66858028人次参与了我国各省(区、市)县级科普展览(省级、地级、县级科协与学会)，平均每省为2156710.58人次，山东省是全国县级科普展览参与人此次数最多的省份(2006年参与县级科普展览7696899人次)，排名第二位的为四川省(4612742人次)。上海市参与县级科普展览的人次数仅为19000人次，为全国最低。

2006年，全国各省(区、市)参加县级科普展览活动的人次数变异系数 $C \cdot V=78.61\%$③；

---

① 参加地级科普展览的人次数变异系数 $C \cdot V$ 计算公式为公式(2-2)，其中 x 为2006年各省参加地级科普展览的人次数，$\bar{x}$ 为各省参加地级科普展览人次数均值。

② 首位度计算公式为公式(2-4)，其中 P_1 为2006年山东省参加地级科普展览的人次数；P_2 为北京市参加地级科普展览的人次数。

③ 参加县级科普展览的人次数变异系数 $C \cdot V$ 计算公式为公式(2-2)，其中 x 为2006年各省参加县级科普展览的人次数，$\bar{x}$ 为各省参加县级科普展览人次数均值。

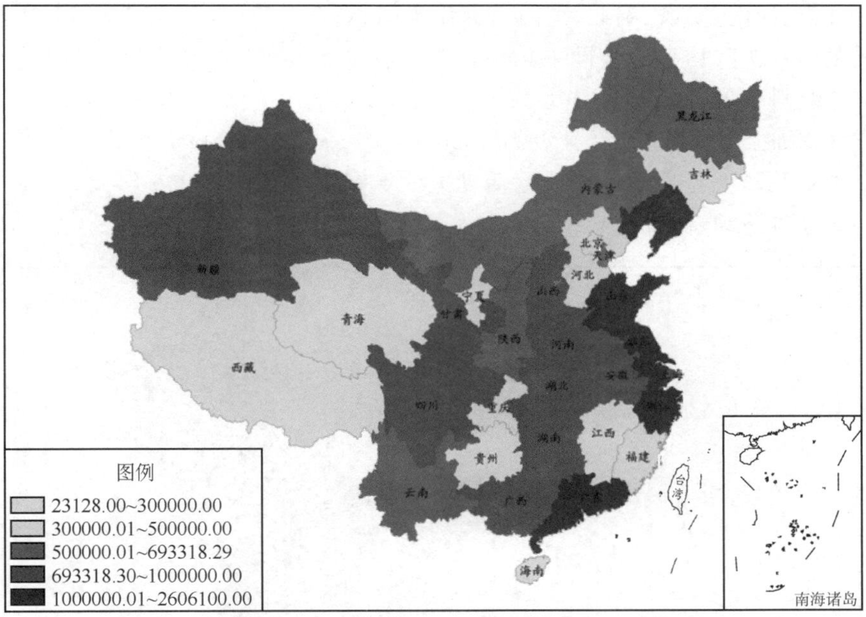

图 9-3　2006 年全国参观地级科普展览的人次分布图

其首位度 $S=1.67$①。全国参加县级科普展览的人次数变异系数小于 100%，说明我国各省参加县级科普展览的科普旅游者空间分布差异不显著。

以参加县级科普展览人次数为衡量标准，全国参加县级科普展览人次数分布有两个主要特征：一是全国发展比较均衡，仅有 14 个省份参观县级科普展览的人次数低于全国平均值；二是我国直辖市县级科普展览参观人数较少，4 个直辖市参加县级科普展览的人次数均低于全国平均值。

我国 31 个省(区、市)按其参与县级科普展览人次数分为五类：第一类为参与县级科普展览人次最少的地区，第五类则为参与县级科普展览人次最多的地区，略低于全国平均值的为第二类，略高于全国平均值的为第四类，第三类则为与全国平均值接近的省份。

第一类其参与县级科普展览人次数小于 500000.00 人次，分别为：北京、天津、上海、西藏、青海和海南。2006 年这 6 个省(区、市)参与县级科普展览的总人次为 1103969 人次，低于全国平均值，仅占全国总人次数的 1.7%，是全国参与县级科普展览活动人数最少的区域。

第二类其参与县级科普展览的人次数为 500000.01～1000000.00，分别为：重庆、宁夏和新疆。这 3 个区(市)参与县级科普展览的人次数也低于全国平均值，2006 年参与县级科普展览共计 2376483 人次，占全国参加县级科普展览总人次数的 3.6%。

第三类其参与县级科普展览的人次数为 1000000.01～2156710.58，分别为：黑龙江、吉林、辽宁、江西和福建。这 5 个省参与县级科普展览人次数与全国平均数接近。2006 年共计 6774439人次参与各级县级科普展览，占全国县级科普展览总次数的 10.1%。

第四类其参加县级科普展览人次数为 2156710.59～4000000.00，分别为：内蒙古、河北、

---

① 首位度计算公式为公式(2-4)，其中 P_1 为 2006 年山东省参加县级科普展览的人次数；P_2 为四川省参加县级科普展览的人次数。

山西、陕西、甘肃、河南、安徽、湖北、湖南、云南、贵州、浙江、广西和广东。这 14 个省(区)参与县级科普展览的人次数均高于全国平均值。2006 年共计 39692956 人次参与县级科普展览，占全国参加县级科普展览总人次的 59.4%。

第五类其参加县级科普展览次数为 4000000.01～7696899.00，分别是：山东、江苏和四川。这 3 个省是我国参与县级科普展览活动人次数最多的地区，2006 年共计 16910226 人次参加县级科普展览活动，占全国县级科普展览总人次数的 25.3%(图 9-4)。

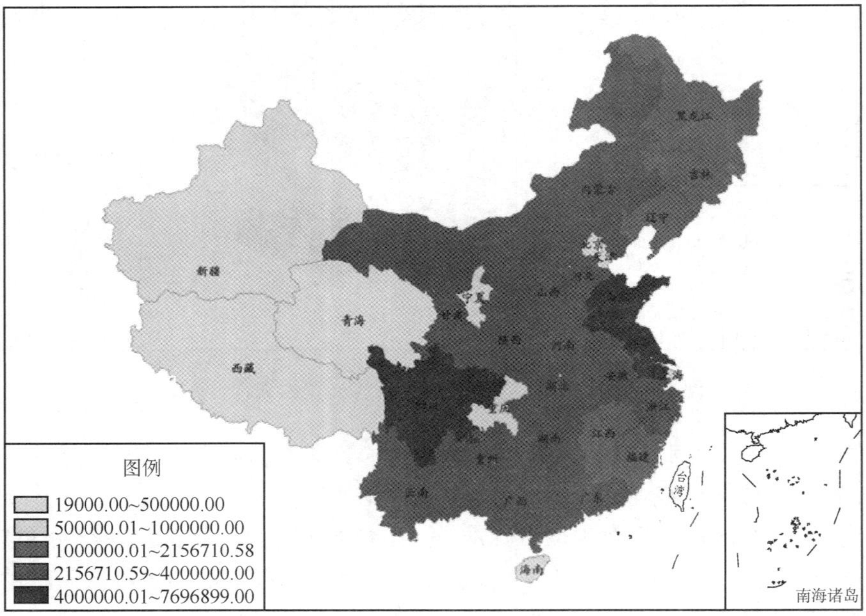

图 9-4 2006 年全国参观县级科普展览的人次分布图

9.1.5 参加学会科普展览的科普旅游者的分布

2006 年共计 9111739 人次参与了我国各省(区、市)学会科普展览，平均每省为 293927.06 人次，北京市是全国学会科普展览参与人次数最多的省份(2006 年参与学会科普展览 1272899 人次)，排名第二位的为上海市(725726 人次)。河南省参与学会科普展览的人次数仅为 37675 人次，为全国最低。

2006 年，全国各省(区、市)参加学会科普展览活动的人次数变异系数 $C \cdot V=94.76\%$①；其首位度 $S=1.75$②。全国参加学会科普展览的人次数变异系数接近 100%，说明我国各省(区、市)参加学会科普展览的科普旅游者空间分布差异比较显著。

以参加学会科普展览人次数为衡量标准，全国参加学会科普展览人次数分布有两个主要特征：一是我国直辖市是学会科普展览参观人数集中的区域，4 个直辖市参加学会科普展览的

① 参加学会科普展览的人次数变异系数 $C \cdot V$ 计算公式为公式(2-2)，其中 x 为 2006 年各省参加学会科普展览的人次数，$\bar{x}$ 为各省参加学会科普展览人次数均值。

② 首位度计算公式为公式(2-4)，其中 P_1 为 2006 年北京市参加学会科普展览的人次数；P_2 为上海市参加学会科普展览的人次数。

人次数均高于全国平均值；二是全国发展不均衡，仅有 10 个省(区、市)参观学会科普展览的人次数高于全国平均值。

我国 31 个省(区、市)按其参与学会科普展览人次数分为五类：第一类为参与学会科普展览人次最少的地区，第五类则为参与学会科普展览人次最多的地区，略低于全国平均值的为第二类，略高于全国平均值的为第四类，第三类则为与全国平均值接近的省份。

第一类其参与学会科普展览人次数小于 100000.00 人次，分别为：黑龙江、河北、河南、新疆、青海和甘肃。2006 年 6 个省(区)参与学会科普展览的总人次为 342693 人次，低于全国平均值，仅占全国总人次数的 3.8%，是全国参与学会科普展览活动人数最少的区域。

第二类其参与学会科普展览的人次数为 100000.01～200000.00，分别为：内蒙古、山东、山西、宁夏、安徽、浙江、西藏、四川、广西和海南。这 10 个省(区)参与学会科普展览的人次数也低于全国平均值，2006 年参与学会科普展览共计 1305157 人次，占全国参加学会科普展览总人次数的 14.3%。

第三类其参与学会科普展览的人次数为 200000.01～293927.06，分别为：江苏、湖北、湖南、福建和广东。这 5 个省参与学会科普展览人次数与全国平均数接近，2006 年共计1199564 人次参与学会科普展览，占全国学会科普展览总次数的 13.2%。

第四类其参加学会科普展览人次数为 293927.07～500000.00，分别为：天津、吉林、云南和贵州。这 4 个省(市)参与学会科普展览的人次数均高于全国平均值。2006 年共计1725438 人次参与各级学会科普展览，占全国参加学会科普展览总人次的 18.9%。

第五类其参加学会科普展览次数为 500000.01～1272899.00，分别是：北京、上海、重庆、辽宁、陕西和江西。这 6 个省(市)是我国参与学会科普展览活动人次数最多的地区，2006 年共计 4538887 人次参加学会科普展览活动，占全国学会科普展览总人次数的 49.8%(图 9-5)。

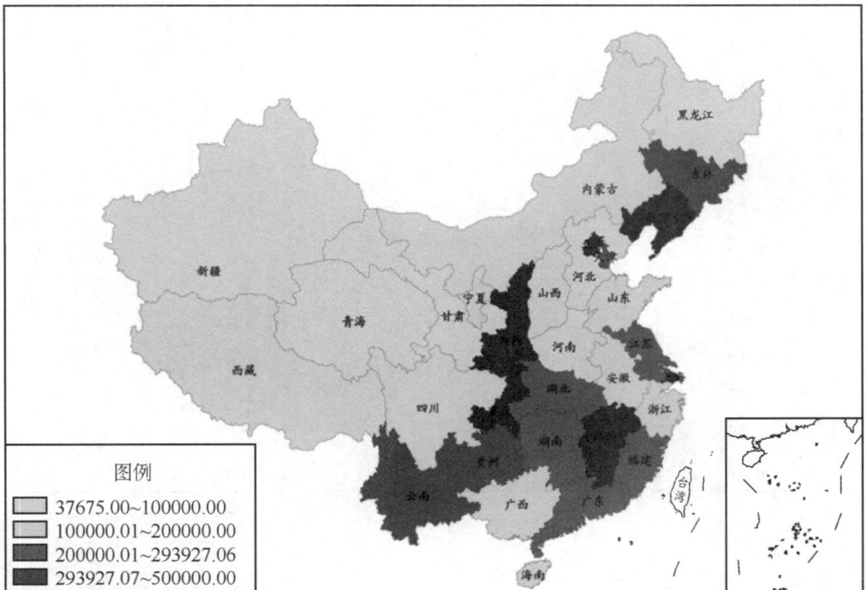

图 9-5 2006 年我国参观学会科普展览的人次分布图

9.1.6 我国各省科普展览客流规模相对比较优势

通过 RCA 法计算 2006 年我国各省(区、市)参加各级科普展览活动的客流规模相对比较优势①。各省(区、市)计算结果以 1 为分界,当 $RCA_{ij}>1$,则说明 i 地区参与第 j 类科普展览活动的科普旅游者规模相对较大;如果 $RCA_{ij}<1$,则说明 i 地区参加第 j 类科普展览活动的科普旅游者规模相对较小。如果某地 RCA_{ij} 不只一项大于 1,则选择 RCA_{ij} 为最大值的类型(表 9-2)。

表 9-2 2006 年我国参加各级科普展览活动的科普旅游者规模相对比较优势

	RCA(省级科普展览)	RCA(地级科普展览)	RCA(县级科普展览)	RCA(学会科普展览)
北 京	5.30	0.47	0.05	0.38
天 津	0.67	2.69	0.08	0.35
河 北	1.07	0.46	1.27	0.02
山 西	0.74	0.88	1.18	0.02
内蒙古	0.70	0.79	1.19	0.03
辽 宁	0.35	1.98	0.67	0.16
吉 林	0.95	0.78	0.86	0.22
黑龙江	2.27	1.41	0.76	0.03
上 海	2.30	1.95	0.02	0.38
江 苏	0.51	1.00	1.16	0.03
浙 江	0.44	1.30	1.07	0.04
安 徽	0.32	1.01	1.18	0.03
福 建	0.66	0.75	1.14	0.08
江 西	0.09	0.64	0.90	0.30
山 东	2.39	0.97	0.92	0.01
河 南	0.41	0.98	1.21	0.01
湖 北	0.50	0.79	1.18	0.06
湖 南	0.07	0.72	1.29	0.05
广 东	1.08	1.36	0.93	0.05
广 西	0.18	1.32	1.08	0.05
海 南	0.58	0.40	1.10	0.18
重 庆	1.63	1.02	0.59	0.28
四 川	0.13	0.82	1.29	0.02
贵 州	0.06	0.35	1.24	0.16
云 南	0.68	0.70	1.11	0.10
西 藏	1.37	0.49	0.32	0.57

① 各省(区、市)科普展览相对比较优势系数(RCA)由公式(2-5)计算得出,其中 X_{ij} 为 2006 年 i 地区参加第 j 类科普展览的人次数;$\sum X_{ij}$ 表示参加全国 j 类科普展览的人次数;$\sum X_{ij}$ 为 i 地区参加各级科普展览人次数;$\sum\sum X_{ij}$ 为全国参加科普展览总人次数。

续表

	RCA(省级科普展览)	RCA(地级科普展览)	RCA(县级科普展览)	RCA(学会科普展览)
陕　西	0.14	0.76	1.05	0.18
甘　肃	0.79	1.18	1.09	0.01
青　海	1.05	0.86	1.05	0.08
宁　夏	1.55	0.65	0.99	0.11
新　疆	0.95	2.18	0.71	0.04

（数据来源：中国科学技术协会，2007）

以 RCA_{ij} 值为衡量标准，将我国各省（区、市）分为四类：一类为参加省级科普展览客流规模较大的地区；第二类为参加地级科普展览客流规模较大的地区；第三类为参加县级科普展览客流规模较大的地区；第四类为参加学会科普展览客流规模较大的地区。

尽管分成四类地区，但根据计算的 RCA_{ij} 值选择后，全国没有一个省份参加学会科普展览的科普旅游者规模具有相对比较优势。全国有 9 个省份参加省级科普展览的科普旅游者规模相对较大；6 个省份参加地级科普展览的科普旅游者规模相对较大；而县级科普展览科普旅游者规模相对较大的却有 16 个省（区、市）（图 9-6）。

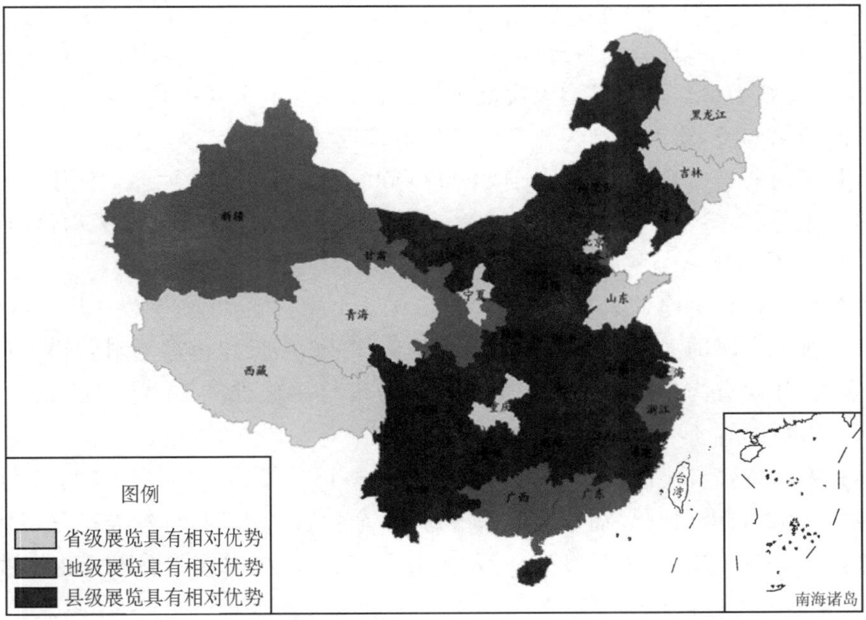

图 9-6　2006 年我国参加科普展览的科普旅游者规模相对优势图

9.2　参加科普讲座的科普旅游者空间行为

2006 年，全国共计 107499832 人次参与了各种科普讲座（省级科普讲座、地级科普讲座、县级科普讲座和学会科普讲座）。从参与人次上看，县级科协举办的科普讲座是吸引科普旅游者数量最多的，2006 年参与县级科协科普讲座的游客数量为 66858028 人次，占全国参与科普讲座总人次数的 62.2%。

9.2.1 参加各级科普讲座的科普旅游者的分布

我国不同地区公众参与不同级别科普讲座的情况存在差异。山东省是2006年参与科普讲座总人次数最多的省份，共计13461233人次参加了各类科普讲座；而参加各类科普讲座人次数最少的西藏2006年参加科普讲座的人次数也有234440人次①。

2006年共计55855629人次参与了我国各省(区、市)科普讲座(省级、地级、县级科协与学会)，平均每省为1801794.48次，山东省是全国科普讲座参与人次数最多的省份(2006年参与科普讲座5542901人次)，排名第二位的为江苏省(3840453人次)。西藏参与科普讲座的人次数仅为164439人次，为全国最低。

2006年，全国各省(区、市)参加各级科普讲座活动的人次数变异系数$C \cdot V=61.67\%$②；其首位度$S=1.44$③。全国参加科普讲座的人次数变异系数小于100%，说明我国各省参加科普讲座的科普旅游者空间分布的总体差异不显著。

以参加科普讲座人次数为衡量标准，全国参加科普讲座人次数分布最显著特征是区域发展较均衡，参加科普讲座人次数低于全国平均值的省(区、市)仅有16个。此外，直辖市参与科普讲座人次数并不多，北京(1128405人次)、上海(1100360人次)、天津(907500人次)和重庆(1392894人次)均低于全国平均值。

我国31个省(区、市)按其参与科普讲座人次数分为五类：第一类为参与科普讲座人次最少的地区，第五类则为参与科普讲座人次最多的地区，略低于全国平均值的为第二类，略高于全国平均值的为第四类，第三类则为与全国平均值接近的省份。

第一类其参与科普讲座人次数小于500000.00人次，分别为：西藏、青海、宁夏和海南。2006年这4个省(区)参与科普讲座的总人次为1078221人次，低于全国平均值，仅占全国总人次数的1.9%，是全国参与科普讲座活动人数最少的。

第二类其参与科普讲座的人次数为500000.01～1000000.00，分别为：天津和江西。这2个省(市)参与科普讲座的人次数也低于全国平均值，2006年天津市参与科普讲座的总人次数为907500人次，江西省为965377人次，两个省(市)参与科普讲座1872877人次，占全国参加科普讲座总人次数的3.4%。

第三类其参与科普讲座的人次数为1000000.01～1801794.48，分别为：北京、上海、重庆、黑龙江、吉林、新疆、云南、贵州、福建和广东。这10个省(区、市)参与各级科普讲座人次数与全国平均数接近，2006年共计13726054人次参与各级科普讲座，占全国科普讲座总次数的24.6%。

第四类其参加科普讲座人次数为1801794.49～3000000.00，分别为：内蒙古、甘肃、河北、山西、河南、安徽、湖北、湖南、四川、浙江和广西。这11个省(区)参与科普讲座的人次数均高于全国平均值，2006年共计23277932人次参与各级科普讲座，占全国参加科普讲座总人次

① 数据来源：中国科学技术协会，2007.

② 参加科普讲座的科普旅游者人次变异系数$C \cdot V$计算公式为公式(2-2)，其中x为2006年各省参加科普讲座的人次数，$\bar{x}$为各省参加科普讲座的人次数均值。

③ 首位度计算公式为公式(2-4)，其中P_1为2006年山东省参加科普讲座的人次数；P_2为江苏省参加科普讲座的人次数。

的 41.7%。

第五类其科普讲座次数为 3000000.01～5542901.00，分别是：辽宁、山东、江苏和陕西。这 4 个省是我国参与科普讲座活动人次数最多的地区，2006 年 4 省共计 15900545 人次参加科普讲座活动，占全国科普讲座总人次数的 28.5%(图 9-7)。

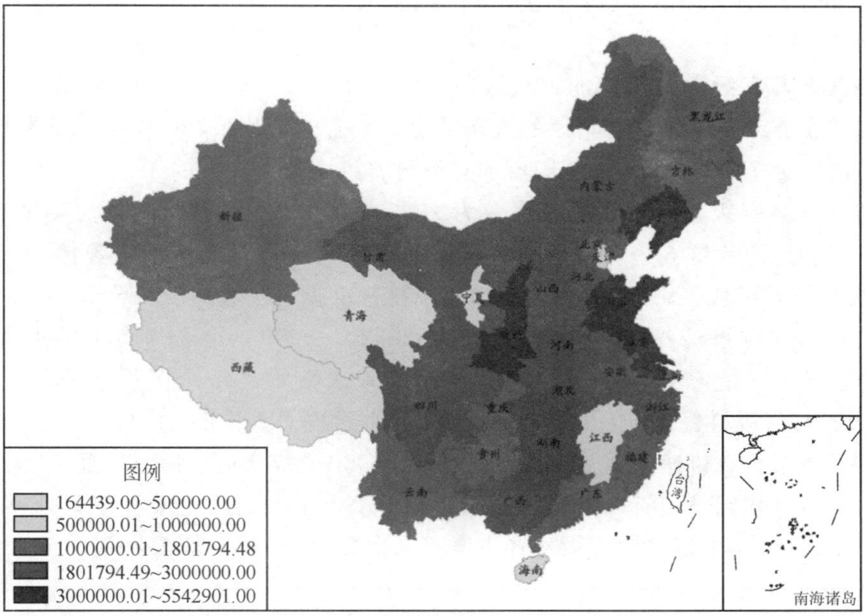

图 9-7　2006 年我国各省(区、市)科普讲座参与人次分布图

9.2.2　参加省级科普讲座的科普旅游者的分布

2006 年我国共计 1564344 人次参加了省级科协举办的科普讲座活动。全国 30 个省(区、市)参与省级科普讲座平均值为 50462.71 人次①，江苏省是全国省级科普讲座参与人次数最多的省份(2006 年参与省级科普讲座 256000 人次)，排名第二位的为辽宁省(201500 人次)。河南省参与省级科普讲座的人次数仅为 2100 人次，为全国最低。

2006 年，全国各省(区、市)参加省级科普讲座活动的人次数变异系数 $C \cdot V=133.31\%$②；其首位度 $S=1.27$③。全国参加省级科普讲座的人次数变异系数大于 100%，说明我国各省份参加省级科普讲座的科普旅游者空间分布的总体差异比较显著。

以参加省级科普讲座人次数为衡量标准，全国参加省级科普讲座人次数分布最显著特征是区域发展不均衡，参加省级科普讲座人次数低于全国平均值的地区多达 20 个。

我国 30 个省(区、市)按其参与省级科普讲座人次数分为五类：第一类为参与省级科普讲

---

① 由于数据源《中国科学技术协会统计年鉴 2007》中省级科普讲座人次数统计数据可能的错误，省级科普讲座参与人数分析未计上海市。

② 参加省级科普讲座的人次数变异系数 $C \cdot V$ 计算公式为公式(2-2)，其中 x 为 2006 年各省参加省级科普讲座的人次数，$\bar{x}$ 为各省参加省级科普讲座人次数均值。

③ 首位度计算公式为公式(2-4)，其中 P_1 为 2006 年江苏省参加省级科普讲座的人次数；P_2 为辽宁省参加省级科普讲座的人次数。

座人次最少的地区，第五类则为参与省级科普讲座人次最多的地区，略低于全国平均值的为第二类，略高于全国平均值的为第四类，第三类则为与全国平均值接近的省份。

第一类其参与省级科普讲座人次数小于 10000.00 人次，分别为：吉林、内蒙古、宁夏、山东、河南、安徽、浙江、湖南、江西和西藏。2006 年 10 个省（区）参与省级科普讲座的总人次为 47200 人次，低于全国平均值，仅占全国总人次数的 3.0%，是全国参与省级科普讲座活动人数最少的区域。

第二类其参与省级科普讲座的人次数为 10000.01～20000.00，分别为：青海、陕西、湖北和贵州。这 4 个省参与省级科普讲座的人次数也低于全国平均值，2006 年 4 省参与省级科普讲座的总人次数为 71008 人次，占全国参加省级科普讲座总人次数的 4.5%。

第三类其参与省级科普讲座的人次数为 20000.01～50462.71，分别为：天津、重庆、黑龙江、甘肃、四川和广西。这 6 个省份参与省级科普讲座人次数与全国平均数接近。2006 年计 180638 人次参与省级科普讲座，占全国参加省级科普讲座总次数的 11.5%。

第四类其参加省级科普讲座人次数为 50462.72～100000.00，分别为：山西、新疆、云南、福建和广东。这 5 个省（区）参与省级科普讲座的人次数均高于全国平均值。2006 年共计 329298 人次参与省级科普讲座，占全国参加省级科普讲座总人次的 21.1%。

第五类其省级科普讲座次数为 100000.01～256000.00，分别是：北京、辽宁、河北、江苏和海南。这 5 个省是我国参与省级科普讲座活动人次数最多的地区，2006 年共计 936200 人次参加省级科普讲座活动，占全国省级科普讲座总人次数的 59.8%（图 9-8）。

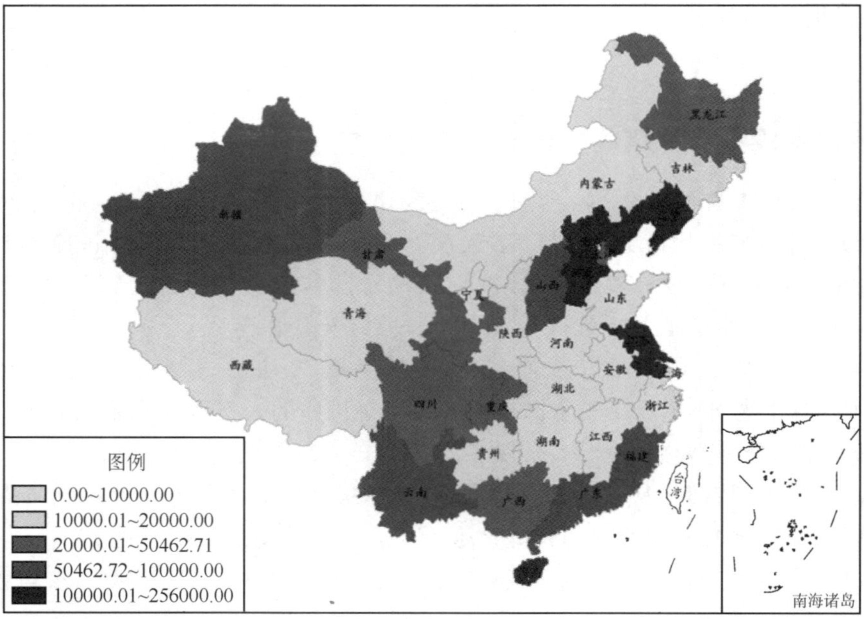

图 9-8　2006 年我国各省（区、市）参与省级科普讲座人次分布图

9.2.3　参加地级科普讲座的科普旅游者的分布

2006 年我国共计 8592721 人次参与了各省（区、市）地级科普讲座（省级、地级、县级科协与学会），平均每省为 277184.55 次，陕西省是全国地级科普讲座参与人次数最多的省份（2006

年参与地级科普讲座1486482人次)，排名第二位的为天津市(671192人次)。海南省参与地级科普讲座的人次数仅为6500人次，为全国最低。

2006年，全国各省(区、市)参加地级科普讲座活动的人次数变异系数$C\cdot V=98.56\%$①；其首位度$S=2.21$②。全国参加地级科普讲座的人次数变异系数接近100%，说明我国各省(区、市)参加地级科普讲座的科普旅游者空间分布的总体差异比较显著。

以参加地级科普讲座人次数为衡量标准，全国参加地级科普讲座人次数分布最显著特征是直辖市参与地级科普讲座的科普旅游者规模较大。全国3个参与地级科普讲座人次最多的省(市)中，有两个是直辖市(天津和上海)。

我国31个省(区、市)按其参与地级科普讲座人次数分为五类：第一类为参与地级科普讲座人次最少的地区，第五类则为参与地级科普讲座人次最多的地区，略低于全国平均值的为第二类，略高于全国平均值的为第四类，第三类则为与全国平均值接近的省份。

第一类其参与地级科普讲座人次数小于100000.00人次，分别为：黑龙江、河北、西藏、青海、宁夏和海南。2006年这6省(区)参与地级科普讲座的总人次为281444人次，低于全国平均值，仅占全国参加地级科普讲座总人次数的3.3%，是全国参与地级科普讲座活动人数最少的区域。

第二类其参与地级科普讲座的人次数为100000.01～200000.00，分别为：甘肃、四川、云南、贵州、江苏和江西。这6个省参与地级科普讲座的人次数也低于全国平均值，2006年参与地级科普讲座的总人次数为887781人次，占全国参加地级科普讲座总人次数的9.4%。

第三类其参与地级科普讲座的人次数为200000.01～277184.55，分别为：内蒙古、辽宁、山西、河南、安徽、湖南和广东。这7个省(区)参与地级科普讲座人次数与全国平均数接近，2006年共计1537987人次参与地级科普讲座，占全国地级科普讲座总次数的17.9%。

第四类其参加地级科普讲座人次数为277184.56～500000.00，分别为：北京、重庆、吉林、新疆、湖北、浙江、福建和广西。这8个省(区、市)参与地级科普讲座的人次数均高于全国平均值。2006年共计3130784人次参与地级科普讲座，占全国参加地级科普讲座总人次的36.4%。

第五类其地级科普讲座次数为500000.01～1486482.00，分别是：天津、上海和陕西。这3个省(市)是我国参与地级科普讲座活动人次数最多的地区，2006年3个地区共计2754725人次参加地级科普讲座活动，占全国参加地级科普讲座总人次数的32.1%(图9-9)。

9.2.4　参加县级科普讲座的科普旅游者的分布

2006年我国共计40022973人次参与了各省(区、市)县级科普讲座(省级、地级、县级科协与学会)，平均每省为1291063.65人次，山东省是全国县级科普讲座参与人次数最多的省(2006年参与县级科普讲座4851950人次)，排名第二位的为江苏省(3186245人次)。上海市参与县级科普讲座的人次数仅为18900人次，为全国最低。

---

① 参加地级科普讲座的人次数变异系数$C\cdot V$计算公式为公式(2-2)，其中x为2006年各省参加地级科普讲座的人次数，$\bar{x}$为各省地级科普讲座人次数均值。

② 首位度计算公式为公式(2-4)，其中P_1为2006年陕西省参加地级科普讲座的人次数；P_2为天津市参加地级科普讲座的人次数。

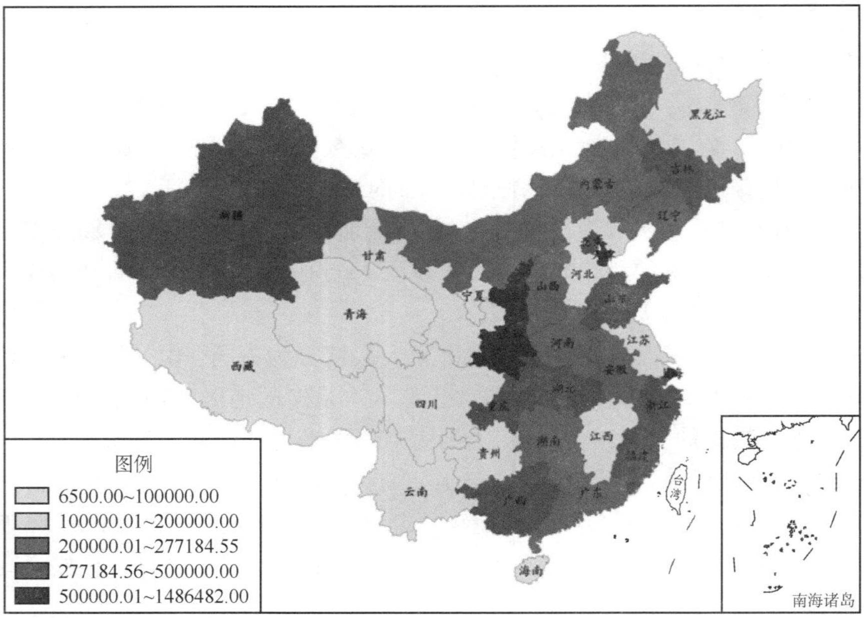

图 9-9　2006 年我国各省(区、市)参与地级科普讲座人次分布图

2006 年,全国各省(区、市)参加县级科普讲座活动的人次数变异系数 $C \cdot V=79.79\%$[①];其首位度 $S=1.52$[②]。全国参加县级科普讲座的人次数变异系数小于 100%,说明我国各省(区、市)参加县级科普讲座的科普旅游者空间分布差异不显著。

以参加县级科普讲座人次数为衡量标准,全国参加县级科普讲座人次数分布最显著特征是直辖市参与县级科普讲座人次数较少。

我国 31 个省(区、市)按其参与县级科普讲座人次数分为五类:第一类为参与县级科普讲座人次最少的地区,第五类则为参与县级科普讲座人次最多的地区,略低于全国平均值的为第二类,略高于全国平均值的为第四类,第三类则为与全国平均值接近的省份。

第一类其参与县级科普讲座人次数小于 300000.00 人次,分别为:北京、天津、上海、西藏、青海、宁夏和海南。2006 年这 7 个省(区、市)参与县级科普讲座的总人次仅为 639763 人次,低于全国平均值,仅占全国总人次数的 1.6%,是全国参与县级科普讲座活动人数最少的区域。

第二类其参与县级科普讲座的人次数为 300000.01～1000000.00,分别为:重庆、新疆、云南和江西。这 4 个省(区、市)参与县级科普讲座的人次数也低于全国平均值,2006 年参与县级科普讲座的总人次数为 2924538 人次,占全国参加县级科普讲座总人次数的 7.3%。

第三类其参与县级科普讲座的人次数为 1000000.01～1291063.65,分别为:黑龙江、吉林、贵州、福建和广东。这 5 个省参与县级科普讲座人次数与全国平均数接近,2006 年共计 5503071人次参与县级科普讲座,占全国县级科普讲座总次数的 13.7%。

第四类其参加县级科普讲座人次数为 1291063.66～2000000.00,分别为:内蒙古、河北、

---

① 参加县级科普讲座的人次数变异系数 $C \cdot V$ 计算公式为公式(2-2),其中 x 为 2006 年各省参加县级科普讲座的人次数,$\bar{x}$ 为各省参加县级科普讲座人次数均值。

② 首位度计算公式为公式(2-4),其中 P_1 为 2006 年山东省参加县级科普讲座的人次数;P_2 为江苏省参加县级科普讲座的人次数。

山西、陕西、甘肃、安徽、湖北、湖南、广西和浙江。这 10 个省(区)参与县级科普讲座的人次数均高于全国平均值,2006 年共计 16293142 人次参与各级县级科普讲座,占全国参加县级科普讲座总人次的 40.7%。

第五类其参加县级科普讲座次数为 2000000.01～4851950.00,分别是:辽宁、山东、河南、江苏和四川。这 5 个省是我国参与县级科普讲座活动人次数最多的地区,2006 年 5 省共计 14662459 人次参加县级科普讲座活动,占全国县级科普讲座总人次数的 36.6%(图 9-10)。

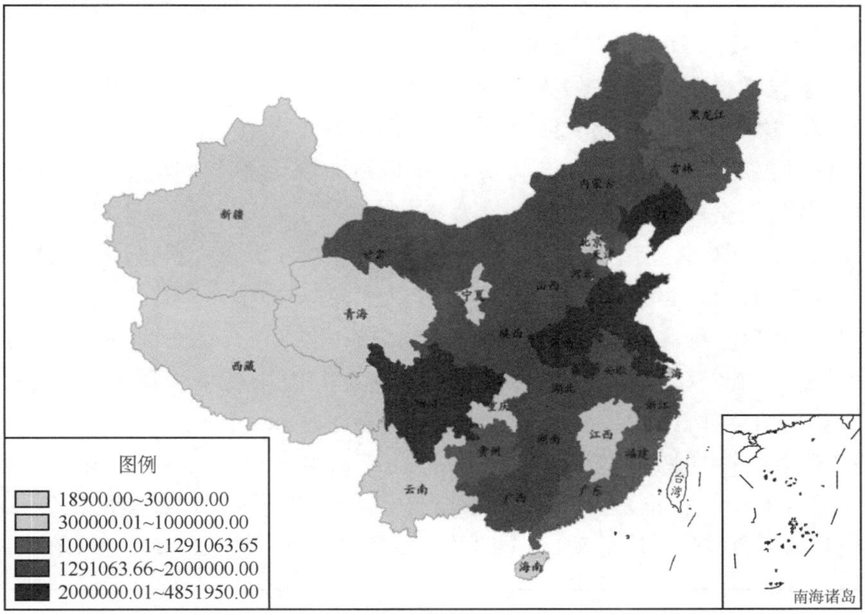

图 9-10　2006 年我国各省(区、市)参与县级科普讲座人次分布图

9.2.5　参加学会科普讲座的科普旅游者的分布

2006 年我国共计 5675591 人次参与了各省(区、市)学会科普讲座(省级、地级、县级科协与学会),平均每省为 183083.58 人次,北京市是全国学会科普讲座参与人次数最多的省份(2006 年参与学会科普讲座 524865 人次),排名第二位的为上海市(484409 人次)。海南省参与学会科普讲座的人次数仅为 16753 人次,为全国最低。

2006 年,全国各省(区、市)参加学会科普讲座活动的人次数变异系数 $C \cdot V=74.62\%$①;其首位度 $S=1.08$②。全国参加学会科普讲座的人次数变异系数小于 100%,说明我国各省参加学会科普讲座的科普旅游者空间分布差异不显著。

以参加学会科普讲座人次数为衡量标准,全国参加学会科普讲座人次数分布有两个特点:一是直辖市是我国参与学会科普讲座人次数的密集区域,我国 4 个直辖市除重庆市外,其学会

---

① 参加学会科普讲座的人次数变异系数 $C \cdot V$ 计算公式为公式(2-2),其中 x 为 2006 年各省参加学会科普讲座的人次数,$\bar{x}$ 为各省参加学会科普讲座人次数均值。

② 首位度计算公式为公式(2-4),其中 P_1 为 2006 年北京市参加学会科普讲座的人次数;P_2 为上海市参加学会科普讲座的人次数。

科普讲座参与人数均高于全国平均值；二是我国东部沿海省份是我国学会科普讲座参与人次的密集地带。

我国 31 个省(区、市)按其参与学会科普讲座人次数分为五类：第一类为参与学会科普讲座人次最少的地区，第五类则为参与学会科普讲座人次最多的地区，略低于全国平均值的为第二类，略高于全国平均值的为第四类，第三类则为与全国平均值接近的省份。

第一类其参与学会科普讲座人次数小于 50000.00 人次，分别为：内蒙古、新疆、青海、河南和海南。2006 年这 5 个省(区)参与学会科普讲座的总人次仅为 135425 人次，低于全国平均值，仅占全国总人次数的 2.4%，是全国参与学会科普讲座活动人数最少的区域。

第二类其参与学会科普讲座的人次数为 50000.01～100000.00，分别为：重庆、河北、吉林、宁夏和贵州。这 5 个省(区、市)参与学会科普讲座的人次数也低于全国平均值，2006 年参与学会科普讲座的总人次数为 443477 人次，占全国参加学会科普讲座总人次数的 7.8%。

第三类其参与学会科普讲座的人次数为 100000.01～183083.58，分别为：山西、陕西、甘肃、西藏、四川、安徽、湖北、湖南和广东。这 9 个省(区)参与学会科普讲座人次数与全国平均数接近，2006 年共计 1266506 人次参与学会科普讲座，占全国学会科普讲座总次数的 22.3%。

第四类其参加学会科普讲座人次数为 183083.59～300000.00，分别为：天津、江苏、福建、云南和广西。这 5 个省(市)参与学会科普讲座的人次数均高于全国平均值，2006 年共计 1030343人次参与学会科普讲座，占全国参加学会科普讲座总人次的 18.2%。

第五类其学会科普讲座次数为 300000.01～524865.00，分别是：北京、上海、黑龙江、辽宁、山东、浙江和江西。这 7 个省(市)是我国参与学会科普讲座活动人次数最多的地区，2006 年共计 2799840 人次参加学会科普讲座活动，占全国学会科普讲座总人次数的 49.3%(图 9-11)。

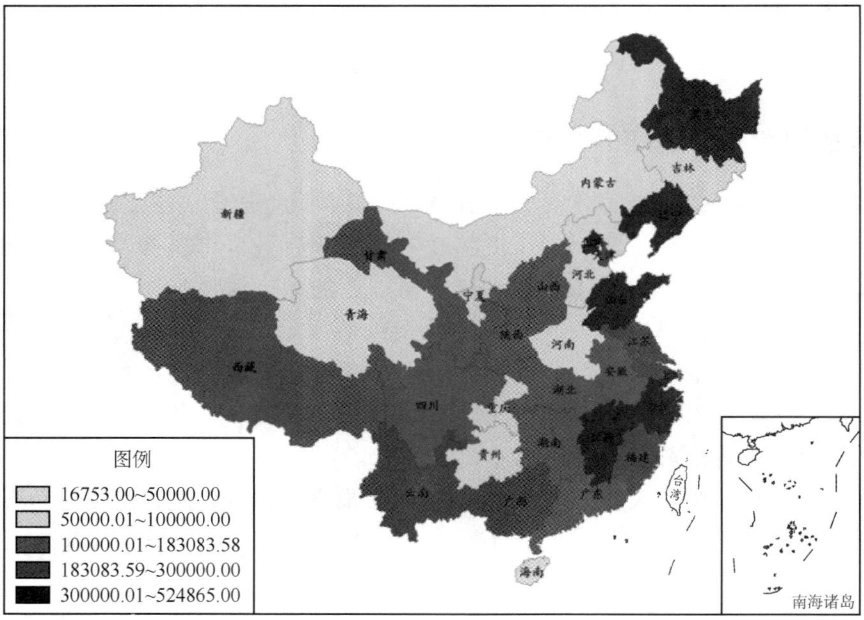

图 9-11　2006 年我国各省(区、市)参与学会科普讲座人次分布图

9.2.6　我国各省科普讲座客流规模相对比较优势

通过RCA法计算2006年我国各省(区、市)参加各级科普讲座活动的客流规模相对比较优势[①]。各省(区、市)计算结果以1为分界,当$RCA_{ij}>1$,则说明i地区参加第j类科普讲座活动的科普旅游者规模相对较大;如果$RCA_{ij}<1$,则说明i地区参加第j类科普讲座活动的科普旅游者规模相对较小。如果某地RCA_{ij}不只一项大于1,则选择RCA_{ij}为最大值的类型(表9-3)。

表9-3　2006年我国参加各级科普讲座活动的科普旅游者规模相对比较优势

	RCA(省级科普讲座)	RCA(地级科普讲座)	RCA(县级科普讲座)	RCA(学会科普讲座)
北　京	4.36	2.45	0.05	4.58
天　津	0.84	4.81	0.03	2.09
河　北	3.61	0.32	1.13	0.40
山　西	0.96	0.58	1.15	0.61
内蒙古	0.06	0.83	1.20	0.12
辽　宁	2.24	0.45	1.06	1.09
吉　林	0.12	1.59	0.98	0.49
黑龙江	0.88	0.23	0.99	2.26
上　海	0.00	3.53	0.02	4.33
江　苏	2.38	0.33	1.16	0.52
浙　江	0.09	0.93	0.99	1.45
安　徽	0.11	0.73	1.15	0.56
福　建	1.91	1.14	0.87	1.45
江　西	0.24	0.80	0.65	4.00
山　东	0.05	0.38	1.22	0.64
河　南	0.03	0.58	1.25	0.14
湖　北	0.24	0.99	1.05	0.87
湖　南	0.09	0.70	1.16	0.56
广　东	1.48	0.87	1.02	0.88
广　西	0.66	1.13	1.00	0.92
海　南	17.92	0.15	0.58	0.59
重　庆	0.72	1.44	0.96	0.70
四　川	0.33	0.50	1.17	0.71
贵　州	0.51	0.59	1.15	0.73
云　南	1.83	0.75	0.91	1.79

① 各省(区、市)科普讲座相对比较优势系数(RCA)由公式(2-5)计算得出,其中X_{ij}为2006年i地区参加第j类科普讲座的人次数;$\sum X_{ij}$表示参加全国j类科普讲座的人次数;$\sum X_{ij}$为i地区参加各级科普讲座人次数;$\sum\sum X_{ij}$为全国参加科普讲座总人次数。

续表

	RCA(省级科普讲座)	RCA(地级科普讲座)	RCA(县级科普讲座)	RCA(学会科普讲座)
西　藏	0.54	0.93	0.30	6.19
陕　西	0.20	2.92	0.68	0.54
甘　肃	0.58	0.48	1.19	0.59
青　海	2.32	1.42	0.91	0.65
宁　夏	0.39	0.62	0.88	2.58
新　疆	1.60	1.98	0.87	0.29

(数据来源：中国科学技术协会，2007)

以 RCA_{ij} 值为衡量标准，将我国各省(区、市)分为四类：第一类为参加省级科普讲座的科普旅游者规模相对较大的地区；第二类为参加地级科普讲座的科普旅游者规模相对较大的地区；第三类为参加县级科普讲座的科普旅游者规模相对较大的地区；第四类为参加学会科普讲座的科普旅游者规模相对较大的(图 9-12)。

根据 RCA_{ij} 值的分类表明，北京等 9 个省份参加省级科普讲座的科普旅游者规模相对较大；天津等 6 个省份参加地级科普讲座的科普旅游者规模相对较大；山东等 10 个省份参加县级科普讲座的科普旅游者规模相对较大；而上海等 6 省份参加学会科普讲座的科普旅游者规模较大。

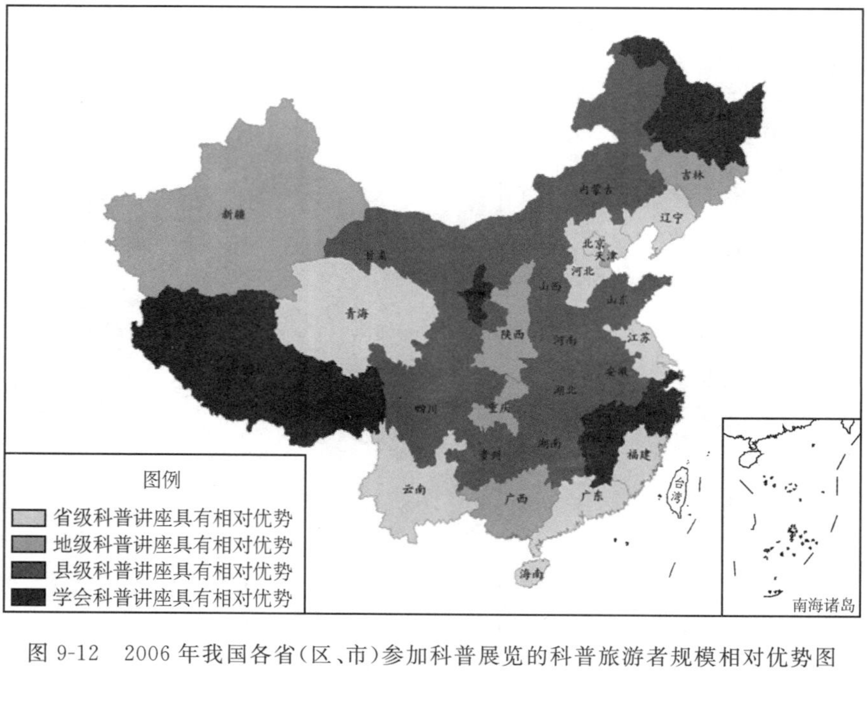

图 9-12　2006 年我国各省(区、市)参加科普展览的科普旅游者规模相对优势图

9.3　参加学术会议的科普旅游者空间行为

以参加人次数为衡量标准，我国各级学会举办的学术会议是最受我国公众关注的学术会

议。2006 年参加我国学会举办的国内学术会议的总人次为 1155724 人次，占全国参加学术会议的科普旅游者总人次的 47.6%。参加人次数位居第二位的为地级学术会议，共有665043人次，占全国参加学术会议的科普旅游者总人次的 27.4%①。

9.3.1　参加各类学术会议的科普旅游者的分布

2006 年我国共计 2428417 人次参与了各省(区、市)学术会议(省级、地级、县级科协与学会、国际、国内)，平均每省为 78336.03 人次，北京市是全国学术会议参与人次数最多的省份(2006 年参与学术会议 241306 人次)，排名第二位的为浙江省(199617 人次)。西藏参与学术会议的人次数仅为 1928 人次，为全国最低。

2006 年，全国各省(区、市)参加学术会议活动的人次数变异系数 $C \cdot V=83.47\%$②；其首位度 $S=1.20$③。全国参加学术会议的人次数变异系数接近 100%，说明我国各省(区、市)参加学术会议的科普旅游者空间分布差异比较显著。

以参加学术会议人次数为衡量标准，全国参加学术会议人次数分布最显著特征是，我国东部沿海省份是我国参加各种学术会议人数最密集的地带。全国参加学术会议人数最多的 5 个省份均位于我国东部沿海地区。

我国 31 个省(区、市)按其参与学术会议人次数分为五类：第一类为参与学术会议人次最少的地区，第五类则为参与学术会议人次最多的地区，略低于全国平均值的为第二类，略高于全国平均值的为第四类，第三类则为与全国平均值接近的省份。

第一类其参与学术会议人次数小于 20000.00 人次，分别为：内蒙古、宁夏、新疆、西藏、青海和海南。2006 年这 6 个省(区)参加学术会议的总人次为 47332 人次，低于全国平均值，仅占全国总人次数的 1.9%，是全国参与学术会议活动人数最少的区域。

第二类其参与学术会议的人次数为 20000.01～50000.00，分别为：河北、黑龙江、甘肃、江西、云南、贵州和广西。这 7 个省(区)参与学术会议的人次数也低于全国平均值，2006 年参与学术会议共计 250189 人次，占全国参加学术会议总人次数的 10.3%。

第三类其参与学术会议的人次数为 50000.01～78336.03，分别为：天津、吉林、山西、河南和湖北。这 5 个省(市)参与学术会议人次数与全国平均数接近，2006 年共计 309309 人次参与各级学术会议，占全国学术会议总次数的 12.7%。

第四类其参加学术会议人次数为 78336.04～150000.00，分别为：重庆、辽宁、陕西、四川、安徽、湖南、福建和广东。这 8 个省(市)参与学术会议的人次数均高于全国平均值，2006 年共计 824733 人次参与各级学术会议，占全国参加学术会议总人次的 34.0%。

第五类其参加学术会议人次数为 150000.01～241306.00，分别是：北京、上海、山东、江苏和浙江。这 5 个省(市)是我国参与学术会议活动人次数最多的地区，2006 年 4 省共计996854人次参加学术会议活动，占全国学术会议总人次数的 41.0%(图 9-13)。

---

① 数据来源：中国科学技术协会，2007.

② 参加学术会议的人次数变异系数 $C \cdot V$ 计算公式为公式(2-2)，其中 x 为 2006 年各省参加学术会议的人次数，$\bar{x}$ 为各省参加学术会议人次数均值。

③ 首位度计算公式为公式(2-4)，其中 P_1 为 2006 年北京市参加学术会议的人次数；P_2 为浙江省参加学术会议的人次数。

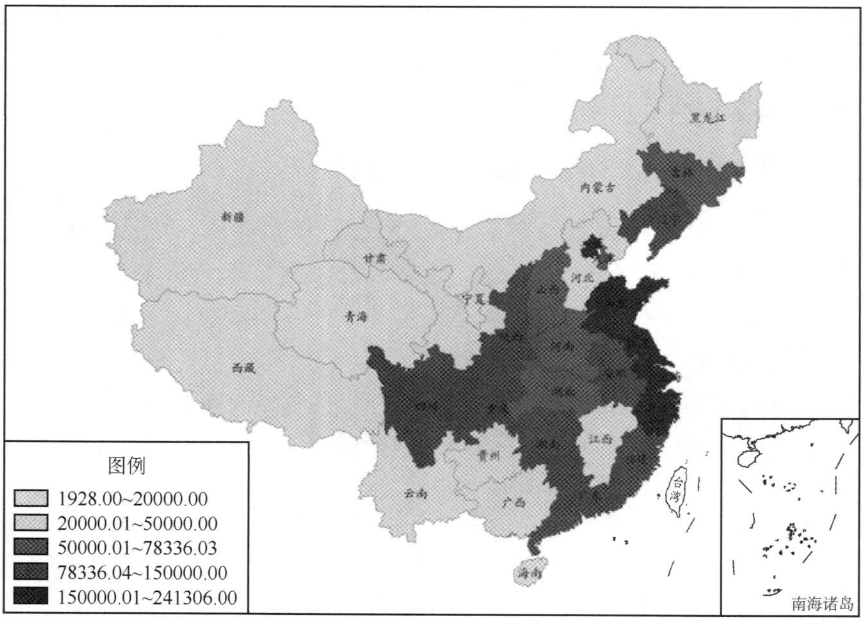

图 9-13　2006 年我国各省(区、市)参加学术会议的人次分布图

9.3.2　参加省级学术会议的科普旅游者的分布

2006 年我国共计 79475 人次参与了各省(区、市)省级学术会议,平均每省为 2563.71 人次,广东省是全国省级学术会议参与人次数最多的省份(18000 人次),排名第二位的为安徽省(13000 人次)。海南省参与省级学术会议的人次数仅为 0 人次,为全国最低。

2006 年,全国各省(区、市)参加省级学术会议活动的人次数变异系数 $C \cdot V=158.27\%$[①];其首位度 $S=1.38$[②]。全国参加省级学术会议的人次数变异系数大于 100%,说明我国各省(区、市)参加省级学术会议的科普旅游者空间分布差异显著。

以参加省级学术会议人次数为衡量标准,全国参加省级学术会议人次数分布最显著特征是我国参加省级学术会议人次分布很不均衡,全国仅有 9 个省份参加省级学术会议人次数高于全国平均值。

我国 31 个省(区、市)按其参与省级学术会议人次数分为五类:第一类为参与省级学术会议人次最少的地区,第五类则为参与省级学术会议人次最多的地区,略低于全国平均值的为第二类,略高于全国平均值的为第四类,第三类则为与全国平均值接近的省份。

第一类其参与省级学术会议人次数小于 500.00 人次,分别为:福建、云南、山西、辽宁、湖南、天津、内蒙古、西藏、江西、青海和海南。2006 年这 11 个省(区、市)参加省级学术会议的总人次仅为 3045 人次,低于全国平均值,仅占全国总人次数的 3.8%,是全国参与省级学术会议活动人数最少的区域。

第二类其参与省级学术会议的人次数为 500.01～1000.00,分别为:北京、河北、新疆、甘肃、

---

① 参加省级学术会议的人次数变异系数 $C \cdot V$ 计算公式为公式(2-2),其中 x 为 2006 年各省参加省级学术会议的人次数,$\bar{x}$ 为各省参加省级学术会议人次数均值。

② 首位度计算公式为公式(2-4),其中 P_1 为 2006 年广东省参加省级学术会议的人次数;P_2 为安徽省参加省级学术会议的人次数。

陕西、河南、湖北、贵州和广西。这 9 个省(区、市)参与省级学术会议的人次数也低于全国平均值,2006 年参与省级学术会议共计 5120 人次,占全国参加省级学术会议总人次数的 6.4%。

第三类其参与省级学术会议的人次数为 1000.01～2563.71,仅有四川和浙江两省属于第三类。四川省和浙江省参与省级学术会议人次数与全国平均数接近。2006 年总计 3500 人次参与各级省级学术会议,占全国省级学术会议总次数的 4.4%。

第四类其参加省级学术会议人次数为 2563.72～10000.00,分别为:上海、重庆、黑龙江、吉林、山东、江苏和甘肃。这 7 个省(市)参与省级学术会议的人次数均高于全国平均值。2006 年共计 34810 人次参与各级省级学术会议,占全国参加省级学术会议总人次的 43.8%。

第五类其参加省级学术会议人次数为 10000.01～18000.00,仅有安徽省和广东省属于第五类地区,是我国参与省级学术会议活动人次数最多的地区,2006 年两省共计 31000 人次参加省级学术会议活动,占全国参加省级学术会议总人次数的 39.0%(图 9-14)。

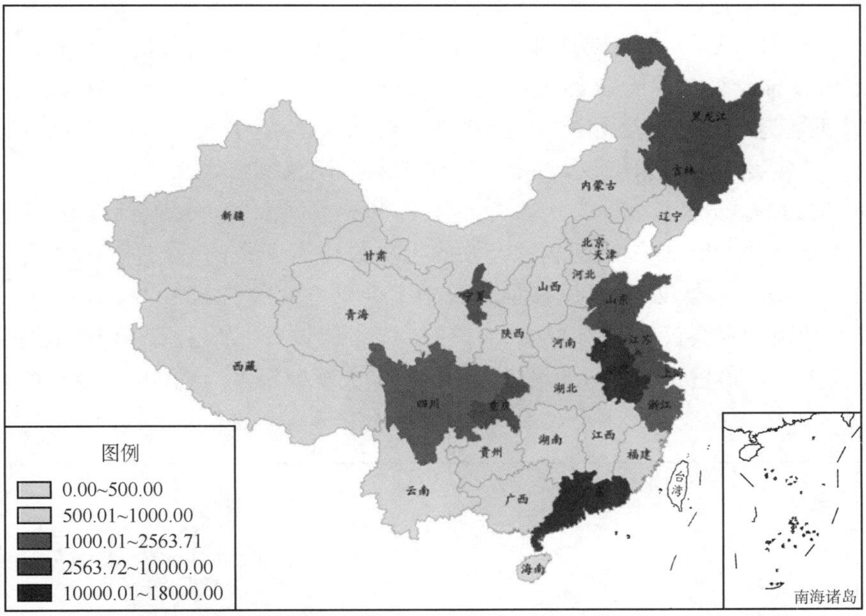

图 9-14　2006 年我国各省(区、市)参加省级学术会议的人次分布图

9.3.3　参加地级学术会议的科普旅游者的分布

2006 年我国共计 665043 人次参与了各省(区、市)地级学术会议,平均每省为 21453.00 人次,山东省是全国地级学术会议参与人次数最多的省份(103386 人次),排名第二位的为陕西省(62604 人次)。西藏和海南参与地级学术会议的人次数均为 0 人次,为全国最低。

2006 年,全国各省(区、市)参加地级学术会议活动的人次数变异系数 $C \cdot V=119.67\%$①;其首位度 $S=1.65$②。全国参加地级学术会议的人次数变异系数大于 100%,说明

① 参加地级学术会议的人次数变异系数 $C \cdot V$ 计算公式为公式(2-2),其中 x 为 2006 年各省参加地级学术会议的人次数,$\bar{x}$ 为各省参加地级学术会议人次数均值。

② 首位度计算公式为公式(2-4),其中 P_1 为 2006 年山东省参加地级学术会议的人次数;P_2 为陕西省参加地级学术会议的人次数。

我国各省(区、市)参加地级学术会议的科普旅游者空间分布差异显著。

以参加地级学术会议人次数为衡量标准,全国参加地级学术会议人次数分布最显著特征是,我国东部沿海地区是参加地级学术会议人次分布的密集地带,全国参加地级学术会议人次数最多的 6 个省份中仅有陕西省不位于这一地带。

我国 31 个省(区、市)按其参与地级学术会议人次数分为五类:第一类为参与地级学术会议人次最少的地区,第五类则为参与地级学术会议人次最多的地区,略低于全国平均值的为第二类,略高于全国平均值的为第四类,第三类则为与全国平均值接近的省份。

第一类其参与地级学术会议人次数小于 5000.00 人次,分别为:天津、吉林、内蒙古、西藏、青海、宁夏、云南、贵州、江西和海南。2006 年这 10 省(区、市)参加地级学术会议的总人次仅为 12664 人次,低于全国平均值,仅占全国总人次数的 1.9%,是全国参与地级学术会议活动人数最少的区域。

第二类其参与地级学术会议的人次数为 5000.01~10000.00,分别为:河北、山西、新疆、甘肃和福建。这 5 个省(区)参与地级学术会议的人次数也低于全国平均值,2006 年参与地级学术会议共计 38219 人次,占全国参加地级学术会议总人次数的 5.7%。

第三类其参与地级学术会议的人次数为 10000.01~21453.00,分别为:黑龙江、四川、重庆、湖南和广西。这 5 个省(区、市)参与地级学术会议人次数与全国平均数接近,2006 年共计 63994 人次参与各级地级学术会议,占全国地级学术会议总次数的 9.6%。

第四类其参加地级学术会议人次数为 21453.00~50000.00,分别为:北京、河南、安徽、湖北和广东。这 5 个省(市)参与地级学术会议的人次数均高于全国平均值,2006 年共计152323 人次参与各级地级学术会议,占全国参加地级学术会议总人次的 22.9%。

第五类其地级学术会议次数为 50000.01~103386.00,分别为:上海、辽宁、山东、江苏、浙江和陕西。这 6 个省(市)是我国参与地级学术会议活动人次数最多的省(市),2006 年山东、陕西两省共计 397843 人次参加地级学术会议活动,占全国地级学术会议总人次数的 59.8%(图 9-15)。

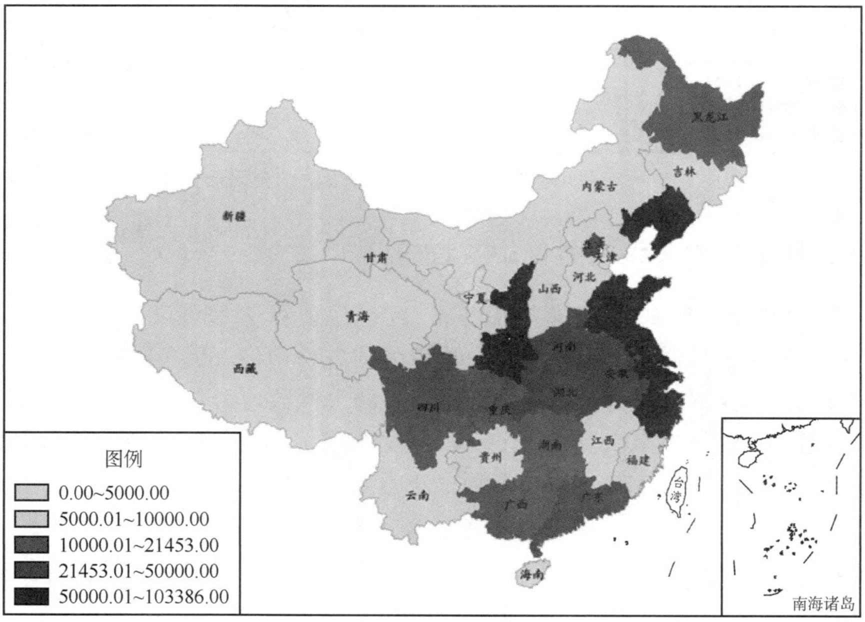

图 9-15 2006 年我国各省(区、市)参加地级学术会议的人次分布图

9.3.4　参加县级学术会议的科普旅游者的分布

2006 年我国共计 453693 人次参与了各省(区、市)县级学术会议,平均每省为14635.26 人次,江苏省是全国县级学术会议参与人次数最多的省份(67987 人次),排名第二位的为浙江省(62420 人次)。天津、西藏和海南参与县级学术会议的人次数均为 0 人次,为全国最低。

2006 年,全国各省(区、市)参加县级学术会议活动的人次数变异系数 $C \cdot V=116.62\%$①;其首位度 $S=1.09$②。全国参加县级学术会议的人次数变异系数大于 100%,说明我国各省(区、市)参加县级学术会议的科普旅游者空间分布差异显著。

以参加县级学术会议人次数为衡量标准,全国参加县级学术会议人次数分布具有两个显著特征:一是我国直辖市参加县级学术会议的人次数很少;二是我国东部沿海地区是参加县级学术会议人次分布的密集地带,全国参加县级学术会议人次数最多的 4 个省(江苏、浙江、山东、福建)全部位于这一地带。

我国 31 个省(区、市)按其参与县级学术会议人次数分为五类:第一类为参与县级学术会议人次最少的地区,第五类则为参与县级学术会议人次最多的地区,略低于全国平均值的为第二类,略高于全国平均值的为第四类,第三类则为与全国平均值接近的省份。

第一类其参与县级学术会议人次数小于 5000.00 人次,分别为:北京、天津、上海、新疆、西藏、青海、宁夏、贵州和江西。2006 年这 9 省(区、市)参加县级学术会议的总人次仅为 12235 人次,低于全国平均值,仅占全国总人次数的 2.7%,是全国参与县级学术会议活动人数最少的区域。

第二类其参与县级学术会议的人次数为 5000.01～10000.00,分别为:黑龙江、吉林、辽宁、内蒙古、河北、河南、重庆、云南、广西和海南。这 10 个省(区、市)参与县级学术会议的人次数也低于全国平均值,2006 年参与县级学术会议共计 71367 人次,占全国参加县级学术会议总人次数的 15.7%。

第三类其参与县级学术会议的人次数为 10000.01～14635.26,仅有安徽省属于第三类,其参与各级县级学术会议人次数与全国平均数接近。2006 年共计 13157 人次参与各级县级学术会议,占全国县级学术会议总次数的 2.9%。

第四类其参加县级学术会议人次数为 14635.27～30000.00,分别为:山西、陕西、甘肃、四川、湖北、湖南和广东。这 7 个省参与县级学术会议的人次数均高于全国平均值。2006 年共计 156532 人次参与各级县级学术会议,占全国参加县级学术会议总人次的 34.5%。

第五类其县级学术会议次数为 30000.01～67987.00,分别为:山东、江苏、浙江和福建。这 4 个省是我国参与县级学术会议活动人次数最多的地区,2006 年 4 省共计 200402 人次参加县级学术会议活动,占全国县级学术会议总人次数的 44.2%(图 9-16)。

---

① 参加县级学术会议的人次数变异系数 $C \cdot V$ 计算公式为公式(2-2),其中 x 为 2006 年各省参加县级学术会议的人次数,$\bar{x}$ 为各省参加县级学术会议人次数均值。

② 首位度计算公式为公式(2-4),其中 P_1 为 2006 年江苏省参加县级学术会议的人次数;P_2 为浙江省参加县级学术会议的人次数。

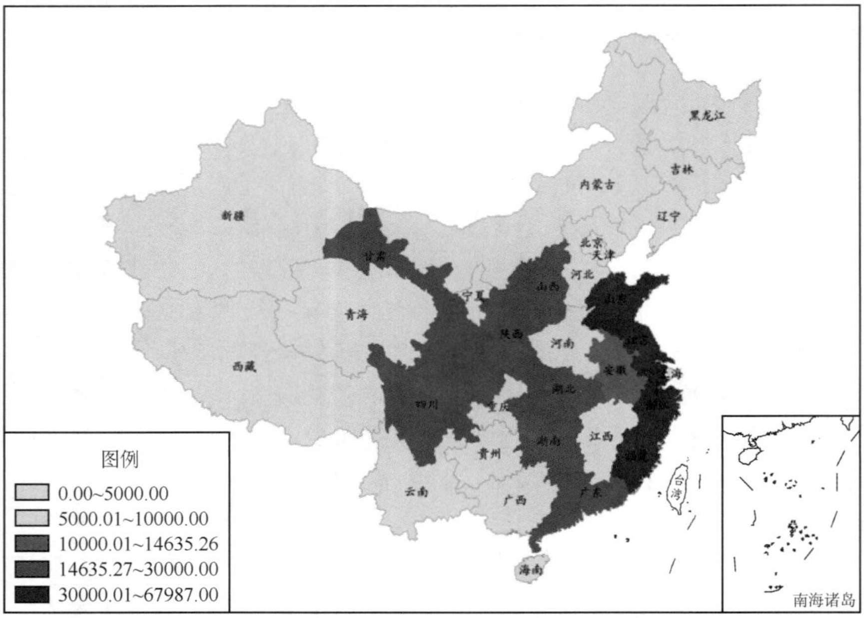

图 9-16　2006 年我国各省(区、市)参加县级学术会议的人次分布图

9.3.5　参加国内学术会议的科普旅游者的分布

2006 年我国共计 1155724 人次参与了各省(区、市)国内学术会议,平均每个省份为 37281.42人次,北京市是全国国内学术会议参与人次数最多的省份(208591 人次),排名第二位的为上海市(120854 人次)。西藏参与国内学术会议的人次数为 1613 人次,为全国最低。

2006 年,全国各省(区、市)参加国内学会学术会议活动的人次数变异系数 $C \cdot V=109.29\%$①;其首位度 $S=1.73$②。全国参加国内学会学术会议的人次数变异系数大于 100%,说明我国各省(区、市)参加国内学会学术会议的科普旅游者空间分布差异显著。

以参加国内学术会议人次数为衡量标准,全国参加国内学术会议人次数分布最显著特征是,我国直辖市是,我国参加国内学术会议的人次最密集的区域,北京和上海是全国参加国内学术会议最多的地区,此外,重庆市为全国第三,天津市为全国第六。

我国 31 个省(区、市)按其参与国内学术会议人次数分为五类:第一类为参与国内学术会议人次最少的地区,第五类则为参与国内学术会议人次最多的地区,略低于全国平均值的为第二类,略高于全国平均值的为第四类,第三类则为与全国平均值接近的省份。

第一类其参与国内学术会议人次数小于 10000.00 人次,分别为:内蒙古、新疆、西藏、青海、宁夏和海南。2006 年这 6 个省(区)参加国内学术会议的总人次仅为 16112 人次,低于全国平均值,仅占全国参加国内学术会议总人次数的 1.4%,是全国参与国内学术会议活动人数

---

① 参加国内学会学术会议的人次数变异系数 $C \cdot V$ 计算公式为公式(2-2),其中 x 为 2006 年各省参加国内学会学术会议的人次数,$\bar{x}$ 为各省参加国内学会学术会议人次数均值。

② 首位度计算公式为公式(2-4),其中 P_1 为 2006 年北京市参加国内学会学术会议的人次数;P_2 为上海市参加国内学会学术会议的人次数。

最少的省(区)。

第二类其参与国内学术会议的人次数为10000.01～20000.00,分别为:黑龙江、甘肃、贵州、江西、河南和广西。这5个省(区)参与国内学术会议的人次数也低于全国平均值,2006年参与国内学术会议共计108175人次,占全国参加国内学术会议总人次数的9.4%。

第三类其参与国内学术会议的人次数为20000.01～37281.42,分别为:河北、山西、陕西、山东、安徽、湖北、云南和福建。这8个省参与各级国内学术会议人次数与全国平均数接近,2006年共计225104人次参与各级国内学术会议,占全国参加国内学术会议总次数的19.5%。

第四类其参加国内学术会议人次数为37281.43～100000.00,分别为:天津、重庆、吉林、辽宁、江苏、浙江、四川、湖南和广东。这9个省(市)参与国内学术会议的人次数均高于全国平均值,2006年共计476888人次参与各级国内学术会议,占全国参加国内学术会议总人次的41.3%。

第五类其国内学术会议次数为100000.01～208591.00,仅有北京市和上海市属于第五类。这两个直辖市是我国参与国内学术会议活动人次数最多的地区,2006年共计329445人次参加国内学术会议活动,占全国参加国内学术会议总人次数的28.5%(图9-17)。

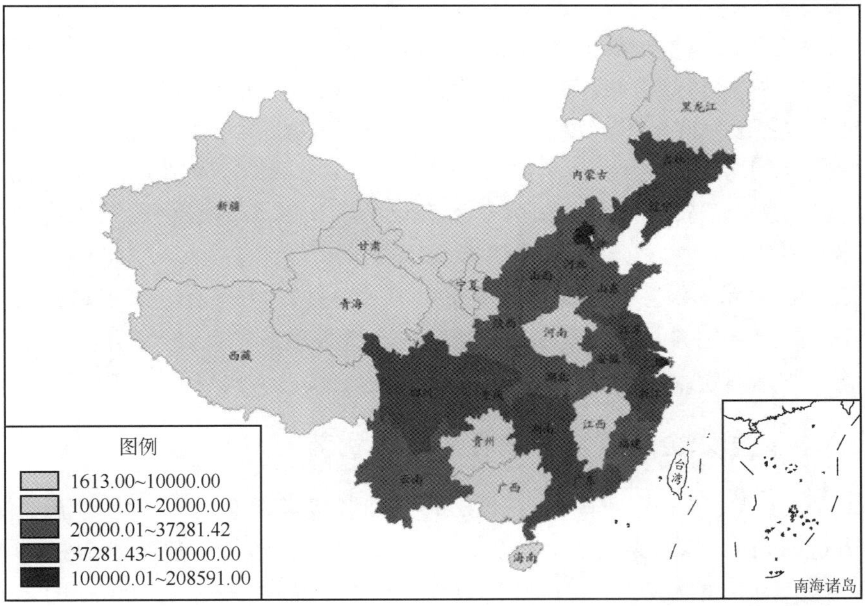

图9-17　2006年我国各省(区、市)参加国内学术会议的人次分布图

9.3.6　参加国际学术会议的科普旅游者的分布

2006年我国共计74482人次参与了各省(区、市)国际学术会议,平均每个省份为2402.65人次,上海市是全国国际学术会议参与人次数最多的省份(14118人次),排名第二位的为浙江省(11246人次)。河南、宁夏和青海参与国际学术会议的人次数均为0,为全国最低。

2006 年，全国各省（区、市）参加国际学术会议活动的人次数变异系数 $C \cdot V=148.54\%$①；其首位度 $S=1.26$②。全国参加国际学术会议的人次数变异系数大于 100%，说明我国各省（区、市）参加国际学术会议的科普旅游者空间分布差异显著。

以参加国际学术会议人次数为衡量标准，全国参加国际学术会议人次数分布最显著特征是参加国际学术会议的人次数区域发展极不均衡，全国仅有 7 个省份其参加人次数高于全国平均值。

我国 31 个省（区、市）按其参与国际学术会议人次数分为五类：第一类为参与国际学术会议人次最少的地区，第五类则为参与国际学术会议人次最多的地区，略低于全国平均值的为第二类，略高于全国平均值的为第四类，第三类则为与全国平均值接近的省份。

第一类其参与国际学术会议人次数小于 500.00 人次，分别为：黑龙江、河北、内蒙古、新疆、西藏、青海、宁夏、河南、贵州和海南。2006 年这 10 个省（区）参加国际学术会议的总人次仅为 1592 人次，低于全国平均值，仅占全国总人次数的 2.1%，是全国参与国际学术会议活动人数最少的区域。

第二类其参与国际学术会议的人次数为 500.01～1000.00，分别为：吉林、甘肃、山东、安徽、江西、福建和广西。这 7 个省（区）参与国际学术会议的人次数也低于全国平均值，2006 年参与国际学术会议共计 4814 人次，占全国参加国际学术会议总人次数的 6.5%。

第三类其参与国际学术会议的人次数为 1000.01～2402.65，分别为：天津、山西、陕西、湖北、湖南和云南。这 6 个省（市）参与各级国际学术会议人次数与全国平均数接近，2006 年共计 9866 人次参与各级国际学术会议，占全国国际学术会议总次数的 13.2%。

第四类其参加国际学术会议人次数为 2402.66～10000.00，分别为：北京、重庆、辽宁、江苏、四川和广东。这 6 个省（市）参与国际学术会议的人次数均高于全国平均值，2006 年共计 32846 人次参与各级国际学术会议，占全国参加国际学术会议总人次的 44.1%。

第五类其参加国际学术会议人次数为 10000.01～14118.00，仅有上海市和浙江省属于第五类。这两个省（市）是我国参与国际学术会议活动人次数最多的地区，2006 年上海市和浙江省共计 25364 人次参加国际学术会议活动，占全国国际学术会议总人次数的 34.1%（图 9-18）。

9.3.7 我国各省学术会议客流规模相对比较优势

通过 RCA 法计算 2006 年我国各省（区、市）参加各级学术会议活动的客流规模相对比较优势③。各省（区、市）计算结果以 1 为分界，当 $RCA_{ij}>1$，则说明 i 地区参加第 j 类学术会议的客流规模相对较大；如果 $RCA_{ij}<1$，则说明 i 地区参加第 j 类学术会议活动的客流规模相对较小。如果某地 RCA_{ij} 不只一项大于 1，则选择 RCA_{ij} 为最大值的类型（表 9-4）。

---

① 参加国际学术会议的人次数变异系数 $C \cdot V$ 计算公式为公式（2-2），其中 x 为 2006 年各省参加国际学术会议的人次数，$\bar{x}$ 为各省参加国际学术会议人次数均值。

② 首位度计算公式为公式（2-4），其中 P_1 为 2006 年上海市参加国际学术会议的人次数；P_2 为浙江省参加国际学术会议的人次数。

③ 各省学术会议相对比较优势系数（RCA）由公式（2-5）计算得出，其中 X_{ij} 为 2006 年 i 地区参加第 j 类学术会议的人次数；$\sum X_{ij}$ 表示参加全国 j 类学术会议的人次数；$\sum X_{ij}$ 为 i 地区参加各级学术会议人次数；$\sum\sum X_{ij}$ 为全国参加学术会议总人次数。

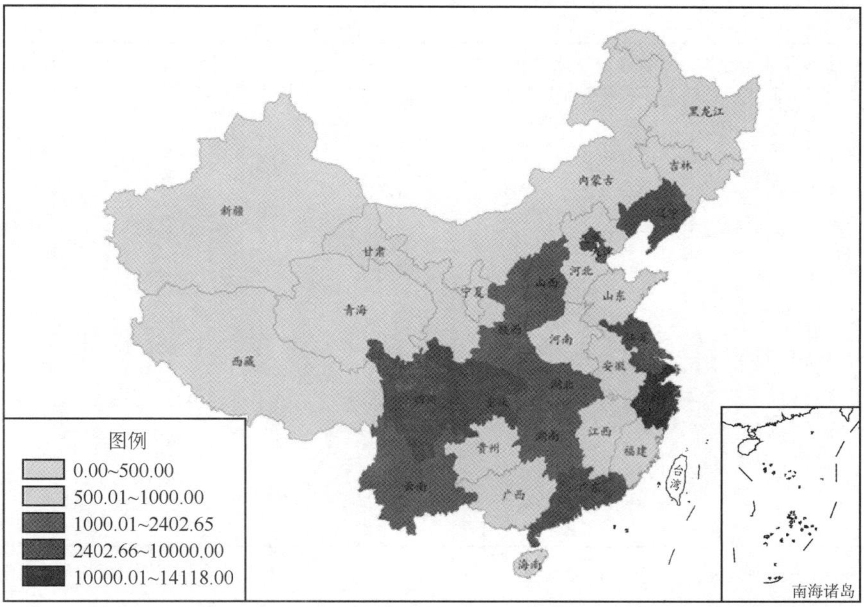

图 9-18 2006 年我国各省(区、市)参加国际学术会议的人次分布图

表 9-4 2006 年我国各省(区、市)参加各级学术会议的科普旅游者规模相对比较优势

	RCA(省级学术会议)	*RCA*(地级学术会议)	*RCA*(县级学术会议)	*RCA*(国内学术会议)	*RCA*(国际学术会议)
北 京	0.12	0.33	0.01	1.82	1.31
天 津	0.16	0.03	0.00	2.01	0.99
河 北	0.38	0.65	0.98	1.29	0.36
山 西	0.19	0.48	2.21	0.89	0.87
内蒙古	0.82	1.04	2.62	0.40	0.35
辽 宁	0.08	1.95	0.36	0.71	1.83
吉 林	2.73	0.14	0.70	1.53	0.37
黑龙江	2.63	0.98	0.88	0.99	0.35
上 海	1.18	0.95	0.06	1.30	2.35
江 苏	1.13	1.15	1.92	0.57	0.49
浙 江	0.23	1.12	1.67	0.67	1.84
安 徽	4.21	1.44	0.75	0.67	0.27
福 建	0.16	0.36	2.55	0.86	0.29
江 西	0.32	0.24	0.79	1.58	0.76
山 东	0.71	2.21	0.96	0.40	0.11
河 南	0.44	2.02	0.87	0.56	0.00
湖 北	0.41	1.48	1.52	0.57	0.73
湖 南	0.11	0.68	1.49	1.08	0.64
广 东	4.00	0.86	0.67	1.00	1.00
广 西	0.65	1.22	0.87	0.98	0.54

续表

	RCA(省级学术会议)	RCA(地级学术会议)	RCA(县级学术会议)	RCA(国内学术会议)	RCA(国际学术会议)
海　南	0.00	0.00	3.73	0.63	0.21
重　庆	0.95	0.42	0.39	1.49	2.32
四　川	0.68	0.49	1.58	1.08	1.09
贵　州	0.66	0.37	0.60	1.59	0.35
云　南	0.37	0.23	1.13	1.41	1.33
西　藏	4.75	0.00	0.00	1.76	0.25
陕　西	0.17	1.79	1.19	0.56	0.47
甘　肃	0.77	0.61	2.00	0.87	0.61
青　海	0.71	0.07	0.00	2.01	0.00
宁　夏	14.15	0.13	0.19	0.98	0.00
新　疆	1.51	2.05	0.99	0.40	0.52

(数据来源:中国科学技术协会,2007)

以 RCA_{ij} 值为衡量标准,将我国各省(区、市)分为五类:第一类为参加省级学术会议客流规模相对较大的地区;第二类为参加地级学术会议客流规模相对较大的地区;第三类为参加县级学术会议客流规模相对较大的地区;第四类为参加国内学术会议客流规模相对较大的地区;第五类为参加国际学术会议客流规模相对较大的地区。

根据 RCA_{ij} 值的判断,我国参加省级学术会议客流规模相对较大的地区为黑龙江等 6 个省份;参加地级学术会议客流规模相对较大的地区为山东等 6 个省份;参加县级学术会议客流规模相对较大的地区为江苏等 9 个省份;参加国内学术会议客流规模相对较大的为北京等 7 个省份;参加国际学术会议客流规模相对较大的为上海等 3 个省份(图 9-19)。

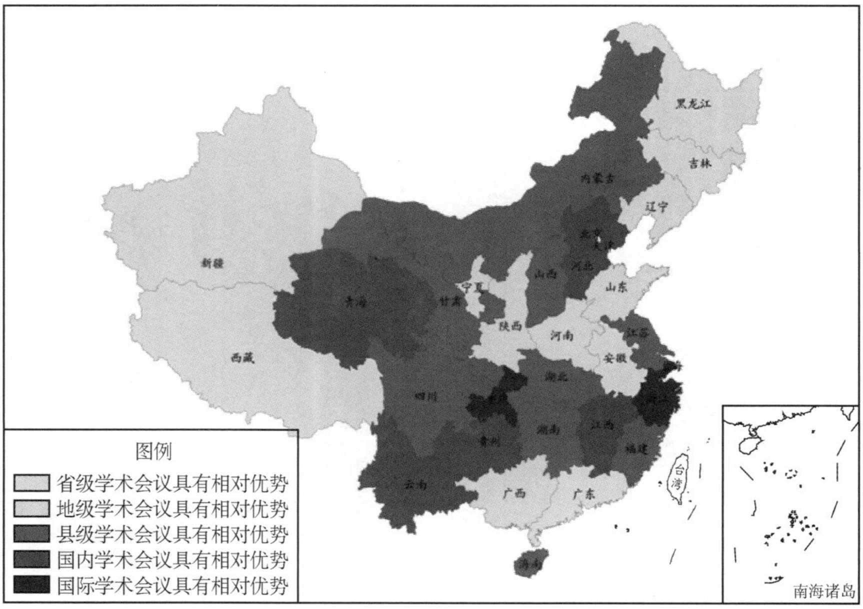

图 9-19　2006 年我国各省(区、市)参加学术会议的科普旅游者规模相对优势图

9.4　小结

(1)我国科普旅游在旅游产业中的地位为“十分天下有其一”。从客流规模看，我国2005年全国国内旅游12.12亿人次，同年参加科普展览、科普讲座和“科技周”的科普旅游者达1.7亿人次(还不包括各种科普场馆参观者)，科普旅游客流量占据了14%的份额。科普旅游是我国旅游产业体系中不可忽视的重要组成部分。

(2)科普展览活动是我国公众参与最多的科普旅游活动，此外，参加科普展览活动的游客比例逐年上升，从1999年的84.8%上升到2005年的87.1%。参加学术会议的游客规模和比例虽然不高，但也呈现出逐年上升的趋势。与此相对的是参加科普讲座的游客规模虽逐年扩大，但其比例有逐年下降的趋势。

(3)我国参加科普展览的科普旅游者的省域差异均不显著。参加科普展览的游客人次的变异系数$C \cdot V$小于100%。不过，省级科普展览、学会科普展览的科普旅游者则存在较大的省域分布差异。全国仅有8个省份参观科普展览人次数高于全国平均值；学会科普展览人次数分布在空间上集中在我国直辖市，仅有10个省份参观学会科普展览的人次数高于全国平均值。此外，我国各省学会科普展览游客量均不具有相对比较优势；大部分地区的县级科普展览游客量相对优势明显。

(4)我国各省参加科普讲座的科普旅游者空间分布的总体差异不显著。全国各区域参加科普讲座人次数分布发展较均衡，参加科普讲座人次数低于全国平均值的地区仅有16个。此外，直辖市参与科普讲座的人次数并不多。值得注意的是，尽管整体上参加科普讲座的游客数在空间上均衡，但省级和地级科普讲座的游客在空间上却存在很大差异。我国县级科普讲座客流量具有优势的地区比重最高。

(5)我国参加各类学术会议的科普游客的省域差异比较显著，其$C \cdot V$值接近100%。空间分布的主要特征是：我国东部沿海省份是我国参加各种学术会议人数最密集的地带。我国直辖市参加县级学术会议的人次数很少；但直辖市却是我国参加国内学术会议的人次数最密集的区域。我国大部分地区其县级学术会议的客流量具有优势。

第10章 我国科普旅游者微观行为

按照旅游者的行为在空间上扩展范围的不同，可以将旅游者的空间行为划分成大小不同的尺度。旅游者的空间行为既有区域、国家尺度，甚至是国际的尺度，也有景区内的游憩行为等微观的尺度。事实上，一次完整的旅游过程都具有微观的小尺度空间行为。我国科普旅游者小尺度的空间行为更多地与科普场馆、科普教育基地联系在一起。在这些场馆中，不同构成的科普旅游者在选择科普旅游场所和活动的过程中显示出各不相同的行为规律。

10.1 我国科普旅游者的主要构成

10.1.1 科普旅游者的年龄构成

2004年的调查中，以参观科技馆的科普旅游者为例，我国科普旅游者在年龄上具有一定的集中规律：中国科技馆、沈阳科学宫、郑州科技馆的13～18岁观众最多，而佛山科技馆、嘉兴科技馆却是23～59岁的观众为最多。这说明中国科技馆和省级科技馆的观众中以青少年为主，而两个地级科技馆的观众多是成年观众，并且成年观众的比例明显高于青少年观众的比例(表10-1)。

表10-1 2004年我国科普旅游者年龄构成(%)

	1～6岁	7～12岁	13～18岁	19～22岁	23～59岁	60岁以上	合计
中国科技馆	1.5	18.3	32.0	13.9	29.9	4.4	100.0
沈阳科学宫	3.5	19.5	31.5	17.0	25.0	3.5	100.0
郑州科技馆	0.5	19.3	27.7	27.2	23.3	2.0	100.0
佛山科技馆	2.0	28.3	17.2	2.0	47.5	3.0	100.0
嘉兴科技馆	0.9	24.8	9.2	4.6	56.9	3.7	100.0
平均	1.7	20.6	26.8	15.1	32.4	3.5	100.0

(数据来源：中国科普研究所，中国科学技术馆，2006)

2007年"科技周"、"科普日"期间的问卷调查显示，我国科普旅游者以中青年群体为主。其中18～24岁的群体所占比重最大(比例为41%)，444名受访者中有182人处于此年龄段；25～36岁之间的群体比例也高达23.6%。而46～55岁之间的科普旅游者仅13人，比例仅为1.8%(表10-2)。

表 10-2 2007 年我国科普旅游者的年龄构成

年龄段	选择频数	比例(%)
18 岁以下	65	14.6
18～24 岁	182	41.0
25～35 岁	105	23.6
36～45 岁	55	12.4
46～55 岁	8	1.8
56～65 岁	13	2.9
66 岁以上	16	3.6
合计	444	100.0

10.1.2 科普旅游者的性别构成

2004 年的调查中,参观各地科技馆的科普旅游者中,除了嘉兴科技馆外,其余 4 个科技馆的女性科普旅游者均较男性多。其中,佛山科技馆女性科普旅游者比例达 60%,沈阳科技馆女性科普旅游者的比重也达到了 59.9%(表 10-3)。

表 10-3 2004 年我国科普旅游者性别构成(%)

	男	女	合计
中国科学馆	49.7	50.3	100.0
沈阳科学宫	40.1	59.9	100.0
郑州科技馆	47.0	53.0	100.0
佛山科技馆	40.0	60.0	100.0
嘉兴科技馆	55.2	44.8	100.0
平均	46.7	53.3	100.0

(数据来源:中国科普研究所,中国科学技术馆,2006)

10.1.3 科普旅游者的职业构成

2004 年的调查显示,参观科技馆的科普旅游者具有明显的职业集中特征。在所有参观科技馆的游客中,学生群体占据了最大的比重,5 个科技馆的学生群体平均比例达 63%。其中,沈阳和郑州科技馆科普旅游者中学生所占比例最高,达到 73%左右;嘉兴科技馆这一比例最低,仅为 38.9%(表 10-4)。

表 10-4 2004 年我国科普旅游者职业构成(%)

	学生	工人	农民	军人	公务员	行政管理人员	教师	文体工作者	专业科技工作者	传媒工作者	服务业职工	退休	无业	其他	合计
中国科技馆	62.4	2.4	—	0.9	3.8	—	5.0	0.6	3.6	0.3	3.6	5.6	0.9	8.0	100.0
沈阳科学馆	73.0	4.5	0.5	—	2.5	5.5	1.5	—	2.0	—	2.0	5.5	1.0	2.0	100.0

续表

	学生	工人	农民	军人	公务员	行政管理人员	教师	文体工作者	专业科技工作者	传媒工作者	服务业职工	退休	无业	其他	合计
郑州科技馆	73.3	4.0	—	2.0	2.5	5.9	4.0	—	1.5	2.0	1.5	1.5	—	2.0	100.0
佛山科技馆	50.0	4.0	1.0	1.0	3.0	5.0	3.0	—	7.0	1.0	7.0	3.0	2.0	13.0	100.0
嘉兴科技馆	38.9	13.0	—	2.8	8.3	8.3	0.9	0.9	5.6	2.8	2.8	6.5	3.7	5.6	100.0
平均	63.0	4.5	0.2	1.2	3.7	5.0	3.4	0.3	3.4	0.9	3.1	4.5	1.2	5.7	100.0

(数据来源：中国科普研究所，中国科学技术馆，2006)

2007年“科技周”、“科普日”期间的问卷调查显示，我国科普旅游者中学生群体比例最高，其比例为60.8%，444名受访者中有270人为学生。此外，技术人员和企业管理人员的比重也较大，而农民、军人和工人所占比重则较低(表10-5)。

表10-5　2007年我国科普旅游者职业构成

职业类型	选择频数	比例(%)
政府工作人员	12	2.7
企业管理人员	29	6.5
个体职业者	10	2.3
技术人员	43	9.7
服务人员	6	1.4
教师	28	6.3
农民	2	0.5
离退休人员	15	3.4
军人	3	0.7
工人	4	0.9
学生	270	60.8
其他	22	5.0
合计	444	100.0

10.1.4　科普旅游者的文化构成

2004年的调查中，参观科技馆的科普旅游者中，大专及本科学历的游客比例最高，达37.8%，其次是中小学文化程度的游客，其比例均在20%左右，其中小学文化程度的游客比例为20.7%，初中文化程度的游客比例为18.8%，高中文化程度的游客比例为20.5%(表10-6)。

表10-6　2004年我国科普旅游者文化程度构成(%)

	小学	初中	高中	大专及本科	硕士及以上	幼儿园	合计
中国科技馆	18.3	20.7	21.3	35.8	3.3	0.6	100.0
沈阳科学宫	21.5	17.5	25.5	34.5	1.0	—	100.0
郑州科技馆	15.5	21.5	13.0	48.5	1.5	—	100.0

续表

	小学	初中	高中	大专及本科	硕士及以上	幼儿园	合计
佛山科技馆	30.0	12.0	26.0	30.0	2.0	—	100.0
嘉兴科技馆	28.0	16.8	17.8	37.4	—	—	100.0
平均	20.7	18.8	20.5	37.8	1.9	0.2	100.0

（数据来源：中国科普研究所，中国科学技术馆，2006）

2007年“科技周”、“科普日”期间的问卷调查显示，我国科普旅游者中拥有本科学历的群体比例最高，其比例为47.5%，444名受访者中有211名文化程度为本科。与2004年的调查相比，高学历（硕士及其以上）的群体比例增大，从2004年的1.9%上升到2007年的24.5%（表10-7）。

表10-7　2007年我国科普旅游者文化程度构成

文化程度	选择频数	比例(%)
小学及其以下	21	4.7
初中	22	5.0
高中	47	10.6
大专	34	7.7
本科	211	47.5
硕士	64	14.4
博士及其以上	45	10.1
合计	444	100.0

10.1.5　科普旅游者的收入构成

我国科普旅游者的分布与收入密切相关，2004年的调查中，家庭月收入在5000元及其以下的人是科技馆旅游者的主体，占到91.35%。对收入的进一步分析可以看出，家庭月收入2000元的游客比例达到44.2%，2001～5000元的比例最高，为47.4%。较高收入的群体在科普旅游者中比重不高，5000元月收入以上的科普旅游者仅占7.3%（表10-8）。

表10-8　2004年我国科普旅游者收入构成(%)

	2000元/月以下	2001～5000元/月	5001～8000元/月	8001元/月以上	合计
中国科技馆	45.6	42.6	6.5	5.3	100.0
沈阳科学宫	42.0	56.5	1.5	—	100.0
郑州科技馆	52.0	42.0	4.0	2.0	100.0
佛山科技馆	36.8	48.7	13.2	1.3	100.0
嘉兴科技馆	47.2	47.2	5.6	—	100.0
平均	44.2	47.4	5.6	2.8	100.0

（数据来源：《科技馆常设展览科普效果评估》）

2007年“科技周”、“科普日”期间的问卷调查显示，与2004年的调查相比，总的来说，我国科普旅游者的收入构成趋于均衡。我国科普旅游者中月收入在4000元以上的群体比例最高，其比例为32.4%，444名受访者中有144名受访者月收入超过4000元（表10-9）。

表 10-9 2007 年我国科普旅游者收入构成

收入	选择频数	比例(%)
2000 元/月以下	121	27.3
2000～3000 元/月	102	23.0
3001～4000 元/月	77	17.3
4000 元/月以上	144	32.4
合计	444	100.0

10.1.6 科普旅游者出游方式构成

参观科技馆的科普旅游者与家人一起来参观科技馆的人数所占比例最大，达到 60.4%，其次是与朋友一起来。嘉兴科技馆高达 78%的受访者都是与家人一起来参观科技馆，即使是郑州科技馆，选择以家庭为单位的出游方式的科普旅游者所占比例也达到了 50%。

此外，选择与朋友一起出游的游客比重也达到 22.2%(平均值)。沈阳科技馆和郑州科技馆科普旅游者中分别有 29.5%和 29.2%的游客也选择与朋友一起出游作为参观科技馆的主要出游方式。

值得关注的是，通过旅游运营商组织的游客比重非常低，仅有 5.9%的游客是通过旅行社组织前往科技馆。这也表明科技馆等科普旅游点没有能够进入旅游线路的组织(表 10-10)。

表 10-10 我国科普旅游者的出游形式(%)

	自己单独来	与家人一起来	与朋友一起来	旅行社组织	单位或学校组织	合计
中国科技馆	4.40	55.00	18.90	5.90	15.70	100.0
沈阳科技馆	4.50	63.00	29.50	—	3.00	100.0
郑州科技馆	2.50	50.00	29.20	—	18.30	100.0
佛山科技馆	3.00	75.00	15.00	—	7.00	100.0
嘉兴科技馆	8.30	78.00	12.80	—	—	100.0
平均	4.30	60.40	22.20	2.10	10.90	100.0

(数据来源:《科技馆常设展览科普效果评估》)

10.2 我国科普旅游者对科普旅游场所的选择

根据对我国公众对科普旅游设施和场所的接触频率的多年统计进行对比分析不难发现，一方面我国科普旅游者可选择的科普旅游场所越来越丰富；另一方面，我国公众越来越频繁地到访这些科普旅游场所。

10.2.1 2001 年科普旅游者对科普旅游场所的选择

2001 年我国公众有许多科普活动与国家的科技文化基础设施，如动物园、植物园、科技馆、自然历史博物馆、公共图书馆、图书阅览室等场所的建设密切相关。本次调查对公众参观这些场所的频率(次/年)做了调查。调查显示,有68.21%的被调查者没有参观过动物园或植物园,超过80%的被调查者没有参观过科技展览、科技馆或自然历史博物馆,有72.96%的被调查者没有去过图书馆或图书阅览室(表10-11)。

表10-11　2001年我国公众参加科普活动的频率(%)

	没有	1～2次	3次以上
参观动物园或植物园	68.21	26.62	5.13
参观科技馆或自然历史博物馆	85.94	10.38	1.70
参观科技展览	81.37	14.55	2.10
去公共图书馆或图书阅览室	72.96	15.48	9.72

(资料来源:《2001年公众科学素养调查报告》)

10.2.2　2003年科普旅游者对科普旅游场所的选择

2003年的调查中,参观过科普画廊或宣传栏的最多,其次是科技示范点、图书馆或图书阅览室和动物园或水族馆。参观过自然博物馆和科技馆等科技类场馆的相对较少。去过科技馆1～2次的比例仅为7.2%,去过3次以上的不到1个百分点(表10-12)。

表10-12　2003年我国公众接触科普设施的频率(%)

	动物园或水族馆	植物园	科技馆等科技类场馆	自然博物馆	图书馆或图书阅览室	科普画廊或宣传栏	美术馆或展览馆	科技示范点
1～2次	19.6	11.7	7.2	4.3	13.5	20.6	8.4	18.7
3次以上	3.4	2.6	0.7	0.6	10.8	11.2	1.9	7.2

(资料来源:《2003年公众科学素养调查报告》)

10.2.3　2004年科普旅游者对科普旅游场所的选择

2004年的调查表明,在公众访问过三次以上的科普旅游资源中,排在首位的是科普画廊或宣传栏,为24.2%;第二是图书馆或阅览室,比例为19.9%;第三是植物园,比例为11.3%。公众表示去过1～2次的科普设施中,列第一的是植物园,比例为48.7%;列第二的是动物园或水族馆,为48.1%;列第三的是科普画廊或宣传栏,为44.8%;第四是图书馆或图书阅览室,为44.6%;第五是科技馆等科技类场馆,为36.5%。

公众表示没去过的科普旅游设施中,比例最高的为对公众开放的高校实验室或其他科研院所实验室、天文台实验站等,为79.1%;其次是自然博物馆,为66.7%;第三是对公众开放的工农业等企业场所(如车间、蔬菜大棚、果园等)为63.9%(表10-13)。

表10-13　2004年我国公众参观科普旅游设施状况(%)

	没去过	去过1～2次	去过3次及其以上
动物园或水族馆	42.9	48.1	9.0
植物园	40.0	48.7	11.3
科技馆等科技类场馆	57.5	36.5	6.0

续表

	没去过	去过1～2次	去过3次及其以上
自然博物馆	66.7	28.8	4.5
图书馆或图书阅览室	35.5	44.6	19.9
科普画廊或宣传栏	31.0	44.8	24.2
美术馆等	57.9	33.9	8.2
实验室、天文台站等	79.1	19.3	1.6
工农业等企业场所	63.9	32.2	3.9

（数据来源：中国科普研究所，2005）

2004年的另一项调查研究指出，作为休闲娱乐场所，9.96％我国公众选择了科技馆，此外，博物馆和动植物园的选择率分别为6.14％和10.06％，科技馆在全部10个选项中位列第6。这说明科普旅游在公众心目中已占一定分量，有一成的公众会在休息时选择去科技馆等科普旅游场所参观，并以此作为放松或娱乐的方式（表10-14）。

表10-14 2004年公众对休闲娱乐场所的选择率(％)

	影剧院、音乐厅	游乐场或游戏厅	旅游景点、公园	歌厅、舞厅、酒吧、网吧等	科技馆	商场	动/植物园	博物馆	体育锻炼场所	其他
平均	4.80	5.83	43.09	5.83	9.96	41.59	10.06	6.14	19.14	21.16

（数据来源：《科技馆常设展览科普效果评估》）

10.2.4 2005年科普旅游者对科普旅游场所的选择

2005年我国公众访问过各种科普设施的调查显示，参观过科普画廊或宣传栏的公众比例最高，为36.7％；参观过科技示范点和动物园、水族馆、植物园的次之，分别为30.9％和30.3％；去过图书阅览室和公共图书馆的比例分别为29.2％和26.7％；参观过各种科普场馆的比例均比较低，其中，参观过美术馆或展览馆、科技馆等科技类场馆和自然博物馆的比例分别为11.2％、9.3％、7.1％。

通过对没有去这些科普设施和科普场馆参观的原因调查显示，“本地没有”和“不知道在哪里”是造成公众没有利用这些科普设施的主要原因。在公众没有参观过科技馆等科技类场馆(90.8％)的各种原因中，“本地没有“占第一位，比例为56.0％；“不感兴趣”和“不知道”分别占第二位和第三位，比例分别为10.7％和10.0％。“门票太贵”并不是影响公众到科技馆参观的主要原因，比例只有1.8％(中国科普研究所，2006)。

10.2.5 2007年科普旅游者对科普旅游场所的选择

2007年对444名受访者的调查显示，动物园、植物园及科技馆是游客接触最多的科普旅游场所。其中选择频数最高的为动/植物园（被选中343次），其次是科技馆(282次被选中)。而野外台站、重点试验室等科普旅游场所的游客选择率则较低（图10-1）。

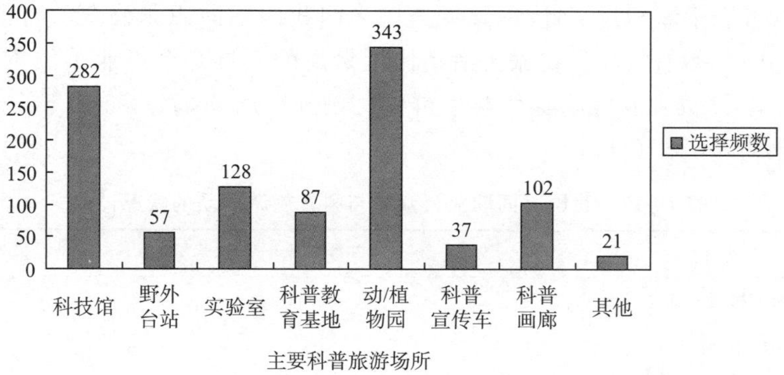

图 10-1　2007 年我国科普旅游者访问过的科普旅游场所

10.3　我国科普旅游者对科普旅游活动的选择

我国科普旅游者经常参加的科普旅游活动(包括常设科普旅游活动和大型科普旅游节事)的行为特点也呈现出一些特点。

10.3.1　2003 年科普旅游者对科普旅游活动的选择

2003 年关于我国公众参加日常科普旅游活动的情况调查表明，我国公众参加过科技展览和科普讲座的比例不高，没有参加过但听说过这些日常科普活动的人的比例都在 50%左右，没听说过这些活动的比例都在 20%左右(表 10-15)。

表 10-15　2003 年我国科普旅游者参加日常科普活动概况(%)

	参加过 1 次	参加过 2 次	参加过 3 次	参加过 4 次	参加过 5 次	没有参加过但听说过	没有听说过
科技展览	8.3	6.6	2.8	1.0	0.9	55.7	24.8
科普讲座	8.7	7.4	4.2	1.9	2.9	50.9	24.1

(资料来源：中国公众科学素养调查课题组，2004)

2003 年对被访者进行了过去一年中科技周(节、日)大型科普活动的参与比例调查，结果表明，2003 年我国公众参与大型科普旅游节事的比例不算高。但是，我国公众对科技周的参与和了解程度较高。参加过科技周活动的比例仅有 11.1%，有将近半数的公众听说过科技周(节、日)但没有参加过。另外，还有将近 38%的公众没有听说过这样的科技节(日)，说明在 2003 年，科技周等大型科普旅游节事活动的公众认知率不高(表 10-16)。

表 10-16　2003 年我国公众参加重大科普活动的情况(%)

	参加过	没有参加过但听说过	没有听说过
科技周(节、日)	11.1	50.5	38.4

(资料来源：中国公众科学素养调查课题组，2004)

10.3.2　2004 年科普旅游者对科普旅游活动的选择

2004 年的调查表明，当问及“您是否参加过科普讲座、科普沙龙等常设科普活动”时，

79.7%的被调查者表示参与过。此外,该调查还表明我国不同职业公众参与常设科普旅游活动的比例各不相同。参与常设科普旅游活动比例最高的人群是企事业单位负责人,其参加比例高达90.9%;此外,商业从业人员和学生群体比例分别达86.7%和83.3%。而参与比例最低的人群为产业工人(表10-17)①。

表10-17 我国不同职业公众参与科普旅游活动的状况(%)

职业	参与比例	未参与比例
国家机关负责人	77.8	22.2
专业技术人员	69.0	31.0
工人	66.7	33.3
失业及下岗人员	72.3	27.7
企业事业单位负责人	90.9	9.1
办事人员与有关人员	82.4	17.6
商业从业人员	86.7	13.3
学生	83.3	16.7
离退休人员	82.7	17.3

(资料来源:中国科普研究所,2006)

10.3.3 2005年科普旅游者对科普旅游活动的选择

2005年对我国公众参与和了解科技咨询、科技培训和科普讲座等日常科普旅游活动的调查显示,我国公众参加过科技培训的比例为30.8%,参加过科技咨询的比例为30.4%,参加过科普讲座的比例为23.9%。调查还显示,虽然没参加过但听说过上述各种科普活动的公众比例均在40%以上,其中,没有参加过但听说过科普宣传车的比例最高,达到58.9%。城镇公众参与科技周(节、日)的程度高于乡村公众,有14.6%的城镇公众参加过,不知道或没听过的比例为37.4%;在农村这两个比例分别为10.2%和49.2%。乡村公众则更多地参与和知道科普宣传车、科技咨询、科技培训和科普讲座。我国男性对各种科普活动的参与程度和知晓程度都高于女性。科技周(节、日)参加比例在各年龄段差异不明显。60~69岁年龄段公众对各项科普活动不知道的比例均最高。

10.3.4 2007年科普旅游者对科普旅游活动的选择

针对受访者过去一年参加科普旅游活动的频率调查显示:2007年,受访的444名科普旅游者中,144名(32.4%)在过去一年没有参加过科普旅游活动,参加过1次的受访者为143名(32.2%),参加过3次以上科普旅游活动的受访者仅46名,仅占总数的10.4%(表10-18)。

---

① 2004年1月,中国科普研究所分别在云南昆明、上海市、湖北武汉对公众进行了问卷调查。本次调查共发放问卷600份,回收561份,回收率为93.5%;其中有效问卷487份,有效率为86.8%。

表 10-18 2007 年我国科普旅游者参加科普旅游活动的频率

过去一年参加科普旅游活动的次数	选择频数	选择频数百分比(%)
0 次	144	32.4%
1 次	143	32.2%
2 次	88	19.8%
3 次	23	5.2%
3 次以上	46	10.4%

2007 年对 444 名科普旅游者的调查显示,我国科普旅游者对各类科普旅游活动的了解和接触程度有所不同。在共计 8 类科普旅游活动中,科技展览无疑是受访者最关注的,其选择频数 250 次,频率达 33%。此外,具有交互式特点的科技制作和专业性较强的科技讲座也成为受访者重点关注对象,选择频数分别为 126 次和 119 次。

10.4 我国科普旅游者出游时段的分布

10.4.1 不同年龄科普旅游者出游时段的选择

2004 年的调查中,我国科普旅游者中选择节假日出游的比例为 43.78%,选择周末出游的比例为 42.19%,仅有 14.03%的科普旅游者选择在平时出游。

进一步的调查数据显示,不同年龄段的科普旅游者在出游时间选择上存在差异,1~6 岁、7~12 岁的科普旅游者通常选择周末和节假日参加科普旅游活动;13~18 岁、19~22 岁的科普旅游者更倾向于节假日出游,其节假日出游比例分别为 49.61%和 42.66%;23~59 岁和 60 岁以上的科普旅游者更倾向于周末参加科普旅游(表 10-19)。

表 10-19 不同年龄段的科普旅游者出游时段的选择(%)

	1~6 岁	7~12 岁	13~18 岁	19~22 岁	23~59 岁	60 岁以上	平均
平时	12.50	12.82	16.93	17.48	10.42	18.18	14.03
周末	43.75	43.59	33.46	39.86	49.51	42.42	42.19
节假日	43.75	43.59	49.61	42.66	40.07	39.39	43.78

(数据来源:《科技馆常设展览科普效果评估》)

10.4.2 不同职业科普旅游者出游时段的选择

2004 年的调查发现,选择“平时”而不是节假日或周末参加科普旅游活动的学生游客最多。除此之外,我国不同职业的科普旅游者出游时段特点主要表现为:平时出游的科普旅游者中以退休人员居多;选择周末出游的多为企事业单位管理人员和工人;选择节假日出游的科普旅游者除“其他”职业类型外,企事业单位管理人员也倾向于在节假日科普旅游活动(表 10-20)。

表 10-20 不同职业的科普旅游者出游时段的选择(%)

职业	平时	周末	节假日	平均
学生	71.40	57.80	65.30	62.97
行政管理人员(包括企事业单位)	1.50	6.30	4.80	0.21
工人	3.00	6.30	3.40	1.16
退休	6.80	4.80	3.60	3.69
公务员	5.30	3.30	3.60	4.96
教师	2.30	2.80	4.30	3.38
专业技术工作者	3.00	4.50	2.40	0.32
商贸服务业职工	1.50	4.00	2.70	3.38
军人	0.00	1.30	1.40	0.95
无业	0.00	2.30	0.50	3.06
传媒工作者	1.50	1.00	0.70	4.54
文体工作者	0.00	0.50	0.20	1.16
其他	3.80	5.50	7.00	10.24
合计	100.00	100.00	100.00	100.00

(数据来源:中国科普研究所,中国科学技术馆,2006)

10.4.3 不同文化程度科普旅游者出游时段的选择

对不同文化程度的科普旅游者的调查发现,大专及本科文化程度者,无论平时、周末和节假日,出游时段选择上没有明显差异,比例都在37%左右。幼儿园游客则全部集中于周末和节假日。

小学文化程度的科普旅游者出游时段则更多地集中于周末和节假日,其中周末出游的比例为22.86%,节假日出游比例为20.05%。

初中文化程度的科普旅游者倾向于选择平时和节假日参加科技馆等科普旅游活动,其中平时出游的比例为24.81%,节假日出游的比例为23.43%。

高中文化程度的科普旅游者出游时段最集中的是周末,其比例为24.37%,而选择平时和节假日的高中文化程度的科普旅游者比例相当。

硕士及其以上的科普旅游者出游时段主要集中在平时和周末,选择平时和周末作为出游时段的游客比例均为2.26%,选择节假日出游的高学历科普旅游者的比重较低,仅1.45%(表10-21)。

表 10-21 不同文化程度的科普旅游者出游时段的选择(%)

	平时	周末	节假日	平均
小学	16.54	22.86	20.05	20.74
初中	24.81	12.06	23.43	18.84
高中	19.55	24.37	17.15	20.53
大专及本科	36.84	38.19	37.68	37.78
硕士及其以上	2.26	2.26	1.45	1.90
幼儿园	0.00	0.25	0.24	0.21

(数据来源:中国科普研究所,中国科学技术馆,2006)

10.5 我国科普旅游者游憩的时空特点

总的来说，我国科普旅游者在科普旅游点的游憩时长主要集中在1～3 h，2004年的调查中，平均高达68%的游客在科技馆的停留时间在1～3 h；游客在科技馆的游憩时间在1 h以内的观众数也达10%以上。

10.5.1 科普旅游者的季节集中性

2002年和2004年对中国科技馆科普旅游者的调查研究表明，我国科普旅游者在参观科技馆时存在较为明显的季节集中特征，2002年中国科技馆游客最集中的是4月，达199,648人次，到了2004年，1月份则成为中国科技馆游客数量最集中的时段，其当月游客量达116,413人次（表10-22）。

表10-22 2002年和2004年1—4月中国科技馆观众总量及各展厅观众量对比

月份	主展厅		儿童乐园		穹幕影厅		短期专题展厅		观众总量	
	2002年	2004年	2002年	2004年	2002年	2004年	2002年	2004年	2002年	2004年
1月	34531	49336	14596	30529	6487	17236	—	18265	56502	116413
2月	55268	29391	21691	26392	9991	10405	—	4661	89002	1706
3月	21601	12328	14672	17070	5172	5914	—	13095	42449	48608
4月	55209	29155	22291	16888	10350	12028	110431	—	199648	58533
合计	166609	120210	73250	90879	32000	45583	110431	36021	387601	241260

（数据来源：中国科普研究所，2006）

10.5.2 科普旅游者游憩时长的地区差异

此外，不同地域、级别的科普旅游点游客游憩时长存在较大差异。嘉兴科技馆有超过一半以上的观众参观时间在1 h以内，而中国科技馆游客停留时间按在1 h的比例仅为5.9%，沈阳科技馆游客停留时间则明显偏长，多达20.5%的游客在科技馆停留时间超过3 h（表10-23）。

表10-23 我国科普旅游者游憩时长分布(%)

	1 h以内	1～2 h	2～3 h	3～4 h	4～5 h	5～6 h	6～7 h
中国科技馆	5.9	34.6	32.8	18.0	5.9	2.1	0.6
沈阳科技馆	1.0	25.5	37.0	20.5	9.5	5.0	1.5
郑州科技馆	7.4	40.1	40.6	7.9	2.0	1.0	1.0
佛山科技馆	1.0	50.0	30.0	9.0	5.0	2.0	3.0
嘉兴科技馆	54.1	42.2	3.7	—	—	—	—
平均	10.2	36.4	31.7	13.4	5.1	2.2	1.1

（数据来源：中国科普研究所，中国科学技术馆，2006）

10.5.3 不同出游时段的科普旅游者游憩时长分布

我国科普旅游者在科技馆等科普旅游点的游憩时间长度与其出游时段相关。平均游憩时间最长的是节假日出行的科普旅游者，其平均游憩时间为 157 min；周末出游的科普旅游者的平均游憩时间甚至少于平时出游的科普旅游者，其平均游憩时间为 121 min。

进一步分析不同时段科普旅游者参观科技馆的时间长短，“平时”参观时间多在 1～3 h，3～4 h 的观众达 12.03%，1 h 以内和 4 h 以上观众均仅为 5%左右；周末时 1 h 以内的观众数明显增加，占到总人数的 17.21%，2～3 h 的观众比重下降 8 个百分点左右，其他较平时变化不大；节假日与平时比较，主要是 4 h 以上的观众变化比较大，增加了 6.55%，2～3 h 和 3～4 h 变化不大，1～2 h 的观众比重下降 12.26%(表 10-24)。

表 10-24　平时、周末及节假日科普旅游者的时间分配(%)

	平时	周末	节假日	平均
1 h 以内	5.26	17.21	5.06	10.22
1～2 h	42.86	40.15	30.60	36.35
2～3 h	34.59	26.18	36.14	31.72
3～4 h	12.03	10.72	16.39	13.38
4 h 以上	5.26	5.74	11.81	8.32
合计	100.0	100.0	100.0	100.0

(数据来源：中国科普研究所，中国科学技术馆，2006)

10.5.4 科普旅游者行为的空间集聚

除了时间集中特征外，我国科普旅游者参观科技馆时还表现出空间集聚的特点，中国科技馆在科技馆各功能区中，主展厅是游客最集中的区域，而短期专题展厅也越来越受到游客的关注，其接待游客的比重也较大(表 10-25)。

表 10-25　中国科技馆 2000—2004 年观众量统计

年份	主展厅	穹幕影厅	儿童乐园	电影知识宫	短期专题展厅
2000 年	1121000	280000	—	—	148000
2001 年	947000	124000	156000	54000	142000
2002 年	875000	245000	324000	24000	373000
2003 年	449000	157000	214000	8400	248300
2004 年	940000	286000	382000	33400	442000

(资料来源：中国科普研究所，2006》

10.6 小结

(1)我国科普旅游者在年龄、性别、职业、文化程度、收入及出游方式上具有一定的集中规律：中青年群体是我国科普旅游者的主要来源；科普旅游者的构成没有明显的性别差别；月收入 2000～5000 元的群体参加科普旅游的比例较高；大专及本科文化程度的学生群体比较集中；自组织出游成为科普旅游的主要出游方式。

(2)我国公众参加科普旅游活动的比重逐年上升，参加频率不断提高。我国到访科普旅游场所、参加科普活动的公众比例从2001年的12%上升到2004年的42%。此外，随着时间的变化，我国科普旅游者选择的科普旅游场所和科普活动的内容会发生变化。

(3)周末和节假日成为我国科普旅游者的主要出游时段。选择节假日出游的占43.78%，选择周末出游的比例为42.19%，仅有14.03%的科普旅游者选择在平时参加科普旅游活动。此外，我国科普旅游者的时间特点(出游时段和游憩时间长度)与科普旅游者的年龄、职业和文化程度，以及科普旅游者所在地区相关。13～18岁、19～22岁的科普旅游者更倾向于节假日出游，其节假日出游比例分别为49.61%和42.66%；23～59岁和60岁以上的科普旅游者更倾向于周末参加科普旅游。

(4)我国科普旅游者在科普场馆中的游憩时长主要集中在1～3 h。2004年的调查中，平均高达68%的游客在科技馆的停留时间在1～3 h。此外，游憩时长存在地区差异，同时游憩时长与出游时段也密切相关。平均游憩时间最长的是节假日出行的科普旅游者，其平均游憩时间为157 min；周末出游的科普旅游者的平均游憩时间甚至少于平时出游的科普旅游者，其平均游憩时间为121 min。

第11章 结论与展望

11.1 主要结论

(1)科普教育基地是我国场馆类科普旅游资源最重要的组成部分

从资源数量上看,科普教育基地是我国场馆类科普旅游资源最重要的组成部分。我国科普教育基地的绝对数量大,从数量上看,县级科普教育基地所占比重最大;从类别上看,自然科学博物馆类科普教育基地所占比重最大。

与科普教育基地相比,我国科普场馆数量不多,但增长速度较快。地、县两级科普场馆所占比重最大,但随着省级科普场馆的发展,地、县两级科普场馆的重要性呈现下降趋势。另外,场馆展厅面积所占比例呈现出不断提高的趋势。

(2)场馆类科普旅游资源分布的空间差异显著

我国各省科普场馆的空间分布的总体差异比较显著。其中,县级科普场馆的空间分布差异最显著。科普场馆空间分布上最显著的特征是4个直辖市科普场馆数量偏低。

总体来说,科普教育基地数量的省域分布呈现出北起山东、南至广东的我国沿海省份与城市的科普教育基地密集地带。省级、地级两级科普教育基地的空间分布均呈现出三个显著特征:一是直辖市密度高;二是东部沿海省份是我国省级科普教育基地分布的高密度带;三是综合密度最高的地区集中。县级科普教育基地的分布特征是"两极分化",全国31个省(区、市)中有20个综合密度低于全国平均值,而有10个省(区、市)的综合密度指数则明显高于全国平均值。

(3)我国各省(区、市)各省域场馆类科普旅游资源相对优势不尽相同

我国发展省级科普场馆旅游更具有优势的为:黑龙江、河北、山西、陕西、宁夏、新疆、青海、四川、云南、广西和安徽。发展地级科普场馆旅游更具有优势的为:北京、天津、上海、重庆、辽宁、江苏、浙江、江西和西藏。发展县级科普场馆旅游更具优势的为:吉林、内蒙古、甘肃、山东、河南、湖北、贵州、湖南、福建和广东。

我国发展省级科普教育基地旅游更具有优势的为:北京、上海、宁夏、西藏、青海、云南、江苏和福建。发展地级科普教育基地旅游更具有优势的为:天津、黑龙江、吉林、新疆、甘肃、陕西、重庆、广西和广东。发展县级科普教育基地旅游更具优势的为:辽宁、河北、内蒙古、山西、山东、河南、安徽、湖北、湖南、四川、贵州、江西、浙江和海南。

(4)科普展览是我国活动类科普旅游资源最重要的组成部分

以各类科普活动开展的次数为衡量标准，我国科普展览所占比重最大，其次为科普讲座，而学术会议活动次数相对较少。科普展览中，县级科普展览所占比重最大，省级科协科普展览次数所占比重最小。科普讲座中县级科普讲座所占比重最大，其次是地级科协科普讲座和学会科普讲座，而省级科协科普讲座次数所占比重最小。学术会议中国内学术会议所占比重最大，省级学会学术会议次数所占比重最小。

(5)展览类科普旅游资源分布的空间差异不显著

我国各省科普展览次数空间分布的总体差异不显著。我国4个直辖市各级科普展览总次数较低，东部沿海省份是我国科普展览活动的高度密集区。地级科普展览在全国范围内总体发展差异比较显著。地级科普展览活动集中于我国的4个直辖市。县级科普展览在全国范围内总体发展差异相对较小，4个直辖市是县级科普展览活动密度最低的区域。学会科普展览在全国范围内总体发展差异相对较小。学会科普展览活动相对集中于我国的4个直辖市。

我国各省(区、市)最适合发展省级科普展览旅游的为：北京、辽宁、山西、新疆、甘肃、青海、宁夏、重庆、江苏、广西和海南。发展地级科普展览旅游更具有优势的为：上海、天津、内蒙古和广东。发展县级科普展览旅游更具优势的为：黑龙江、河北、山东、河南、安徽、浙江、四川、贵州和湖南。发展学会科普展览旅游更具优势的为吉林、陕西、湖北、江西、福建、西藏和云南。

(6)讲座类科普旅游资源分布的空间差异不显著

我国科普讲座次数空间分布的总体差异不显著。不过，省级、地级和县级科普讲座空间分布的总体差异显著；学会科普讲座分布的空间差异较小。省级科普讲座综合密度最高的地区集中，上海和海南的综合密度明显高于全国其他地区。地级科普讲座次数空间分布的总体差异显著，地级科普讲座集中于我国直辖市。县级科普讲座次数空间分布的总体差异显著，直辖市县级科普讲座活动密度低，东部沿海省份全国县级科普讲座活动最集中。

我国各省(区、市)发展省级科普讲座旅游更具有优势的为：内蒙古、河北、山西、陕西、青海、福建、广西和海南。发展地级科普讲座旅游更具有优势的为：北京、天津、上海、吉林和新疆。发展县级科普讲座旅游更具优势的为：黑龙江、辽宁、山东、河南、安徽、湖北、甘肃、浙江和广东。发展学会科普讲座旅游更具优势的为江苏、宁夏、西藏、四川、云南、贵州、重庆、湖南和江西。

(7)学术会议类科普旅游资源分布的空间差异显著

我国会议类科普旅游资源空间分布的总体差异较为显著，东部沿海地区全国学术会议类科普旅游资源较为密集；我国直辖市是学术会议类科普旅游资源密度较高的地区。此外，我国省级、地级、县级学术会议与国内、国际学术会议类科普旅游资源空间分布的总体差异均显著。县级学术会议类科普旅游资源集中于东部沿海地区；国内、国际学术会议类科普旅游资源均集中于直辖市。

我国各省(区、市)最适合发展省级学术会议旅游的为：山东、西藏、青海、宁夏、贵州和广东。发展地级学术会议旅游更具有优势的为：河南、安徽、四川和新疆。发展县级学术会议旅游更具优势的为：内蒙古、河北、甘肃、陕西、江苏、浙江、福建、湖南、广西和海南。发展国内学会学术会议旅游更具优势的为天津、吉林、山西和江西。发展国际学术会议旅游更具优势的为北京、上海、重庆、黑龙江、辽宁、湖北和云南。

(8)我国科普旅游者的决策行为具有明显偏好的趋势

我国公众对现代科技感兴趣的程度进一步增强，特别是对科普旅游的“关注群体”扩大，漠视群体比例逐渐下降。我国公众对科普旅游感兴趣的总体程度有了较大提高。

我国公众对科普旅游的具体内容存在明显偏好：一是对主要科普旅游设施的选择偏好；二是对主要科普旅游活动的选择偏好。更重要的是我国公众所关注的科普旅游的主要方面随着时间的变化会发生较大转变。

(9)科普旅游者的社会学特征是影响科普旅游者决策行为的重要因素

目前，能较明确地影响我国科普旅游者决策行为的因素主要是科普旅游者的社会学特征(年龄、性别、收入等)。但在科普旅游发展的不同时期，影响科普旅游者决策行为的因素可能发生变化。过去的调查(2001 年，2003 年，2005 年)中科普旅游者的年龄、文化程度对科普旅游者的决策行为有着重要的影响。但 2007 年的调查却发现，职业背景的影响面可能更广，而性别和文化程度在某些内容的科普旅游决策中发生作用。

(10)参加科普展览的科普旅游者省域差异不显著

科普展览活动是科普旅游者参与最多的科普旅游活动，此外，参加科普展览活动的游客比例逐年上升。参加学术会议的游客规模和比例虽然不高，但也呈现出逐年上升的趋势。与此相对的是参加科普讲座的科普旅游者逐年增加，但其比例有逐年下降的趋势。

参加科普展览的科普旅游者的省域差异均不显著，仅有 8 个省份参加科普展览的科普旅游者人次数高于全国平均值。参加地级科普展览的科普旅游者空间分布差异不显著，但沿海省份是参加地级科普展览的科普旅游者的密集地带。参加县级科普展览的科普旅游者空间分布差异不显著，直辖市参加县级科普展览科普旅游者较少。参加学会科普展览的科普旅游者空间分布差异比较显著，直辖市是参加学会科普展览科普旅游者集中的区域。

(11)参加科普讲座的科普旅游者省域差异不显著

总体上，参加科普讲座的科普旅游者空间分布的差异不显著。但参加省级、地级科普讲座的科普旅游者空间分布的总体差异比较显著，直辖市参与地级科普讲座的科普旅游者规模较大。参加县级、学会科普讲座的科普旅游者空间分布差异不显著，直辖市参与县级科普讲座人次数较少。参与学会科普讲座科普旅游者集中在直辖市和东部沿海省份。

(12)参加学术会议的科普旅游者省域差异显著

参加学术会议的科普旅游者空间分布差异比较显著，东部沿海省份是我国参加各种学术会议人数最密集的地带。参加省级、地级、县级学术会议的科普旅游者空间分布差异显著。参加地级学术会议的科普旅游者集中于东部沿海地区。直辖市参加县级学术会议的科普旅游者规模小；东部沿海地区县级学术会议科普旅游者相对密集。国际、国内学术会议的科普旅游者空间分布差异显著，直辖市是我国参加国内学术会议的人次数最密集的区域。

(13)我国科普旅游者微观游憩行为具有明显的规律

中青年群体是我国科普旅游者的主要来源；科普旅游者的构成没有明显的性别差别；月收入 2000～5000 元的群体参加科普旅游的比例较高；大专及本科文化程度的学生群体比较集中；自组织出游成为科普旅游的主要出游方式。

周末和节假日成为我国科普旅游者的主要出游时段。我国科普旅游者的游憩时长主要集中在 1～3 h。此外，游憩时长存在地区差异，同时游憩时长与出游时段也密切相关。平均游憩时间最长的是节假日出行的科普旅游者；周末出游的科普旅游者的平均游憩时间甚至少于平时出游的科普旅游者。

(14)科普旅游资源的相对优势格局与科普旅游者相对规模的区域分布不完全耦合

各省份并不完全是通过各自拥有相对优势的科普旅游资源吸引相应类型和规模的科普旅

游者。我国黑龙江等 9 个省份县级展览类科普旅游资源具有相对优势，但全国县级科普展览的科普旅游者相对规模呈现出相对优势的却有内蒙古等 16 个省份之多(图 11-1)；黑龙江省等 9 个地区在县级科普讲座类资源具有相对优势，但县级科普讲座科普旅游者规模的相对优势却表现在内蒙古等 10 个省(区、市)(图 11-2)；山东等 6 省拥有省级会议类科普旅游资源的相对优势，但省级学术会议科普旅游者规模相对优势则体现在黑龙江等 6 个省(区、市)(图 11-3)。不完全耦合的现象意味着我国各省(区、市)没有充分地考虑各地科普旅游资源的相对优势。

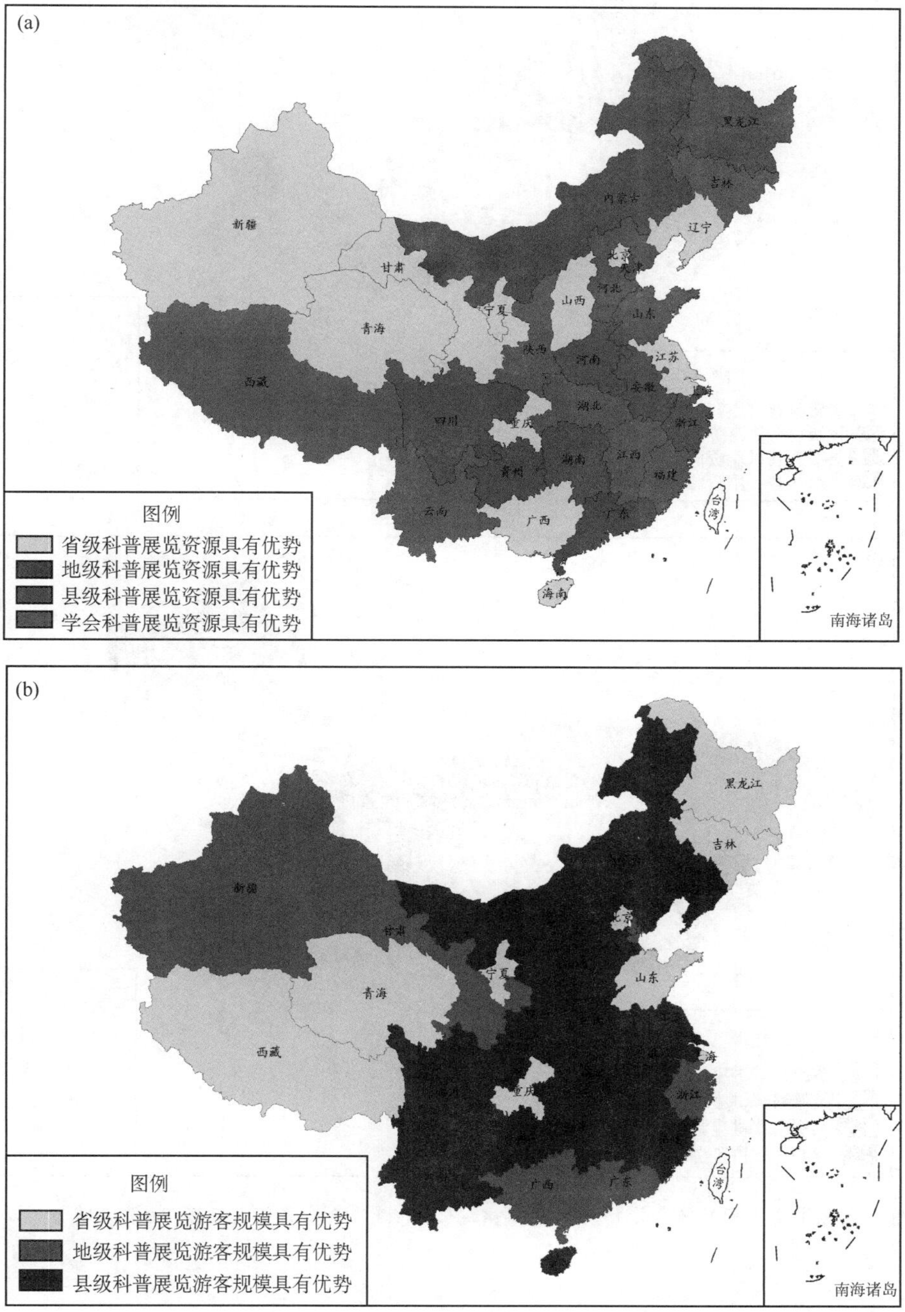

图 11-1 展览类科普旅游资源相对优势格局(a)与科普旅游者相对规模(b)的区域分布对比

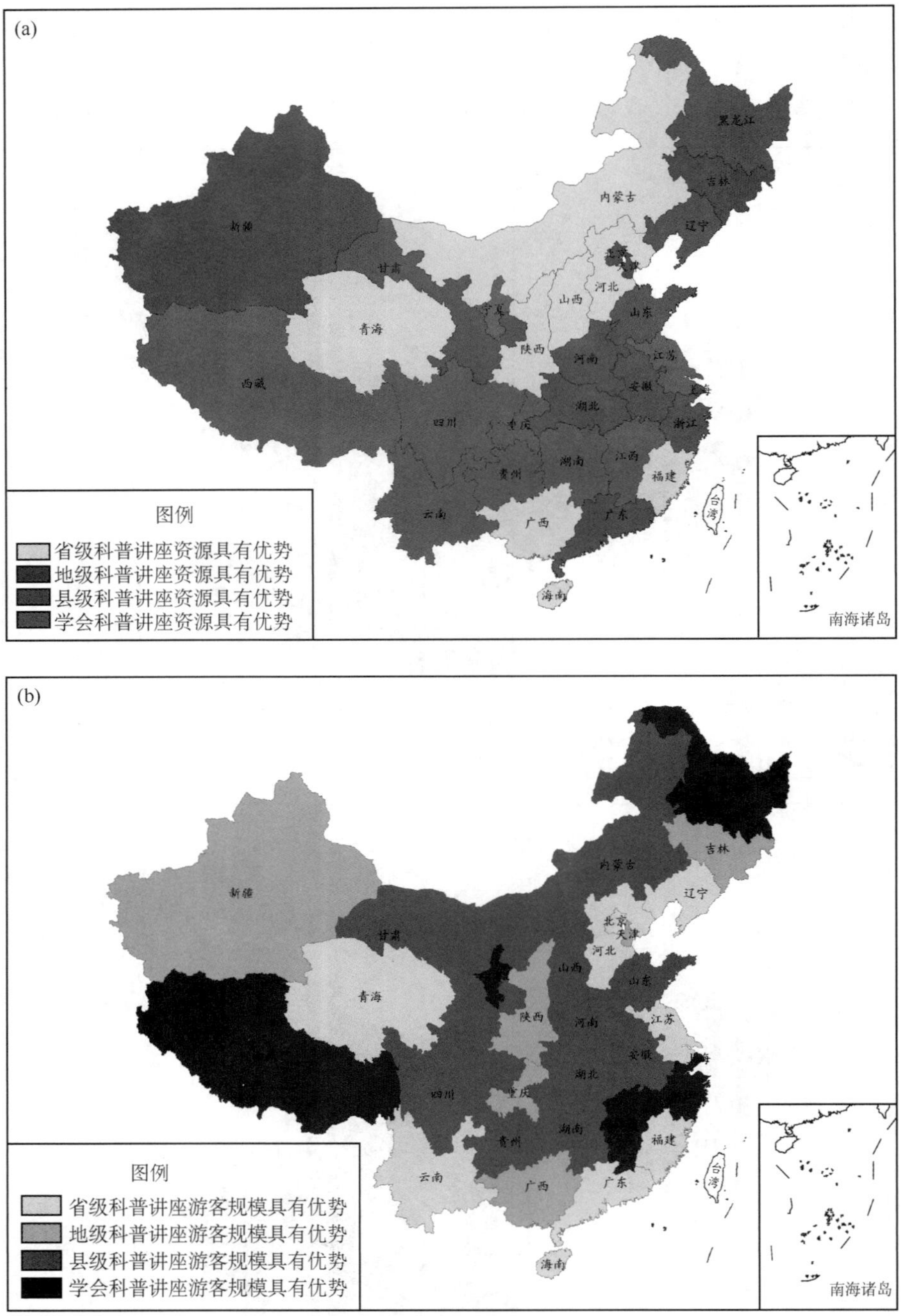

图 11-2　讲座类科普旅游资源相对优势格局(a)与科普旅游者相对规模(b)的区域分布对比

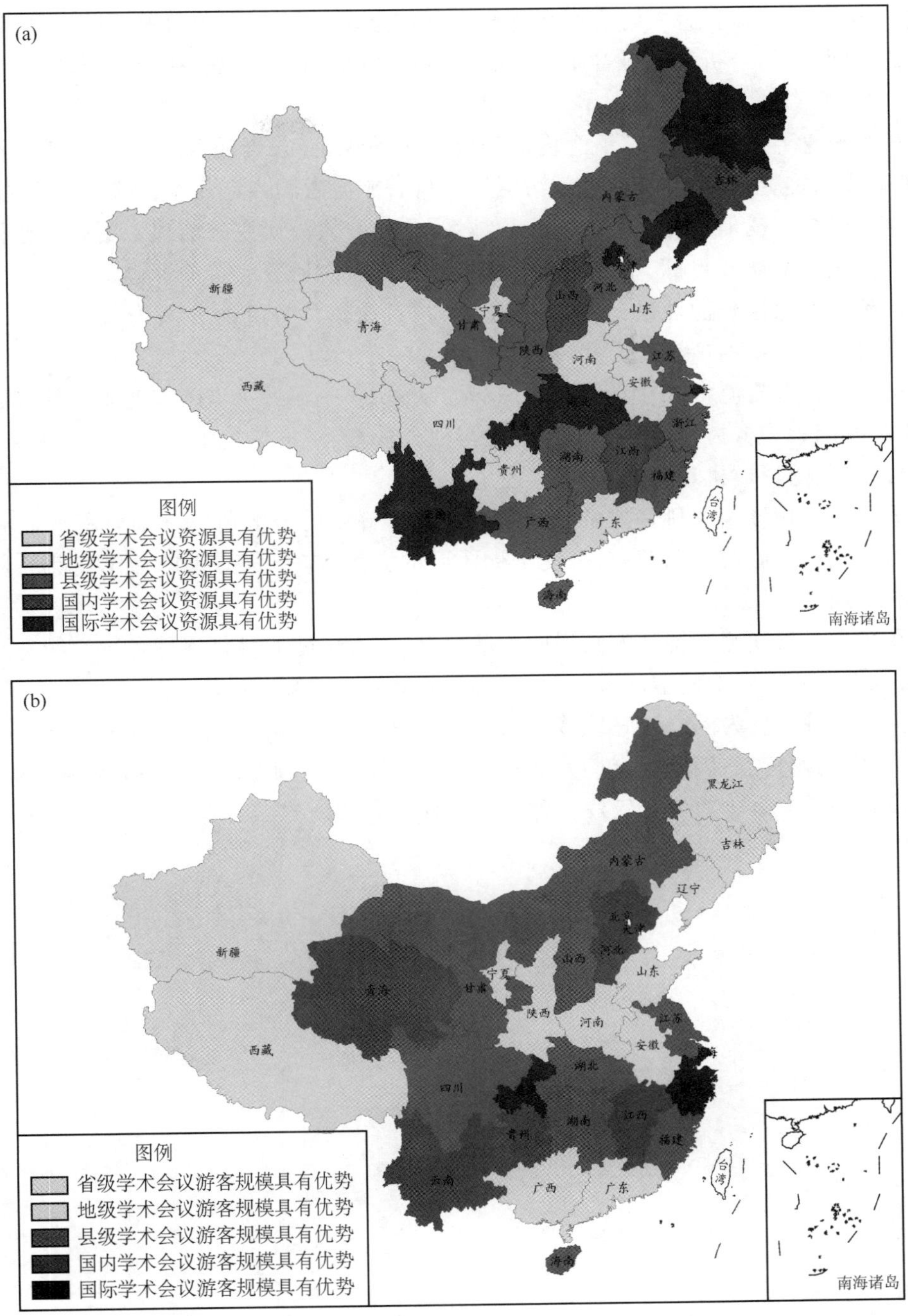

图 11-3　学术会议类科普旅游资源相对优势格局(a)与科普旅游者相对规模(b)的区域分布对比

11.2　研究展望

如果说旅游资源富于变化而捉摸不定,那么“人”的行为恐怕也不那么容易把握。这也就能解释为什么到现在仍不能自信地宣称已对旅游资源(当然包括科普旅游资源)和旅游者(其中的一部分为科普旅游者)的内涵、特征和规律有所把握。在这样的大背景下,即使是实现一个很有限的目标——以科普旅游资源和科普旅游者为线索，探讨我国科普旅游资源（场馆类和活动类）的空间格局，分析我国科普旅游者的行为特征的过程中，也存在如下问题，有待进一步研究：

（1）相关概念界线还需明晰，概念内涵需要继续探讨，科普资源分类等基本理论和研究范式需要进一步确定。科普旅游、科普旅游资源和科普旅游者的内涵复杂而又富于变化，提出简洁而具有概括性、广泛但具有区分性的概念体系，是科普旅游研究的前提。明确科普旅游研究的核心内容、主要的研究目标、主要研究方法等是科普旅游研究完善的标志。

（2）评价科普旅游资源数量分布、综合密度、相对比较优势等的方法仍须进一步改进和完善，进一步提高指标值的区分能力和解释水平。

（3）在关注科普旅游资源在空间分布态势的基础上，还须进一步研究促成这种资源空间格局的主要影响因素。探讨科普旅游资源格局与地方社会、经济等主要指标之间的联系，了解科普旅游资源格局的形成机理。

（4）进一步细化场馆类科普旅游资源和活动类科普旅游资源研究。随着科普旅游概念内涵的确立，以及科普旅游资源调查、分类指标体系的完善，应补充其他具有代表性的科普旅游资源类型作为研究对象。

（5）在建立多年观测和统计的数据库的基础上，较大尺度的科普旅游者行为的空间规律研究应增加科普旅游者在空间上的流向、影响科普旅游者空间规律的主要影响因素等研究内容。

（6）科普旅游者行为问卷调查地域范围应更广泛，由于影响科普旅游者决策行为的主要因素具有年际变化的特点，因此应定期开展科普旅游者的行为调查研究，把握影响因素的变化。此外，科普旅游者决策行为研究应逐步建立概念模型和实践模型。

参考文献

伯纳德·希尔(加),埃姆林·科斯特(英).当代科学中心(徐善衍,欧建成,石顺科等译)[M].北京:中国科学技术出版社,2006.

曹晨.略论发展农业科技生态观光旅游业[J].金华职业技术学院学报,2004,**4**(1):65-73.

曹慧玲,王鹏鹏.陕西省科技旅游产业发展研究[J].西北农林科技大学学报,2007,**7**(3):90-94.

陈刚.资源型产品的比较优势研究[D].中国科学院研究生院博士学位论文,2006.

陈开茂,王法格,涂国众,等.论温州观光农业科技园规划设计总体构思[J].上海交通大学学报(农业科学版),2001,**19**(6):139-144.

邓伟、苏阳等.东北地区科普旅游规划研究[M].北京:科学出版社,2002.

丁健,周永章.科技旅游之国内案例[J].广东科技,2004(4):48-49.

封志明.资源科学导论[M].北京:科学出版社,2004.

冯昆思.关于发展我国校园旅游的思考[J].地域研究与开发,2003,**22**(5):58-61.

符江波.工业旅游浮出水面[N].环境保护报,2000:8-10.

高玲.工业旅游开发研究——以福建市马尾区为例[D].福建师范大学硕士学位论文,2006.

龚伟,吕帅,程怡.高校旅游的开发模式及其对策研究——以上海市高校旅游开发为例[J].云南地理环境研究,2006,**18**(3):105-109.

郭丽妮.发展我国天文科普旅游初探[J].泉州师范学院学报,2002,**20**(6):58-62.

韩旭,张兆干,赵雪玲.南京科技旅游开发初探[J].安徽农业科学,2007,**35**(30):9648-9649.

胡蓉蓉.南京科技旅游资源开发研究[D].南京师范大学硕士学位论文,2006.

胡燕雯.事件旅游:都市旅游竞争的制高点——以京沪穗为例[J].地域研究与开发,2004,**23**(4):78-81.

黄成林.中国主要旅游资源的省际比较研究[J].安徽师范大学学报(人文社会科学版),2001,**29**(1):135-137.

黄丹斌.从美国科普旅游的旺势看我国科普旅游的思路和对策[J].科技进步与对策,2001(6):84-86.

蒋玲俐.城市森林公园学生科普旅游需求研究——以长沙市天际岭国家森林公园为例[D].中南林业科技大学硕士学位论文,2006.

金利霞,方立刚,范建红.我国地质公园地质科技旅游开发研究——美国科罗拉多大峡谷国家公园科技旅游开发之借鉴[J].2007,**27**(1):66-85.

金利霞,江璐明.广东省科技旅游开发探讨[J].热带地理,2005,**25**(4):367-371.

金艳春,王慧,崔媛.辽宁科技旅游开发方式创新初探[J].经济研究导刊,2007,**10**(3):154-156.

井玮薇.面向科技旅游的现代科技场馆项目开发的初步研究[D].南京师范大学硕士学位论文,2004.

李成芳,李锐锋.科技体验——推动我国科普进步的有效方式[J].武汉科技大学学报,2006.**8**(4):83-86.

李光坚.旅游概论[M].北京:高等教育出版社,1995.

李华敏,吕建中,孙灵.会展旅游发展条件评价体系研究[J].旅游学刊,2007,**22**(2):63-66.

李绍刚.吉林省科普旅游资源开发研究[D].东北师范大学硕士学位论文,2004.

李廷勇.浅论我国新兴旅游产业——科技旅游的开发[J].经济问题,2004(2):71-73.

李应军.我国科技旅游发展探讨[J].商业时代,2006(10):74-75.

李裕红,陈怀宇.牛姆林自然保护区科普旅游开发探讨[J].泉州师范学院学报,2002,**2**(3):79-83.

李忠超,陈红锋.我国植物园新时期科学普及工作的思考——以中国科学院华南植物园为例[J].福建林业科技,2006,**33**(3):189-193.

梁留科,曹新向,孙淑英.会展旅游的理论及其案例研究[J].经济地理,2004,**24**(1):115-123.

林岚，许志晖，丁登山.旅游者空间行为及其国内外研究综述[J].地理科学，2007，**27**(3)：434-439.
刘丹，刘元晨.对沈阳科普旅游开发的思考[J]商场现代化，2004，**504**(5)：239-240.
刘耿大.会展旅游概念内涵及发展历史探析[J].桂林旅游高等专科学校学报，2007，**18**(2)：93-96.
刘霁堂.旅游科普——现阶段我国科普事业发展新方向[J].中国科技论坛，2003(2)：125-127.
刘少和，张伟强.广东科技旅游与文化旅游的互动发展[J].广东科技，2004(4)：35-38.
刘欣.基于体验营销理论的科技旅游产品开发研究——以南京傅家边为例[D].南京师范大学硕士学位论文，2007.
刘艳.科技旅游的理论与实践阐释[D].东北大学硕士学位论文，2005.
刘敌.发展昌平现代农业旅游[J].科技潮，2003(4)：60-61.
马聪玲.事件旅游：研究进展与中国实践[J]桂林旅游高等专科学校学报，2005，**16**(2)：75-79.
梅惠，李长安.湖北省地质公园的科技旅游开发[J].资源环境与工程，2007，**21**(1)：79-82.
倪杰.上海科技馆开馆初期观众调查[J].中国博物馆，2003(3)：20-28.
邱扶东，汪静.旅游决策过程调查研究[J].旅游科学，2005，**19**(2)：1-5.
邱扶东，吴明证.旅游决策影响因素研究[J].心理科学，2004，**27**(5)：1214-1217.
日本科学技术政策研究所.日本关于参加科技馆加强公众理解科学技术活动对参与者的影响的调查概要.(朱秋云，译)，2003.
芮晔.南京农业旅游市场开发研究[D].南京师范大学硕士学位论文，2003.
沈涵.游客的旅游地选择与购买决策模型分析[J].旅游学刊，2005，**20**(3)：43-47.
石顺科.英文“科普”称谓探识[J].科普研究，2007，**7**(2)：63-66.
唐顺英.山东省科普旅游资源特色评价及分区研究[J].桂林旅游高等专科学校学报，2007，**18**(5)：674-677.
陶玉国，张春丽，殷红梅，等.喀斯特景区青少年科普旅游规划示范研究[J].科技情报开发与经济，2006，**16**(18)：134-136.
王常芸，李晓亮.烟台农科院农业科技旅游博览园建设初探[J].中国农学通报，2004，**20**(1)：176-184.
王慧，万光玲.辽宁科技旅游发展现状、条件及对策探析[J].商业研究，2006，**353**(21)：160-164.
王凯.中国主要旅游资源赋存的省际差异分析[J].地理学与国土研究，1999，**15**(3)：69-74.
王丽丽，崔庠.吉林省历史文化遗存类科普旅游资源的开发[J].资源开发与市场，2004：149-151.
王素萍.对山西发展科技旅游的思考[J].经济问题，2005(4)：75-77.
王伟伟，杨鑫.开发名校旅游资源的思考[J].北京第二外国语学院学报，2001，**103**(3)：59-62.
王馨.区域城市首位度与经济增长关系研究[D].天津大学硕士学位论文，2003.
王跃华，钟林生，杨桂华.碧塔海自然保护区科考旅游开发探讨[J].生态学杂志，2000，**19**(2)：64-67.
吴必虎.区域旅游规划原理[M].北京：中国旅游出版社，2001.
吴相利.中国工业旅游产品开发模式研究[J].桂林旅游高等专科学校学报，2003，**14**(6)：43-47.
吴雁华，傅桦.高校旅游资源类型与开发[J].首都示范大学学报(自然科学版)，2001，**22**(2)：86-92.
席建超.中国汉地佛教寺院旅游资源研究[D].中国科学院研究生院博士学位论文，2004.
杨桄，刘湘南.科普旅游电子地图的开发[J].地球信息科学，2002(4)：109-114.
杨红英.论云南科考旅游开发的市场前景[J].学术探索，2001(3)：92-94.
杨建华.我国科技旅游发展现状、问题及对策[J].河南教育学院学报，2007，**26**(1)：122-124.
杨玲.对当前科技旅游热的冷思考[J].浙江海洋学院学报，2005，**24**(1)：89-94.
杨强.事件旅游的理论基础及城市事件旅游研究[D].四川大学硕士学位论文，2005.
杨强.事件旅游概念辨析[J].资源开发与市场，2006，**22**(6)：588-590.
殷艳红，陶卓民.南京科技旅游开发的 SWOT 分析与发展对策[J].商业时代，2007(11)：108-112.
于洪贤，何卓，朱井丽.我国科普旅游的发展现状及发展对策[J].东北林业大学学报，2004，**32**(3)：94-96.
余青，吴必虎.生态博物馆：一种民族文化持续旅游发展模式[J].人文地理，2001，**16**(6)：40-43.

张朝枝,向风行.旅行社对旅游者行为影响的初步研究[J].旅游学刊,2002,**17**(13):35-39.

张晋平.法国的生态博物馆[J].中国博物馆,贵州省生态博物馆群建成暨生态博物馆国际论坛专辑,2005(5):52-53.

张明生.我国省级科技馆现状与发展趋势[J].科技通报,2001,**17**(2):74-80.

张蓬涛,封志明.西部地区旅游资源综合分析与开发对策[J].资源科学,2002,**24**(2):26-30.

张西林.长沙市大众科普旅游开发探讨[J].集团经济研究,2006(5):96-97.

张宪玉.沿海传统旅游资源非优区旅游发展模式研究——以杭州市萧山区为例[D].中国科学院研究生院博士学位论文,2007.

张晓玲.中国农业科技园区发展的理论与实践问题研究[D].华中农业大学博士学位论文,2004.

中国科普研究所,中国科学技术馆.科技馆常设展览科普效果评估[M].北京:中国科学技术出版社,2006.

中国科普研究所.企业在科普中的地位与作用调查研究报告[R].2003.

中国科普研究所.中国科普报告 2005[R].北京:科学普及出版社,2006.

中国科普研究所.中国科普报告 2006[R].北京:科学普及出版社,2007.

中国科普研究所.中国科普报告 2007[R].北京:科学普及出版社,2008.

中国科学技术协会,中国公众科学素养调查课题组.2003 年中国公众科学素养调查报告[R].北京:科学普及出版社,2004.

中国科学技术协会,中国公众科学素养调查课题组.2001 年中国公众科学素养调查报告[R].北京:科学普及出版社,2002.

中国科学技术协会.中国科学技术协会统计年鉴 2007[Z].北京:中国统计出版社,2007.

朱竑,李鹏.科技与旅游结合模式探析[J].广东科技,2004,**4**:20-24.

朱竑,田美蓉,欧阳颖.高等院校校园旅游研究[J].人文地理,2005,**81**(1):45-48.

朱丽君.我国科技旅游的发展现状及对策研究[J].科技进步与对策,2007,**24**(4):87-91.

竺国强.倡导科学旅游,促进旅游业可持续发展—中国旅游业可持续发展研究[M].石家庄:河北科技出版社,1999.

Anderson D, and Lucas K B. A wider perspective on museum learning:Principles for developing effective post-visit activities for enhancing students' learning. In *Using museums to popularise science and technology* [M]. Commonwealth Secretariat,London. 2001.

Anderson D, Lucas K B, Ginns I S, and Dierking L D. Development of knowledge about electricity and magnetism during a visit to a science museum and related post-visit activities[J]. *Science Education*,2000,**84**(5):658-679.

Anderson D. The development of science concepts emergent from science museum and post-visit activity experiences:Students' construction of knowledge. [Unpublished Doctor of Philosophy thesis]. Brisbane,Australia:Queensland University of Technology,1999.

Andrews K, and Asia C. Teenagers' attitudes about art museums [J]. *Curator*,1979,**22**(3):224-232.

Ayres R, and Melear C T. Increased learning of physical science concepts via multimedia exhibit compared to hands-on exhibit in a science museum. *Paper presented at the Annual Meeting of the National Association for Research in Science Teaching*. San Diego,CA. 1998.

Beer. Great expectations:Do museums know what visitors are doing? [J]. *Curator*,1987,**30**(3):206-215.

Bitgood S C. Understanding the public's attitude and behavior in museum,parks and zoos [J]. *Technical report*,1987:87-90.

Blud. Sons and daughters:Observations on the way that families interact during a museum visit [J]. *Museum Management and Curatorship*,1990,**9**(3):257-264.

Borun. *Measuring the Immeasurable:A Pilot Study of Museum Effectiveness* [M]. Washington(DC):The

Association of Science-Technology Center,1978.

Bradburne,Wake. "Going Public",in Planning Science Museums for the Symposium:Planning Science Museums for the New Europe,1991.

Cone C A,Kendall K. Space,time,and family interaction:Visitor behavior at the science museum of Minnesota [J]. *Curator*,1978,**21**(3):245-258.

Davies. *By popular demand:A strategic analysis of the market potential for museums and art galleries in the UK*[M]. London:Museums&Galleries Commission,1994.

Diamond J. The behavior of family groups in science museums [J]. *Curator*,1986,**29**(2):139-154.

Dierking L D. Parent-child interactions in a free choice learning setting:An examination of attention-directing behaviors [Dissertation Abstracts International],University Microfilms:1987,49-14A.

Donald Getz. Event tourism: Definition, evolution, and research [J]. *Tourism Management*, 2008, **29**: 403-428.

Evans G W, Marrero D G, and Butler P A. Environmental learning and cognitive mapping [J]. *Environment and Behavior*,1981,**13**(1):83-104.

Falk J H. *Free-choice science education:How we learn science outside of school* [M]. New York:Teachers College Press, 2001.

Falk,Dierking. *The Museum Experience* [M]. Washington(DC):Whalesback Books, 1992.

Falk. Predicting visitor behavior [J]. *Curator*,1985,**28**(4):249-257.

Feher E. Interactive museum exhibits as tools for learning:Exploration with light[J]. *International Journal of Science Education*, 1990,**12**(1): 35-39.

Gayle McPherson. Public memories and private tastes:The shifting definitions of museums and their visitors in the UK [J]. *Museum Management and Curatorship*,2006,**21**:44-57.

Giliman B I. Museum fatigue[J]. *Science Monthly*,1916,**12**:62-74.

Gregory J,Miller S. *Science in public* [M]. NewYork:Plenum Press,1998.

Haeseler. Length of visitor stay in Visitor Studies:Theory,research,and practice [J]. *Centre for Social Design*,1989,**2**:252-259.

Harriet Jones, Kay Yeoman, Charles Cockell. A pilot survey of attitudes to space sciences and exploration among British school children [J]. *Space Policy*,2007,**23**:20-23.

Hilke. The family as a learning system:an observational study of families in museums [M]. In Butler, B. H. &Sussman,M. B. (eds),*Museum visits and activities for family life enrichment*. New York and London:Haworth Press,1989.

Hood. Staying away:Why people choose not to visit museums [J]. *Museum News*,1983,**61**(4) :50-57.

James M, Bradburne. Dinosaurs and White Elephants:the Science Centre in the 21st Century [J]. *Museum Management and Curatorship*,1998,**17**(2):119-137.

Jen-te Yang. Individual attitudes and organizational knowledge sharing [J]. *Tourism Management*,2008,**29**: 345-353.

Kelly. *Museums as status symbols II:Attaining a state of having been, in Advances in Non-Profit Marketing* [M]. Greenwich(CT):JAI Press. 1987.

Kindler A M, and Darras B. Young children and museums:The role of cultural context in early development of attitudes, beliefs, and behaviors[J]. *Visual Arts Research*,1997,**23**(1):125-141.

Klein. Tracking visitor circulation in museum settings [J]. *Environment and Behavior*,1993,**25**(6):782-800.

Knerr,Gunter. Technology museum:New publics,new partners[J]. *Museum International*,2000,**52**(4):8-14.

Koran J J, *et al*. Using modeling to direct attention[J]. *Curator*,1988,**31**(1):36-42.

Lakota. *The National Museum of Natural History as a Behavioral Environment :An Environmental Analysis of Behavioral Performance* [M]. Washington(DC):Office of Museum Programs,Smithsonian Institution,1975.

Laurent Bourdeau,Jean-Charles Chebat. An empirical study of the effects of the design of the display galleries of an art gallery on the movement of visitors [J]. *Museum Management and Curatorship* ,2001,**19**(1):63-73.

Lucas A M. Scientific literacy and informal learning[J]. *Studies in Science Education* ,1983,**10**:1-36.

Lynch K. *The Image of The City*[M]. Cambridge, MA:MIT Press,1960.

McClafferty T P,Rennie L J. A triangulation strategy to measure children's learning outcomes from an interactive exhibit[J]. Paper presented at the annual meeting of the National Association for Research in Science Teaching,Chicago. 1997.

McManus. It's the company you keep, The social determination of learning-related behaviour in a science museum [J]. *Museum Management and Curatorship* ,1987b,**6**:263-270.

Melton. Distribution of attention in galleries in a museum of science and industry[J]. *Museums News* ,1936,**14**(3):6-8.

Melton. *Problems of installation in museum of art*[M]. Washington(DC), American Association of Museums,1935.

Mulrine, Anna. Industrial Tourism[J]. *National Geographic Traveler* ,2000,**17**(4):22.

Ottavianelli G, Good M. Space education:a step forward [J]. *Space Policy* ,2002,**18**:17-27.

Pat Sterry, Ela Beaunont. Methods for studying family visitors in art museums:A cross-disciplinary review of current research [J]. *Museum Management and Curatorship* ,2006,**21**:222-239.

Patrick Hughes. Making science "Family Fun":The fetish of the interactive exhibit [J]. *Museum Management and Curatorship* ,2001,**19**(2):175-185.

Piscitelli B A,McArdle F,Weier K. Beyond "Look and Learn":Investigating, implementing and *evaluating* interactive learning strategies for young children in museums. Unpublished Final Report QUT-Industry Collaborative Research Project. Brisbane, Australia:Queensland University of Technology,1999.

Porter. *Behavior of the average visitor in the Peabody Museum of Natural History Yale University* [M]. Washington(DC):American Association of Museum,1938.

Prince. Factors influencing museum visits:An empirical evaluation of audience selection [J]. *Museum Management and Curatorship* ,1990,**9**:149-168.

Ramey-Gassert L, Walberg III H J, and Walberg H J. Re-examining connections:Museums as science learning environments [J]. *Science Education* ,1994,**78**(4):345-363.

Raphling B, Serrell B. *Capturing and measuring affective learning'. In Current trends in audience research and evaluation*[M]. Washington(DC):American Association of Museums,1993.

Rennie L J, McClafferty T P. Science centres and science learning [J]. *Studies in Science Education*,1996,**27**:53-98.

Rennie L J. Measuring affective outcomes from a visit to a science education centre [J]. *Research in Science Education*, 1994,**24**:261-269.

Roberts L. Affective learning, affective experience:What does it have to do with museum education? In Benefield,A. ,Bitgood,S. and Shettel,H. ,Visitor studies:Theory,research and Practice[J]. *Center for Social Design*, *Jacksonville,AL.* 1992,**4**:162-168.

Robinson E S. Psychological problems of the science museum[J]. *Museum News* ,1930,**8**:9-11.

Robinson. *The Behavior of the Museum Visitor* [M]. Washington (DC): American Association of

Museums,1928.

Russell, Dave. Selling bradford: Tourism and northern image in the late twentieth century [J]. *Contemporary British History*, 2003, **17**(2): 49-68.

Stevenson. The long-term impact of interactive exhibits [J]. *International Journal of Science Education*, 1991, **13**(5): 521-531.

Suzanne Macleod. Making museum studies: Training, education, research and practice [J]. *Museum Management and Curatorship*, 2001, **19**(1): 51-61.

Weiss R S, Boutourline S. The communication value of exhibits[J]. *Museum New*, 1963, **42**(3): 23-27.

Wolins I S, Jensen N, and Ulzheimer R. Children's memories of museum field trips: A qualitative study[J]. *Journal of Museum Education*, 1992, **17**(2): 17-27.

Wolins I S, Jensen N, Ulzheimer R. Children's memories of museum field trips: A qualitative study [J]. *Journal of Museum Education*, 1992, **17**(2): 17-27.

Yang, Jia Lynn. Eight great factory tours [J]. *Fortune*, 2005, **151**(7): 116.

作者简介

刘俊，男，1979 年生。重庆师范大学地理与旅游学院副教授，中国科学院地理科学与资源研究所博士、博士后。长期从事旅游研究工作，主持各类研究项目 6 项，其中，国家级项目 2 项，省部级项目 2 项。主研国家社科基金 2 项。主要参与国家旅游局“秦岭山区旅游发展规划纲要”“南海(三沙市)旅游规划”“环微山湖经济发展规划”等旅游及区域发展规划项目 30 余项。

发表论文十余篇，其中，以第一作者或通讯作者在 SCI 或 SSCI 刊物发表论文 4 篇；此外，在《旅游学刊》《地理科学进展》等发表中文核心期刊论文近 10 篇。

担任国家自然科学基金通讯评审专家，国际著名旅游研究期刊《tourism management》，国际 SCI 刊物《Abstract and Applied Analysis》与《African Journal of Ecology》，以及《资源科学》等期刊审稿人。